لا بيتًا لتعود إليه

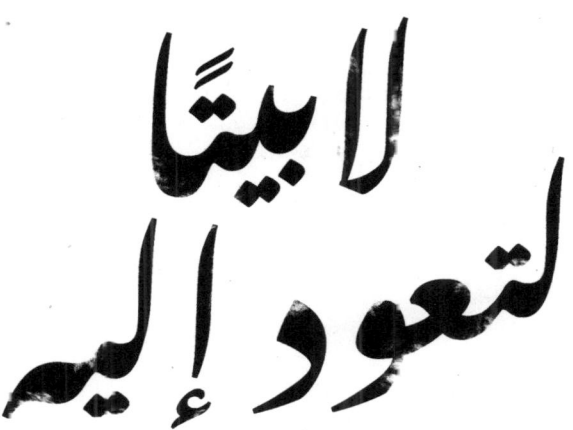

لا بيتًا لتعود إليه

تـألـيـف: صلاح الدين يوسف

تـرجـمـة: إسراء عسكر

دار جامعة حمد بن خليفة للنشر
HAMAD BIN KHALIFA UNIVERSITY PRESS

دار جامعة حمد بن خليفة للنشر
صندوق بريد 5825
الدوحة، دولة قطر

www.hbkupress.com

Eve Dönemezsin @ Selahattin Yusuf, 2020
together with the following
acknowledgment This translation of Eve Dönemezsin is published
by Hamad Bin Khalifa University Press via Akdem Copyrights and Translation Agency

جميع الحقوق محفوظة.

لا يجوز استخدام أو إعادة طباعة أي جزء من هذا الكتاب بأي طريقة دون الحصول
على الموافقة الخطية من الناشر باستثناء حالة الاقتباسات المختصرة التي تتجسد
في الدراسات النقدية أو المراجعات.

إن الآراء الواردة في هذا الكتاب لا تعبر بالضرورة عن رأي الناشر.

الطبعة العربية الأولى عام 2023

الترقيم الدولي: 9789927161636

تمت الطباعة في الدوحة - قطر.

مكتبة قطر الوطنية بيانات الفهرسة – أثناء – النشر (فان)

يوسف، صلاح الدين، مؤلف.

[Eve Dönemezsin]. Arabic

لا بيتاً لتعود إليه / تأليف صلاح الدين يوسف ؛ ترجمة إسراء عسكر. الطبعة العربية الأولى. – الدوحة، دولة قطر : دار جامعة حمد بن خليفة للنشر، 2023.

271 صفحة ؛ 22 سم

تدمك: 978-992-716-163-6

ترجمة لكتاب: Eve Dönemezsin.

1. القصص التركية -- المترجمات إلى العربية. 2. القصص القصيرة. أ. عسكر، إسراء، مترجم. ب. العنوان.

PZ90.T8. Y87125 2023

894.3534 – dc23

202328568503

المحتويات

الفصل الأول	7
الفصل الثاني	29
الفصل الثالث	46
الفصل الرابع	58
الفصل الخامس	73
الفصل السادس	92
الفصل السابع	106
الفصل الثامن	121
الفصل التاسع	125
الفصل العاشر	145
الفصل الحادي عشر	161
الفصل الثاني عشر	166
الفصل الثالث عشر	177
الفصل الرابع عشر	182
الفصل الخامس عشر	195
الفصل السادس عشر	208
الفصل السابع عشر	231
الفصل الثامن عشر	236
الفصل التاسع عشر	245
الفصل العشرون	248
الفصل الحادي والعشرون	262

الفصل الأول

تمتد سلاسل الجبال العالية إلى ما لا نهاية كأنها معزوفة تعيد نفسها، تَمَامًا مثلما يبدأ عَمِّي عزف النَّاي بصوتٍ عالٍ، بعد أن يتوقف فجأة، ثم يعاود الكَرَّة. أتحدث عن قمم الجبال التي تلامس السماء البعيدة العارية، والتي يواصل الكهول التحديق إليها في استراحاتهم بعد أن تركوا المعاول والمناجل جانبًا.

صارت شمس المساء هناك، بعد أن سُكِبتْ ظلال العَتَمَة على القمم مثلما يُسكب عسل المزارع في القدور، وسرعان ما تنتحي الشمس عند الأُفْق ثم تضيع؛ لذا عَلَيَّ أن أتخذ طريقي على الفور، أنا في مكان ما أسفل الوادي تَمَامًا حيث البساتين المفروشة، وذلك التَّل القابع إلى جانبها في الطَّرَف الشَّمَالي. قد أبدو لأمي كبُقْعَة، إذا كانت ما تزال تنظر نحوي، بُقْعَة تتمايل وسط ظلال المساء على درب صاعد قد خُطَّ وسط البساتين، ويؤدي مباشرةً من المزرعة إلى القرية. في هذا المكان في جوف الأرض وما يعقبه من غابات، ربما كنت كذلك في عين القَدَر؛ ما أدراني؟ أنا بُقْعَة، وربما أنا كذلك في عين سَلْوَى، أنا مجرد بُقْعَة...

«دَعْنِي وَشَأْنِي!»

تقولها وهي تكزُّ على أسنانها من الغيظ، لقد تعلمت قول: «دعني» في المدرسة مثلما تعلمتْ كيف تربط شعرها كفراشة، وكأن التحدث بأسلوب أهل المدينة صار في الآونة الأخيرة من ضمن صنوف التبرُّج وحب الظهور.

يحمرُّ وجهها الممتلئ بالغِلِّ...

«سَلْوَى..».

«لا تنطق اسمي... قلت لك: دَعْنِي وَشَأْنِي!»

تنطق تلك الكلمة بعصبية مجددًا.

«سأشكوك عند جَدِّي، وسترى أيها الوضيع!»

تتصرف بهذا الأسلوب طبعًا؛ بسبب ربط العائلة بينها وبين ثَرْوَت النذل برابط الخطوبة منذ المهد. أتابع طريقي بخطوات مُضْطَرِبَة، أو بمعنى أصح، بالكاد أتابع الطريق؛ إذ طالما يجري الطريق هاربًا من تحت قدمي، مثله مثل أعواد الحشائش المتهتكة، والحشرات الرخوية مثل الصابون السائل. لقد أوشكتِ العَتَمَةُ على الحلول ودخلتُ الغابة لتوِّي. أخذ شكل سَلْوَى يذوب ويتلاشى في انحناءات الدَّرْب أمامي، أكابد حتى أعبر بالقرب من تلك الشجرة دون أن أسقط في الحفرة، أريد أن أقطع طريقي قبل أن يسدل الظلام ستاره على الغابة.

ما الخطأ في أن أفكر بسَلْوَى حتى وأنا على هذه الحال؟ إذا كان العشق يلزمه بعض الجرأة أكثر من الشجاعة، فماذا عساي أن أفعل؟

على أية حال، كان وجه سَلْوَى يستوقفني فجأة في منتصف الطريق، وعلى ظهري حِمْل ثقيل مبلل بما يحتويه من لبن بدأ يسرِّب مُصَالَته. إنني بُقْعَة صغيرة، صغيرة جِدًّا، أعبر بصعوبة أحد الدروب الضيقة عند مدخل الغابة، فيعلق حِمْلِي. تَرَنَّحْتُ بين ضفتي الدَّرْب الصاعد كَكِفَّتَيْ ميزان، استجمعتُ قواي، ثم تَرَنَّحْتُ ثانيةً، وأنقذتُ حِمْلِي، لقد غلَّفتني رائحة الْحِمْل اللاذعة بالكامل، وضرب الخوفُ صدري وضلوعي، عليَّ أن أعبر هذا الطريق قبل أن يحل الظلام، فَلْيَبْتَلِكَ الله أيها الْحِمْل! عَلَيَّ أن أصل إلى أول بيوت القرية.

«دعني وشأني، أيها الراعي! دعني...!»

يرن صوتها في أذنيَّ، وأتوقف لألتقط أنفاسي قليلًا.

***

عليَّ توصيل ما أحمله على ظهري وتسليمه، عندئذ سأغُطُّ في نوم عميق، وأتمدد على قدر الوجع اللذيذ المنساب في عظامي الناعسة، على طول فِراش أمي الصوفي، فقط لو أنني أصل! إنني أحاول...

تَبًّا!

التفتُّ بصعوبة إلى الدَّرْب خلفي لأعاينه من بين الأشجار؛ ما زالت خيوط الشمس الغاربة عند الأُفُق مرئية مع بداية العَتَمَة، كأنني أنظر من ماسورة سلاح عَمِّي عيار أربعة عشر التي تتقيأ رَصَاصًا، أو ماسورة مسدس الْعَمّ سُلَيْمَان المتوسط من نوع بارابيلوم، على أية حال، سأسلم الليلة الزبادي لعمي، إنه غَمُوسٌ جَيِّدٌ مع الخبز عند زراعة الْحُقُول.

لقد صار إنجاز المرحلة الابتدائية إجباريًّا الآن، إنهم يجمعون من تركوا المدرسة مثلي؛ لقد أحاط رجال الدَّرَك بالقرية منذ صدور القانون، وصارت المدرسة الليلية إجبارية، وصار رجال مسنون ينزلون من القرية إلى النهر ليس من أجل تناول القهوة، بل من أجل الدراسة، لقد استعادوا شبابهم مُجَدَّدًا. أما في الأيام التي لا يذهبون فيها إلى المدرسة، نجدهم يحتشدون في حجرة في القرية، ويلفون التَّبْغ، ويذاكرون حروف الهجاء بأضلاع ورق الكرنب الضخمة القاسية، ويَنْشَب بينهم الخلاف تارَّة، قد يصل إلى حد المشاجرات أَحْيَانًا، مثل تلك المشاجرات التي كانت تَنْشَب بسبب الخلاف على حدود الأراضي قديمًا، وينشرون الأوراق المستخرجة من أكياس الأسمنت فوق دكة بُنيَّة لصنع دفاتر، ويكدسونها كيفما اتفق. انهماكهم هذا كان يضحكنا؛ لذلك لم يسمحوا لنا بدخول الحجرة، فكنا نتهافت على نوافذها. لو رأيتم كيف يكتبون حرف الألف، معكوفًا كأن قدمه تنظر إلى أعلى الجبل، أما حرف الباء فكأنما قد أصابته الحمى القلاعية. نكاد نهلِك من الضَّحِك، وبين الحين والآخر كان باب الغرفة ينفتح بقوة، فيطاردونا بالسِّبَاب حتى مِيضَأَة الجامع.

***

إذا كان المسنون على هذه الحال، فماذا عسانا نحن الشُّبَّان أن نفعل؟ لقد أجبرونا على التعلُّم. كانت رغبتي بالعلم شديدة، ولم يكن أبي مقتنعًا في بادئ الأمر، لكنه استسلم بعد عامين من العناد، وقرر الالتزام بأوامر الدَّرَك درءًا للعواقب؛ فحين يكون القرار بيد الدولة، يسقط الأمر من أيدينا. آه لو تعلموا أن الدولة التي أحرقت قلب أبي قهرًا، جعلتني أدعو لها بتسديد الخُطى دَوْمًا لأنها جمعتني بسَلْوَى!

أصبحتُ رجلًا؛ لذلك مانع أبي. نعم، وإذا كنتم تسألون: لماذا؟ فلأن المدرسة في نواحينا تُعَدُّ ترفًا كبيرًا، إنها مرادف للهروب من أعمال الحقل والمرعى والرعي، وهي التحدي لبختنا. أما إنهاء صفوف المدرسة الابتدائية والانتقال إلى المدرسة المتوسطة فيعدُّ تعطيلًا للحظِّ المشؤوم وهزيمة له، ومن باستطاعته ذلك؟ لكن من ناحية أخرى سأكون مع سَلْوَى في المكان نفسه، مع أن ذلك الْوَغْد سيكون هناك هو الآخر، أعني ثَرْوَت!

* * *

لن أطيل الشرح، فقد حُسم الأمر في النهاية، لكنه أصبح مسألة عائلية على قدر من الأهمية. أعذر والدي في ذلك؛ لأن الإيمان بذلك الأبدي الساحر المسمى المستقبل أمر صعب بالنسبة لنا؛ إن المستقبل لا يَعْتَدُّ بنا ولا يرانا؛ لذا نجده يعتمد حلوله الفضلى، فيستبعدنا من باب الاحتياط حتى لا يتسرب أي فرد من الحقل والمرعى. وأعذر الرجل، فالعبء الذي قد يسقط من على ظهري، سيستقر على أكتاف أفراد العائلة.

بالطبع، لا يمكنني نسيان أمر المدرسة بعد الآن، ولا شك أن وداعنا يعتصر قلبي كلما تذكرته، فقد أسال هذا الوداع دمعة جديدة على وجه أمي، وأضاف تجعيدة أخرى إلى وجه أبي، وشيَّب شعرة إضافية في رأس

جَدَّتِي. نعم، هكذا تجسد معنى الذَّهَاب إلى المدرسة، فمَنْ يمكنه أن ينكر ذلك؟

***

«حسنًا، لننتظر وَلْنَرَ...»، قالها بعد أن وضع حجر الشحذ داخل جَعْبَتِهِ، وألقى بمِنْجَله فوق كَوْمَة من الْعُشْب، ثم سَعَلَ في وقار. ها هو أخيرًا قد تخلَّى عن عناده، بعد عامين كاملين من المقاومة!

«هل سيتعلم؟ فليتعلم وَلْنَرَ ما الذي سيجنيه من قراءة كتب بلا بَسْمَلَة...»، قال مُتَمَلْمِلا بعد أن انتصب واقفًا، وأخذ يمسح شاربه.

وأضاف:

«هيا فليقرأ ويكتب».

نبرة عتاب خَالَطَتْ صوته سِرًّا للمرة الأولى... لكن عتابه لم يكن موجهًا لي، وأتفهم ذلك، وإنما وجهه إلى الدولة التي ظهرت بغتة، ولعناصر الدَّرَك الذين أرسلتهم، جاؤوا كالقَدَر الذي يحلُّ في النهاية ويعترض طريقك.

«هيا فليكن، هيا...»، قال.

أشعل سيجارته بعد أن لفَّها بورقة بافرا، وبدا أنه تقبل الهزيمة! حينها تسربت رائحة عرقه إلى أنفي، وحَدَّقَ في عيني. لم يكن هناك أي خبر جديد بإمكانه أن يغير الأمور، وكأن آلاف التفاصيل التي لم نستطع إدراكها أو نخمنها قد تجمعت معًا، ثم تركت أبي عاجزًا مغلول اليدين والقدمين. لا أخبار جديدة، لم يقرأ في عينيَّ أي نبأ جديد، بل كان عناصر الدَّرَك خلفي، والأمر لا بد أن يتم ولو بالإجبار. عندها تدخلتْ أمي وقالت كلامًا مثل:

«يكسب لقمة عيشه، ولا يحتاج إلى الغريب في اليوم الأسود... لقد درس كل ما سبق، فليدرس الصَّفّ الخامس أَيْضًا... أرأيت كيف أنهى فاضل دراسته، حتى أنه سيصير مُعَلِّمًا».

كانت تُحَمِّس والدي، مع أن الأمر كان صعبًا عليها، عَرَفْتُ ذلك من صوتها، ثم حوَّلتْ عينيها نحوي، عينيها الصافيتين المبتلتين، عينيها السوداوين مثل حبتي زيتون في وعاء حليب، هكذا هما عينا أمي... أنفها صغير دقيق، ورائحة عرقها مثل رائحة الزهور. إنها بسيطة متواضعة؛ لدرجة أنها لا تملك ما يعينها كثيرًا للتعبير عن حزنها، لكنني لم أستطع فهم ما قصدته باليوم الأسود؟ ألسنا في ذاك اليوم فعلًا؟ لا يمكنني القطع بذلك.

يذهب الإنسان إلى المدرسة من أجل الذَّهَاب إلى مدرسة سَلْوَى، وعلى أية حال، هذا شَأْن آخر.

«لا...»، قالها وفمه منبسط تحت شاربيه وهو يتلفظ بكلمة الرفض تلك... بصق تبغه، ثم بصق مرة أخرى، وهو مهموم ومغموم، لكن أسارير وجهه انبسطت قليلًا حين أثارت أمي الحماس لديه، وأضاء نور خافت حول عناده الذي اتخذ شكل «لا»، ولانت نظرات عينيه، وأدرك حينئذ أن النظام المستقر في رأسه بدأ ينهار لصالحي، فاستطعتُ أن أرى بوضوح ملامح الهزيمة في عُيون الصَّقْر!

«همم... فليكن حسنًا! ألدينا المال والملك مثل عائلة سُلَيْمَان؟ لكن... فليكن هيا، حسنًا!»

ثم نظر إلى جَدَّتِي أخيرًا كملاذ أخير... لكن جَدَّتِي كانت في صَفِّي؛ إذ يكفيها أنها في الصَّيْف لن تبقى وحيدة في الحقل مع الماشية. حاولتُ طمأنته بابتسامة حمَّلتها سرورًا كبيرًا؛ كي أجعله يصدق بأن المدرسة تغلق فصولها في الصَّيْف. وأخيرًا انتهي الأمر، ووصلنا إلى المسألة الأساسية.

***

أمي تترقب، وأنا أترقب، وجَدَّتِي تترقب، وحتى زهور المرعى على الجانبين تترقب، انحدرنا نحو سهل صغير أسفل شجرة الْكُمَّثْرَى، إلى

المكان الذي نجمع منه الْعُشْب. وضعتْ أمي حمولتها وجلستْ وحِضْنها ممتلئ بالْكُمَّثْرَى. كلنا على حذر، ننظر إلى والدي، فبعد أن أشعل سيجارته رَمَشَ عينيه ليحميهما من دخانها، ثم وضع يده على غنيمته في جيب سترته الداخلي، وأبقاها هناك، ثم شرد لفترة مُعَلِّقًا نظره في كَوْمَة الْعُشْب الجافّ. وبعد فترة ليست قليلة حرك أصابعه، وسمعنا صوت شَخْشَخَة صادر من جيبه، إنه إعلان الاحتفال الذي نسمعه مرة أو ربما مرتين في العام. الجيب هو مخزن أمواله المتبقية من عمله في الفحم:

«أين أموالي من مالقرا، وسجائري؟»

قالها مازحًا متظاهرًا بأنه لا يجدها، إنها مُزْحَتُه المكررة التي يضحك منها طَوَالَ العام، ويتفاعل معها. أخرج من جيبه الصُّرَّة الملفوفة بالنايلون، وكأنه يخرج قلبه من مكانه! أخرج الصُّرَّة المشهورة التي نادرًا ما نلمحها في بيتنا، وهمَّ بفتح طبقاتها. فتح الطبقة الأولى المغلفة بالنايلون، ثم طبقة النايلون ليخرج ما تحتها من مخبئه. لقد نسي عقب سيجارته تَمَامًا، عقب السيجارة المُعَلَّق على حَافَّة شفتيه كسحاب. فتح طبقة نايلون أخرى، وفتح ما في داخلها، وما هو تحتها، وظل على هذا المنوال كأنه سيواصل فتحها إلى الأبد، اللعنة على النايلون! ثم فتح طبقة أخرى وأخيرًا! من أسفل كل الطبقات أخرج غلافَ نايلون نظيفًا ما زال محتفظًا بلونه؛ لذلك فتحه بعناية أكبر، وظهر... المال!

شفتاه مزمومتان كأن ختمًا قد طبع عليهما، ونظرته المشوبة بالخوف انصبت نحوي، بدا كمحكوم عليه ويداه مُصَفَّدَتَان بالنيلون؛ نظر إلى جَدَّتِي، ثم إلى والدتي ومرة أخرى إليَّ.

* * *

«اشترِ دفترًا فقط».

«حَسَنًا».

«من بقالة الْعَمّ بخيت، أما الكتب فندفع ثمنها لاحقًا، عند عودتي من مالقرا مع بداية الصَّيْف.

هذا ما ستخبرهم به في المدرسة».

«حَسَنًا».

ألهبتِ النيران حماسي، صَمَتُّ كي لا يصدر عني أي كلام خاطئ، ودعوت من صميمي أن تستوي الأمور دون تكدير. صَمَتُّ، وصَمَتَتْ أمي وجَدَّتِي بدورهما، فالمال لا يخرج من كيس النايلون إلا عند المواقف الخطرة فقط، أو إذا حلَّ بنا طارئ ما. وقلتُ في سِرِّي:

«الآن سينهار الأمل في المرعى حزنًا، والريح الخفيفة ستفسح المجال للعشب الطويل الذي أخطأه المِنْجَل أن يتمايل؛ ما هذا الحَشُّ بالمِنْجَل يا أبي؟ كأن حِصَانًا بلا أسنان قد رعى الْمَرْج! حقيقةً لا أعرف لماذا تمر تلك الأفكار في خاطري؟!

لَفَّ المال بكيس النايلون، فأخذتُه ووضعتُه في جيب سُتْرَتي الداخلي، شَعَرْتُ به ثقيلًا جِدًّا، وكأني على وَشْك أن أُسحق تحت لَفَّة النايلون الصغيرة تلك. على أية حال، أمر المدرسة على وَشْك أن يتم، سَلْوَى... سَلْوَى!

ضج رأسي بالفرح، وعيناي كأنما أصابتهما الزغللة. بصق أبي عقب سيجارته وفُتَاتِ تبغها، والتقط عودًا وأخذ يَنْقُلُه بطرف لسانه بين شفتيه، ثم التفتَ نحو والدتي كأنه يتوسل منها الأمل الأخير، ثم بدأ العد:

«من الذي سيحصد الْمَرْج؟ من سيَحُشُّ الْعُشْب ويجمعه؟ من سيحمل علف الماشية؟ من سينتظر الأبقار عند التَّل وفوق الْهَضْبَة؟ من سيجمع البُنْدُق؟ من سيزرع الذُّرَة والبَطَاطِس؟»

وحين أدرك أن والدتي لا تعبأ بكل ذلك نظر أمامه وواصل الهمهمة في سِرِّه. إن حِمْل الأعمال الثقيلة أخذ يتساقط عن كتفيَّ حين نظر والدي إلى الأرض، وباشر بعدِّ المهام كأنه يهذي. أدركتُ حينها أنني تخلصت من السَّحْق تحت تلك الأعباء، وفجأة شَعَرْتُ بإحساس التحرر يسري في دمي، ويتغلغل إلى نُخَاعِي، وَكِدتُّ أرتعد من الفرح، إنه أمر ليس هينًا، فبعد أن استمر الجدال مدة عامين، حُسم القرار أخيرًا، ووصلنا إلى مفترق طرق.

***

مر شهر على بدء الدراسة، بعد أن فاتني منها عامان، وعلى حد تعبير عَمِّي صرتُ رجلًا كالحِمَار، وإن تزوجت الآن فسأرزق بولد.

وهكذا خسر أبي فأسًا في أرضه، «رأس ماله»، ومِنْجَلًا في المرعى، وحمَّال حطب من الغابة، وراعيًا للبقر، وكل ذلك بسبب هذا البلاء الجديد المسمى «مدرسة»؛ ولا أحد بعد اليوم إلا ويعلم تَمَامًا أن كلمة «الدَّرَك» تعني «كارثة طبيعية»، وما باليد حيلة.

خَلَاصِي من هذا الجحيم بات محسومًا، بعد أن كنتُ على وَشْك اليأس. شارفت على إنهاء دراستي الابتدائية، وسيحين دور المدرسة المتوسطة، وما المشكلة إن كنتُ قد تجاوزتُ العمر المفترض؟ على أية حال، والله أعلم، سيصبح بإمكاني الظهور أمام سَلْوَى، إنما ليس بحِمْل المرعى الذي جَثَمَ وقتًا على صدري، بل بالمريول. سأبدأ التعلم من الصَّفّ الخامس الابتدائي وأنا في الرابعة عشرة من عمري، وقد سعيت بالفعل إلى تحسين قراءتي إلى حدٍّ ما بمساعدة عَمِّي... إلى حدٍّ ما! تُرى ماذا سأواجه أَيْضًا؟ مهما يحدث لن أَحِيدَ عن طريقي.

عندما أفكر، أعني عندما أفكر في سَلْوَى، وتخطر ببالي، لن أحاول بعد اليوم التوقف لأفك حبال حَمُولة الْحَطَب، وأنقُل الْحِمْل إلى كتفي بدلًا

من تركه على ظهري مثل النساء، مهزلة! من الآن فصاعدًا لا لقاءات مُهينة ولا سَخيفة، وربما لن أتعرض لموقف مُهين أمام ذلك الثنائي مرة أخرى، على الأقل صار بإمكاني الآن أن أتخيل بكل راحة أنني أرى ثَرْوَت وسَلْوَى من غير أن أكون مُجهدًا وأتصبب عرقًا؛ بل أراهما بمريولي ومنتعلًا حذائي المطاطي النظيف للغاية. ليس هذا وحسب؛ بل لأنني صرت ممسكًا بزمام مستقبلي، أضحيت قادرًا على تخيُّل كل ذلك بلا خجل، حتى أن إمكانية حدوثه وحدها تكفيني. لقد ضاقت روحي من التفكير بالهرب طَوَالَ الصَّيْف، لن أحمل هم وجود ثَرْوَت بعد الآن واضْطَرّ إلى تغيير مظهري، أو أن أشقى لمنح شَعْرِي شكلًا بواسطة تلك المادة الهلامية المُثبتة. لكن ربما إذا تغيرت حُلَّتي وتحسن هندامي، سأجرؤ حينئذ على التفكير بالأمر والاستغراق فيه مثل باقي البشر؛ أما الآن فيمكنني تخيُّل الموقف دون التفكير بثَرْوَت، وهذا يكفي... يكفي! آآآه... هذا يكفي حَقًّا!

كم هو لعين ذلك الفقر، بالمناسبة، هذه هي كلمة جَدَّتِي «الفقر»... إنه الاسم صاحب الصدارة في عائلتنا. وأخيرًا بعد سنوات سأتعلم نطق هذه الكلمة نطقًا صحيحًا، المدرسة وسَلْوَى سيعلمانني ذلك معًا؛ من المحتمل ألا تَلْفِظَ جَدَّتِي اسم عائلتنا لفظًا صحيحًا، أليس كذلك؟ هذا أمرٌ آخر.

أخذتْني أمي بين ذراعيها وضمتْني، ضمتني وعصرتني بقوة يستحيل الفكاك منها، وأمسكتْ شَعْرِي ومشطته إلى الجنب بكفيها، ومسحت وجهي؛ خشونة يديها خدشت بَشَرَتي، وليكن ذلك، ثم طبعت قُبْلَةً على وجنتيَّ، وفاحت منها رائحة الزهور. أما أبي فقد مدَّ يده وضم يدي؛ ما زلتُ مندهشًا من فعله هذا، فهل ظن فجأة أنني عنصر من الدَّرَك؟ يا له من مسكين! ماذا كان عليَّ أن أفكر حينها، لم أعرف. وكأنني مع عدم معرفتي كيف أفسر ذلك، قد اتخذتُ قرارًا عَشْوَائِيًّا وآمنتُ بأنني وحيد، لم ينتبني أي شعور في

تلك اللَّحْظَة، لكنني حينئذٍ أَرَدتُّ أن أجلس وأنفجر بالبكاء، ولكن لحسن الحظ، أن أولئك الذين يقرؤون هذه السطور، لا يعرفون مقدار الغرابة في هذا الشعور.

* * *

قلبي واصل الخَفْقَ تحت قميصي الذي ذابت ياقته، وكان أبيَض ذات يوم. خَفَقَ من شدة حماسي وسعادتي بالمدرسة الحُلم، نظرتُ تحت الْحِمْل صوب الضوء الخافت في نهاية نفق أشجار الصنوبر الأسود والزان؛ لقد حَسَّنْتُ قِرَاءَتِي، وستأتي التَّتِمَّة بسهولة بعد ذلك، فقد سمعنا لسنوات أن الْمُعَلِّم يحب الأطفال الذين يحبون القراءة، إنهم الوحيدون الذين ينجون من الضرب، سنرى.

اختفت الشمس رويدًا رويدًا وراء التِّلَال، وأوشكتِ العَتَمَة على الحلول بالمراعي، لقد حلت بالفعل في الغابة منذ وقت. استخدمني أبي حتى يومي الأخير، وأخبرتني جَدَّتِي التي تستطيع آلام ركبتها التنبؤ بحالة الطقس بأنها ستمطر، كنا قد حصدنا المراعي، وكدَّسنا المحصول تحت أغطية النايلون، ويا له من تعب جميل! لا أستطيع وصفه. في الحقيقة نحن مُضْطَرُّون لذلك، أو بمعنى آخر، أبي مُضْطَرٌّ، فهذه هي الحياة.

أريد أن أصل إلى طَرَف الغابة، وإلى الْحُقُول المحاطة بالجسور الخشبية عند أول القرية قبل أن ينسدل الليل المُعْتِم، سيستغرق الطريق ساعة ونصف الساعة أو ساعتين كي أصل إلى أول منازلها، منزل الْجَدَّات الْمُشَعْوِذَات. أود الوصول إلى أول نقطة تُسمع منها أصوات الكلاب، حينها تبدأ راحتي.

«الكلب الوحشي، كلب الصيد!»

كنتُ قد نسيته! أَرْتَعِد من الخوف حتى النُّخَاع بسببه، سيكون صوته أول صوت أسمعه في طريق يستغرق يومًا حتى أصل إلى أول القرية.

شيطان أعمى متوحش بفم ممزق، نذل يَنْبح بصوت مُدَوٍّ كصوت المِدْفَع، يَنْبح ويَنْبِح! إنه الكابوس المخيف للدببة والحيوانات البرية التي تتردد على الْحُقُول، إذا اقترب سأتسلق الشجرة وأصرخ، وسيخترق صراخي النافذة الخشبية الصماء الصغيرة، وعلى أغلب الظن ستترك الْجَدَّة الْمُشَعْوِذَة مِلْقَطها وما كانت تُلقيه في النار من بَطَاطِس أو ذُرَة أو ما شابه، وستركض نحوي، لكن هل ستنقذني؟ لا أعلم.

تقطَّرت مُصَالَة الزبادي من ظهري إلى سِرْوَالِي ومنه إلى ساقيَّ وإلى حذائي المطاطي فتحولت كل فردة منه إلى ما يشبه وعاء الغسيل. العَرَق والخوف يتصببان مني أَيْضًا . تحسين قراءتي أمر مهم، وربما سأذهب إلى المدرسة المتوسطة في المستقبل، حتى وإن كنتُ متأخرًا، أو إلى مدرسة داخلية مجانية، تَمَامًا مثل الأخ فاضل ابن الْعَمّ بخيت، من يدري؟

أقول لكم: إنني سأكون شخصًا آخرَ!

***

ارتجفتْ ساقاي، والمُصَالَة المتقطرة وسَّعَتْ بينهما كأنهما قوسان، لم يعد رجوعي واردًا بعد أن قطعت نصف الطريق تقريبًا، نظرتُ صوب الضوء الباهت القادم من بيتنا في المزرعة، من المؤكد أنهم يتحدثون في أمري الآن، وراء ذلك الضوء في بيتنا ذي الغرفة الوحيدة، هل تبكي أمي وتمسح عينيها بطرف الْمِنْدِيل؟

أبدأ باستيعاب الأمر جَيِّدًا، أنا عابر سبيل في ليلة استقرت فيها النجوم فوق الجبال، أنا درويش صغير يشقى بمحنته، أنا الآن خطيئة صغيرة مؤلمة، أكاد أحمل أملي على ظهري، أو بالأحرى في دمي، نعم، وعلى ما يبدو، سيتحقق هذا الأمر.

الحبال حول كتفيَّ لا تؤلمهما، بل تنهشهما، وتنزع منهما الأخضر واليابس.

«عَمِّي!»

يجب أن أصل إليهم هذه الليلة، كلما مشيتُ أكثر، كلما ثَقُلَ الْحِمْل اللَّعِين على ظهري، لكن عَلَيَّ أن أصل. صرتُ الآن أقاتل في مواجهة جذور الصنوبر، التي ما انفكَّتْ تعلق بحذائي المطاطي، وأحارب الظلام أَيْضًا . أتغنَّى بالصفير رغم انحنائي تحت حِمْلِي، لا... هذا ليس تصرفًا جَيِّدًا، الصمت أكثر أمانًا، فكيف لي أن أرى الدب أو الذئب أو أي حيوان بريٍّ في هذه العَتَمَة إن أتوا على صوت صفيري؟ صَمَتُّ.

عندما وصلتُ إلى مكان المَضْيَفَة، أدركتُ أنني بلغت منتصف الطريق، إنها مساحة صغيرة، أسندت حِمْلِي على الحَجَر المستوي، والتقطتُ أنفاسي، مواجهًا الشفق الذي مدَّ رأسه متسمرًا بين أشجار التنوب والصنوبر، وقمر قريتنا الخاشع القديم ارتفع بين الأدغال يصاحبه حفيف الأوراق.

***

«ابذل جهدًا!»

أأنا قلتُ هذا؟ هل نطقت بذلك؟ أم أنني أحلم؟ هل أشجع نفسي في حُلْمِي؟ أم جُننتُ للتو؟

«أووه!»

كأن بُومة أمامي تكرر صوتي! ربما سأفقد عقلي!

«يكفي، ولأدع عني هذا الْهُرَاء!»

نَهَضتُّ وأكملتُ مسيري، ضوء القمر جعل الأمور أكثر تعقيدًا، شَعَرْتُ كأنني إن لم أجد الطريق بنفسي فإن صوتي سيجده، هل التحدث مع النفس

نقيصة؟ لا أظن ذلك أبدًا، ربما في الظلام نعم؛ لكن كيف لي أن أرى عند الغَسَق؟ فالإنسان يرى في الظلام، لكنه عند الغسق يتشوش فقط.

لقد لَفَظَتِ الأرض أحد جذور الزان فانشق مثل السكين، يا للمصيبة! لقد اخترق مقدمة حذائي، لا، لم يخترقه، بل سكن فيه، صرتُ أترنح، لكنني لم أستطع النجاة بثِقْلِي، ها أنا أسقط، كِدتُّ أنزلق نحو أسفل المنحدر، تمسكتُ بالجذور في الوقت المناسب، وفي هذه الأثناء وصلني نُبَاح أولاد آوَى من قعر الوادي، والكلاب الجائعة اللَّعِينَة، معنى ذلك أنهم التقطوا رائحة حِمْلِي، إن العَتَمَة تزداد تَدْرِيجِيًّا، ويزداد إلحاح غريزة البقاء على الحياة أَيْضًا. يداي مثل جذور شتلات صغيرة عانقت جذور الأشجار العملاقة، وأظافري خدشتِ التربة، وعَلِقَتْ بأشواك الكَسْتَناء الجَافَّة، وكفاي صارتا تؤلمانني... وتحرقانني.

«ركبتاي، آه!»

تمسكتُ بسيقان نبتة الخطاطيف التي ظننت أنها جذور الدفلة والبنطسية، وبذلتُ مزيدًا من الجهد. لقد حسَّنْتُ من قراءتي! هل هذا وقته الآن؟ تبًّا!

الهاوية والشِّعب! أي الموت والمدرسة يتنازعان للحظة وبينهما طفل ذو حِمْل... ما زال قلبي مخلوعًا، لكنني تمكنت أخيرًا من جر حِمْلِي والزحف بجسدي صعودًا، وتخطيتُ الخطر.

هدأتُ قليلًا على هذا الوضع، التقطتُ أنفاسي، ثم عُدتُّ إلى صوابي وقررت متابعة سيري. أدركت من الْبَوْن الشاسع أمامي أنني لم أكن أسير في الاتجاه الصحيح، وإن تدحرجتُ هنا فلن يجد أحد أشلائي، وضعت حَمُولَتِي على الأرض، وفكرت قليلًا؛ كي أستكشف الطريق المرتفع، بصقتُ وتنفستُ بكل عزيمة. لا أحد يستطيع أن يُنكر أنني قد حَسَّنْتُ قِرَاءَتِي، ربما سأستقر في مدرسة داخلية مجانية... على أية حال لقد تخطيتُ الأمر.

* * *

الْحِمْل اللَّعِين يتمايل على جانبيْ ظهري.

«ضُفْدَع!»

قهقهتُ قهقهة مكتومة، إنها أنثى على وَشْك أن تلد. وقعتُ مرة أخرى، صرختُ وتلفظتُ بكل السِّبَاب البشع الذي خطر على بالي، نُبَاح أولاد آوَى وصل من بعيد، أرخيتُ حبالي وتركتها، واستلقيتُ على ظهري فوق حِمْلِي، أو بمعنى أدق استلقيتُ على خيبتي؛ الْحِمْل مبلل، ولَيِّن جِدًّا؛ تُرى ماذا تفعل سَلْوَى الآن؟ تُرى كيف ستكون الحال مع بدء المدرسة؟

يداي تحت رأسي وفوقي مظلة من أشجار الصنوبر العملاقة تحت القمر، وضوؤه ينساب من كِيَانِه البلوري عبر كُوَّة صغيرة في المظلة. تابعت التحديق في سقف العالم باستسلام، في ذلك السمو الأعلى غير المحدود والمفرط في الجمال، قررتُ أن أُصَفِّر قليلًا، ثم خفتُ وتوقفت، فجأة دمعتْ عيناي اللتان لا تكلفاني جهدًا حتى ينساب دمعهما، وتسلل الصفير إلى شفتَّي مجددًا، وإذا بي أقلد ناي عَمِّي، تلك النغمة التي لا تتغير، دون أن أبعد عينيَّ الدامعتين عن وهج السماء الذي يبدو قد غُسَلَ حديثًا، ولا عن خيوطها الذهبية المسمَّرة بمتانة على أديمها. نظرت كي أشبع، فالنجوم بدورها لا تشبع من النظر إليها؛ لذا لا بد من وجود شخص ما ينظر إليها، وفي أعماقه لهيب لا يهدأ، ربما ينظر نحوها من قعر بئر، الحمد لله أنكم تعرفون ما أعنيه.

* * *

أنطلق في طريقي مجددًا؛ ما زال أمامي مسافة حتى بلوغ القرية، لكنني وصلتُ إلى جانب أسوار الحقل، قرب الجسور الخشبية حيث الْحَافَّة التي نرى منها الحقل في الجهة المقابلة. توقفتُ لأنظر إلى الخوف الذي استقر على أطراف الغابة المتاخمة للحقول، قلبه رقيق ذلك الخوف، لو أنكم

تعرفون حاله فلن يخيفكم مطلقًا، على الرغم من رغبته الشديدة في ذلك، حتى أننا نستمد منه الشجاعة اللازمة لإكمال الطريق، ونحن على يقين من أنه غير مُؤْذٍ، ومع ذلك يكتفي بأن يتلاعب بقوة خيالنا.

أمي دائمًا معي إلى جواري وعلى ظهري؛ الرياح تسحبني من هنا وهناك، وما من شيء يمكن فعله، تهز ذراعيَّ وتُحيطني، وذلك ما كنتُ أخشاه، مع أن والدتي معي...

لكن تلك الأيام قد ولت! لقد كَبِرْتُ الآن! آه، وقد حَسَّنْتُ قِرَاءَتِي.

أسندت حَمُولَتِي على صخرة صغيرة في الطرف العُلوي من الطريق، وجَثَمْتُ من الخوف، لن يستطيع أن يفعل بي شيئًا، حتى ولو أمسك بي وحدي في منتصف الليل، وحتى إن تمكنتُ من عبور السياج، وتسللتُ إلى جانبه.

أسير محاولًا تصديق أن الخوف لن يستطيع فعل أي شيء بي...

* * *

حقل الذُّرَة تأوه بفعل الرياح المباغتة، وأزيز السياج انطلق للتو، وتدفق كنهر حتى الْحَافَّة البعيدة. في تلك الأثناء صدرت جَلَبَة مفاجئة بالقرب مني إلى الأسفل قليلًا، إنها مجموعة من العُلَب المعدنية مربوطة بطرف حبل مثبت بالْكُوخ البعيد هناك؛ تضاربت العُلَب وأثارت ضَجَّة، أعرفها جَيِّدًا، ويوجد مثلها في حقلنا، تصدر ذلك الصوت المفزع لتخويف الحيوانات البرية والدببة، يدوِّي من وقت إلى آخر، ثم يتبعه صوت من مكان أبعد، أعرفه أَيْضًا، ولستُ خائفًا، إنه عميق وقوي وحادٌّ، دَوَّى مرات عدة متقطعًا:

طاخ... طاخ... طاخ!

وصل إلى مسامعي من هناك، من أسفل الحقل. من أجل إبعاد الحيوانات البرية التي تَصْعَد بمحاذاة مجاري النهر نحو حقول الذُّرَة، أُنْشِئَت

تلك الوسيلة لدينا أَيْضًا، وأذكر يوم إنشائها، وجرى ذلك بربط جذع شجرة أجوف بأنبوب يصب فيه الماء، وكلما امتلأ التجويف، يميل جذع الشجرة المتوازن نزولًا، ويُفرغ الماء، في حين يرتفع جانبه الآخر، وعندما يفرغ ماؤه يهبط على الأرض بسرعة، ويرتطم بالحجر أسفله... بوم! لقد وقفت أنا وإخوتي الصِّغَار إلى جانب الجذع الأجوف جانبها ساعات يوم تشغيله، وشاهدناه وسمعنا صوته.

لقد سمعتُ حفيفًا خلفي الآن، قفز قلبي من مكانه وانحبستْ أنفاسي، وقفتُ بلا حَرَاك، لا بد أنه حيوان بري لم يستطع الاقتراب من الحقل، واجتاح أكوام الأوراق الجافة مُصدرًا صوت خرخرة، أنصتُّ إلى تلك الأصوات وأنا متجمد في مكاني، ثم تذكرت أنني لم أعبر السياج بعد، وأنني ما زلتُ مُعرضًا لخطر محتمل في قلب الغابة، فجأة ارتجفتْ عظامي، بلغ مني الخوف مبلغًا إلى درجة أنني عطست!

بعيدًا عن بيت الْجِدَّات الْمُشَعْوِذَات سمعتُ صوت سلسلة حديدية، إنه الكلب زاغار، يأخذ يعوي وسط هذا السكون، ووصل صوت صرير أسنانه حتى أذني وكأنه يمضغ الحديد...

«يا للمصيبة!»

دعوت بألا يقطع الوتد أو السلسلة، ولكن ما زال عليَّ أن أشق طريقي في اتجاهه، ولسبب ما وبعد أن وصلتُ إلى مشارف القرية، بدتْ لي الغابة أكثر ترويعًا، ولم أستطع الالتفات والنظر خلفي، أهم وأنهض بهدوء، لقد صارتْ مُصَالَةُ الزبادي باردةً مثل الثَّلج على ظهري: أعرف عن ظهر قلب المسار الصغير المتعرج المؤدي إلى البيت، سرتُ من هناك، وتابعت طريقي، وعبرتُ متعثرًا ثم اقتربتُ أكثر من الْحَافَّة.

***

جلستُ مُطلًا على حَافَّة الحقل الذي ما انفك يصدر أزيزًا، شيوخ القرية اجتمعوا هناك؛ فالتجمع ومشاركة السعادة بعد يوم طويل من الأعمال الشاقة عادة من عادات الْخَرِيف، رغبت بشدة في الجلوس معهم، لكن الْعَمّ سُلَيْمَان جَدّ سَلْوَى موجود بينهم؛ وبناءً على أني صِرْتُ إنسانًا مختلفًا تَمَامًا بدءًا من الآن، مع أني ضَيَّعتُ بعض الوقت، وربما صِرْتُ كبيرًا بحجم الحِمَار، لكنني حَسَّنْتُ قِرَاءَتِي، فقد وَعَدتُّ نفسي أن أتحمل أي موقف كان، حتى تراني سَلْوَى بالمريول والياقة البيضاء.

وجدتُ مِصْطَبَة، جلستُ عليها دون أنا أحل حَمُولَتِي، الْحَافَّة تحتي، لقد أشعلوا حريقًا كبيرًا هناك، وعلقوا الراديو الذي أحضره الْعَمّ سُلَيْمَان من أَلْمَانْيَا من مَقْبِضه على مِسْمَار، ذلك الْعَمّ الذي يكرر مُتَلَعْثِمًا عبارة: «هل فهمت؟... هل فهمت؟» ذلك الراديو تعرفه القرية كلُّها، ولا أحد غيره يمتلك مثله إلا الْعَمّ هَارُون والد ثَرْوَت. وهناك أمر معروف جَيِّدًا في القرية، فالعم هَارُون لا يُخرج الراديو خاصته وسط الناس احترامًا لعمر الْعَمّ سُلَيْمَان، لكن ثَرْوَت المختال الكسول يتجول حاملًا الراديو أكثر من الْعَمّ هَارُون نفسِه، وذلك هو الأسوأ. إنه وَغْد على أية حال! يفتح الراديو على أغاني «أركان» بأعلى صوت، إنني أعرف تلك الأغنية الشعبية جَيِّدًا «دوبي حسن!»

* * *

لقد جَفَّ الْعَمّ سُلَيْمَان أمام النار، إنه يجلس وساقه الصناعية الخشبية في حِضْنه، ومن وقت إلى آخر يمد يده ويرجع رأسه إلى الخلف ليبعده عن وهج النار؛ وكي يقلِّب أكواز الذُّرَة حتى لا تحترق، ويسرح بين الحين والآخر، وينظر إلى اللهيب كما لو أنه ينظر من نافذة عالية إلى ماضيه، من يدري بِمَ يفكر؟ من وقت إلى آخر يخاطب الْعَمّ هَارُون دون أن يدير رأسه، إن ثرثرته

المحشوة ببعض الكلمات الأَلْمَانِيّة بلا داعٍ، صارت أمرًا معتادًا في مثل هذه التجمعات المزدحمة، ويجني بعضهم منها -بخلاف التحقير طبعًا- نوعًا من السعادة التي تنعش أمزجتهم، ويسألون مرارًا وتكرارًا عن أَلْمَانْيَا دون ملل، والعم سُلَيْمَان يسأل أَيْضًا ؛ لقد بات يسافر مرة واحدة في العام فقط للحصول على معاشه، وصار كمن يتحرّى أخبار وطنه القديم والأصلي، بنوع من الراحة والكبرياء بفعل الأسبقية، هو أكبرهم سِنًّا وقد رأى أوروبا. أما الْعَمّ هَارُون فيحكي في الأصل عن أمور يعرفها الْعَمّ سُلَيْمَان، ويعرفها الجميع أَيْضًا، لكنه يكررها.

العم سُلَيْمَان، يسند مرفقيه إلى ساقه الخشبية، ويستمع إلى الْعَمّ هَارُون، يستمع بجدية وتفكُّر أكثر من اللازم، وكأنه حصل على حق التدخل في شؤون أَلْمَانْيَا الداخلية، يستمع ويهز رأسه بالموافقة: «شأن تُرْكِيَا....». يحب الْعَمّ هَارُون تكرار هذه العبارة جِدًّا، يستمع إليه الْعَمّ سُلَيْمَان بوجهٍ مُقْتَضِب ولسان حاله يقول: «ألا أدري ذلك؟!». يستمع بحزن عميق نابع من درايته بكل تلك الأخبار، وينصت إلى الْعَمّ هَارُون، والد زوج سَلْوَى المستقبلي، لا أحبَّهم الله جميعًا، يستمع برأسه المثقل بالتفكير وقد اتكأ على صدره، وبوجهه الضخم الجامد كالصخر، والذي احمرَّ إثر مواجهته لنيران المِدْفَأة. أَحْيَانًا يضع الْعَمّ هَارُون الموضوع الذي أخمن أنه يحتوي تفاصيل قيمة والذي أريد الاستماع إليه بشدة داخل شِوَال ويُغلقه بإحكام، ويطبع عليه الختم.

«ماذا عساه أن يحدث؟ إنه شَأْن تُرْكِيَا!»

يصادق الْعَمّ سُلَيْمَان على كلامه، وينظر أمامه متلذذًا بغرور. بالنسبة لي لا يهمني شَأْن تُرْكِيَا ولا شَأْن أَلْمَانْيَا، تلك المقيتة المسماة أَلْمَانْيَا قد ربطت الْعَمّ سُلَيْمَان بذلك الرجل البغيض عبر روابط لا تنقطع، ووحدت سَلْوَى مع ثَرْوَت في وعد بالزواج منذ المهد لا يفرقهما أبدًا، وزوجوهما وهما

ما يزالان حديثي الولادة بعد، هذا هو الموضوع الذي يهمني! هذا موضوعي الذي لا يتغير. في الحقيقة أنا لا أستطيع تفسير الأمر، ولا أعرف طريقة للتخلص منه، الْقَدَر يثرثر في رأسي بلا توقف، وأَلْمَانْيَا تعمل ضدي، هذا هو موضوعي.

على أية حال...

* * *

أسكتُّ الأفكار العابرة في ذهني، بدأت أرى حَافَّة الحقل وقد لاحت أمامي، عُدتُّ إلى مراقبة الزحام مجددًا، وفي غضون ذلك، وسَّعتُ الحبال التي بدأت تؤذي كتفيَّ إلى حد كبير.

حين يتحدث الْعَمّ هَارُون، فإن الآخرين الذين اتكأوا هنا وهناك يشاركون بالحديث. أما الْعَمّ سُلَيْمَان فيشوي الذُّرَة ويعلق أكوازها بعود صغير ويستلقي على الألواح، ويقضم الذُّرَة المشوية بصعوبة واستلذاذ وهو يواصل حديثه عن حياته في أَلْمَانْيَا، ثم يأخذ حبة ذُرَة جديدة ويقترب من النار، مُبعِدًا وجهه إلى الخلف حتى لا يحترق، ويسبُّ باستمتاع وهو يمد ذراعه بصعوبة نحو الذُّرَة المشوية، وقهقهاته تملأ سطح الْكُوخ؛ في الوقت ذاته يطلق أحد الشباب السِّبَاب، وآخر يشاركه بذلك وعقب السيجارة في فمه وقد حول وجهه جانبًا حتى لا يخنقه الدُّخَان، ثم يخرج السيجارة من فمه ويقلب الذُّرَة، وهو يكرر السِّبَاب بأريحية؛ وهناك آخر يتظاهر بالاعتراض، إنه الْعَمّ بخيت البقال.

«لا تفعلوا يا أولاد... لا تقولوا هذا أيها الأشقياء... يا كلاب الفرنجة...!»

يقهقه الجميع، أما الْعَمّ حَقِّي فيتقلص في زاوية ويطوي ركبتيه، ويحرك طاقيته كي يحكَّ مؤخرة رأسه. إن جبينه متجعد، وَكِدتُّ لأقول: إنه مهموم، ولكن ليس لديه هموم، بل عنده هم واحد؛ يبدو أنه الضيف الأساسي للمنزل

الريفي هذا المساء، وعلى الأغلب قد أتى من عزبة قالتبه، وقطع عشرات الدروب داخل الغابات المظلمة برفقة مصباح ضعيف الإضاءة، تَمَامًا مثلما يأتي إلى منزلنا في شهور الشِّتَاء للاستراحة، فقط للاستراحة ليقول من حين إلى آخر: «آآآآه...»، أيًّا ما كان الحوار. حاله متعسرة، وليس لديه أرض ولا ذُرَة ولا بَطَاطِس، لقد و فت المنية زوجته العجوز منذ سنتين أو ثلاث، وظل وحده، ولم يتبقَّ له إلا أهل القرية، إذا عُقِدَ تجمع أمام المسجد، عندئذ يندفع مترنحًا، ويتجول ويطوف على المجالس في الأمسيات كي يستمع إلى أحاديث السمر، وهو الآخر خليل طيور الغابة وذئابها، وعندما يحك مؤخرة رأسه، يسود الظن أنه قد فهم ما يُقال، هكذا هي حاله منذ أعوام. صار الآن يقلب حبة ذُرَة أمامه، ثم ينتبه بعد برهة لوجودها ويتناولها، ويبدأ بمصارعة حبة الذُّرَة في فمه الأدرم، فيرميه الرجل الذي يعطيه الذُّرَة بالكلام، وهو يبتسم:

«يا عَمّ حَقِّي، هيا فلتأكلها، والباقي بانتظارك».

لا يُعِيرُه الْعَمّ حَقِّي انتباهًا، فقط يكتفي بالابتسام، فهو لا مشاعر لديه، عنده هم واحد فقط، لديه فم بلا لسان، وكأنه لا يقوى على العيش، بل على الإنصات والمعاينة، وإذا حدثه أحدهم عن السعادة، فإن الْعَمّ حَقِّي يجيب بما يسمعه من حوله عن السعادة، وهذا نادر وقليل أَيْضًا، فحتى هذا يعده ثرثرة، إنه شخص قليل الكلام إلى هذه الدَّرَجة؛ لكن هناك فرحة سِرِيَّة تحوم حول الْعَمّ حَقِّي.

من مكان ما لا أستطيع رؤيته وسط الظلال؛ شخص يأتي إلى شرفة البيت الريفي العالية ويقف هناك، ثم يفك الحبل المربوط، ويلفه حول ذراعه، وبعد قليل تبدأ علب الصفيح المعلقة عند طرف الغابة بالقَعْقَعَة، ثم يسحب الحبل لفترة، وبعد ذلك يُسمع الصوت مرة أخرى. في هذه الأثناء يفتح الْعَمّ

سُلَيْمَان صوت الراديو، والكل يضع يديه على وسطه، وتُلقم المسدسات وتضرب، وفي اللَّحْظَة ذاتها تنزل طرادات الأبواب الأمنية وتبدأ الجَلَبَة، وفجأة تهتز الخيوط الفولاذية في الظلام، ثم ينتهي الحفل.

تلك المرة وصل رد نادر من القرى المقابلة، وكررت جماعتنا إطلاق النار، ثم صمتوا بانتظار الرد، فأتى الجواب بعد وقت قليل، وضجت الوديان العميقة، وتنهدت الغابات طويلًا، ثم خَمَدَتِ الأصوات في قلب الظلام.

* * *

اكتسبتُ الشجاعة من الْهَرْج والْمَرْج الحاصل هناك، فعليَّ الآن أن أتخذ طريقي، وأن أصل إلى البيت قبل أن ينام عَمِّي. وحين كنتُ على وَشْك النهوض، إذا بمخالب قد حطَّتْ على كتفي، ومع تفجُّر كُتْلَة الغضب، وسماع صوت غَسْغَسَة، لم أستطع الالتفاف للخلف، إنه زاغار، أحد زبانية الجحيم، كلب الْجَدَّة الْمُشَعْوِذَة الأسود! أسنانه تشبثت بحَمُولَتِي، وطَفِقْتُ أصرخ!

* * *

لقد تنبهوا لصراخي، فخرجوا من الحقل مسرعين، وبأيديهم مصابيح، واجتمعوا حولي منتشلين قِرْبَة الزبادي من فكيْ الكلب بصعوبة، أبعدوه عنها، وأمسكوا بي ومددوني فوق الْعُشْب، خلف أحد الفوانيس، لاحظتُ الوجه القاتم للعم سُلَيْمَان، أجهشتُ بالبكاء، فانحني وقرَّب الضوء من وجهي، نظرتُ إلى كفيَّ، دم!

عندما ينهار الإنسان، تنتشر رائحة القبور، هل تعلمون ذلك؟

الفصل الثاني

في وقت متأخر من الليل، وعند منتصف الطريق المؤدي إلى بَاحَة الصنبور القريب من المنزل. وعند جذع إحدى أشجاره، قضيتُ حاجتي تحت ضوء البدر.

جَدَّتِي تنتظرني وسط الظلام، هناك رابط بيننا لا يُرى ولا يُسمع، فأنا وجَدَّتِي نثرثر عن كل شيء، شَعَرْتُ بوجودها فجأة، قلبي قفز إلى حلقي وغطيتُ عورتي بيدي، انتظرت، ولم أستطع الرد على ندائها من الخوف.

«لقد أصبحت رجلًا كالحِمَار، وصوتك صار خشنًا كالْحَطَب مثل الرجال»

لا أعرف ماذا يعني هذا. نظرتُ إلى خيال المنزل الذي بالكاد أراه، وها هو طيف سقفه الأعوج المتأرجح حيث ينضوي تحته كل ماضينا، بل إن الليل يتأرجح وليس سقفنا. شَعَرْتُ بالْغَثَيَان، حاولت أن أصذدق أن عينيَّ مخطئتان لكن بلا فائدة، فليس الليل ما كان يتمايل، بل عقلي، هل هذا ما يُسمَّى بالعقل الدُّوغْمَائِيّ بمواقفه الحَادَّة الذي تحدث عنه الْمُعَلِّم؟ إن الأمر يزعجني، أقسم بذلك، فلقد تعبت من تسمية أي شيء لا أفهمه تَمَامًا؛ أي وصف موقف مخيف أو حزين بأنه دُوغْمَائِيّ! نعم أصبحتُ مُشعِرًا، لكن لماذا تضحك أمي وهي تقول ذلك.

عندما أنظر إلى سقفنا في النهار، أضحك، وتقول أمي:

«لقد خرج الكَسْتَناء من فروه، لم يعجبه فروه... وإن سألته يقول: إنه يقرأ في مكان عال».

إن ما تعنيه بالمكان العالي هو المدرسة المتوسطة. لا لم تبدأ تلك المرحلة بعد، لكن أمي بدأت باللَّمْز، ولكني بالطبع أكاد أفهم ما تريد قوله، حسنًا، ولكن ألا يوجد تعارض مضحك بين أن يتعلم الإنسان ويصير رجلًا وبين هذا السقف العجيب؟ ألا يبدو ذلك السقف المهدم المائل فوق بيتنا مثل طاقية الصوف التي بهت لونها على رأس عَمِّي؟

***

أجاهد وحدي حتى أسترضي قدري.

سفوح جبال تمتد أميالًا تحت الغابات، والطقس شتوي قارس ومثلج. في الصباح، أهبط إلى المدرسة مسرعًا من تلك السُّفُوح، إن الأحداث الطبيعية التي نتعلمها في درس الطبيعيات تشبه الجنة مقارنةً بطقسنا، وإلى جانب هذا عَلَيَّ تخطي حدث طبيعي فظيع يسمى «رعب مُوسَى المجنون» عند هبوطي إلى المدرسة، إنه فاجعة كفاجعة الجيش اليوناني، عَلَيّ أن أصل قبل أن تُقتلع أظافري وتتجمد قدماي.

يا للفظاعة!

أهبط منزلقًا عبر الوديان الصغيرة التي تحفرت دروبها من أسراب الأطفال وتحولت إلى صابون، وأحيد نحو مسارات لم يسلكها أحد قبلي، لكني وجدتها ممتلئة بالمستنقعات المكونة من أكوام الأوراق المتعفنة تحت الثَّلْج الناعم.

إنها رحلة مُنهِكة، لا ينفك حذائي المطاطي الأسود من الالتفاف مثل الحظِّ الأعمى في قدميَّ شبه العاريتين، وعلاوة على ذلك أحمل بيضًا معي، فأنا أحصل على مصروفي من فرختنا الصَّهْبَاء المتقاعدة، هناك بيض في جيب مريولي، وهو سلاحي ضد الجوع. أما البطل التاريخي القومي للصباحات

المليئة بالبيض فهي دجاجتنا الحمراء العجوز؛ إذ إنها تضع بيضها في عشها الصغير الذي بنتهُ تحت أكوام من الْعُشْب الجافِّ في الحظيرة، تستطيع وحدها وكذلك أصابع أمي الطويلة التي ترى في الظلام، أن يجدوا البيض في ذلك الدِّهْلِيز.

* * *

إن دجاجنا الْأَحْمَر يصنع العجائب عند الصباح، بل أَحْيَانًا أو بالأحرى نادرًا. تحدث المعجزات في الصباحات التي لا ترى عيني فيها ثلوجًا ولا طرقًا جليدية ودون أفكار دُوغْمَائِيَّة، أتحدث عن تلك الصباحات المذهلة التي أحصل فيها على بيضتين اثنتين، فيزهر وجه أمي ويتفتح من فرط السعادة، وتمسكهما وتريني إياهما، وأنا ما زلتُ تحت اللِّحَاف بَعْدُ.

في مثل تلك الصباحات، يكون أكبر جهد مطلوب مني هو ألا تنكسر البيضة في جيب مريولي وأنا في طريقي الوعرة نحو طرق المدرسة؛ إذ يجب أن تبقى سالمة وأنا أهبط المنحدرات راكضًا، وإلا فما عسى الْعَمّ بخيت البقال أن يفعل بحَفْنَة من زلال البيض؟! ذلك طبعًا إن بقيت البيضة في جيبي، فالمكان الوحيد الذي يمكن أن يسعها هو جيبي، وعندما يكون بحوزتي بيضة واحدة فقط فلا مشكلة، لكن عندما تكونان بيضتين اثنتين فالأمر مختلف تَمَامًا، عليَّ أن أركض في المنحدر بحركات بَهْلَوانية، وعندما أصل بهما إلى محل البقالة أبدلهما بخبز وحلاوة، فربع رغيف من الخبز يساوي بيضة، وإذا كان هناك أخرى، فإن الْعَمّ بخيت يبدلها لي بحلاوة على حسب حجمها. هذا كل ما تساويه البيضتان، مستحيل أن تعادل قيمتهما أكثر من ذلك، وحين يسحب الْعَمّ بخيت المجنون السكين من طرف عُلْبَة الحلاوة، أنظر إلى حنكه المتحرك كميزان حساس من شدة تدقيقه.

في الصباحات التي أنجح فيها بألا أتأخر على المدرسة، وألا أتعرض للضرب، وأن أهبط المنحدر لأميال، وتُرَجُّ البيضتان اللتان في جيب مريولي مثل عجلنا الرضيع عندما يحلم دون أن أكسرهما، في تلك الصباحات الجميلة التي لا مثيل لها فقط، أجرؤ على التحدث مع سَلْوَى، لكن بِمَ ينفع الجمال إن كان الإنسان قاصر اليد؟ ألا تبدو تلك حقيقة! الجمال... إنه تصور دُوغْمَائِيّ أَيْضًا .

* * *

«لا يبدأ هؤلاء بالْبَسْمَلَة يا ولدي، هذه الكتب إفرنجية».

يقول عَمِّي ذلك وهو يُريني رواية «القنبلة»[1]، لكنه من ناحية أخرى يخاف، يضحك خائفًا، ويقول: إن عمر اسم جميل، كأنه يتظاهر بذلك، ربما يخشى من عمر سيف الدين[2] أو من الدَّرَك، أو ربما من كليهما معًا، ربما... مَنْ يدري!

«هيا ادرس، ادرس وكن رجلًا ولا تكن حِمَارًا... عندئذ ستصبح مثل فاضل، أليس كذلك؟ فلتكن مثله ودعنا نَرَ...».

ذكر الأخ فاضل ليس سوى كلام فارغ على حد تعبيره، أستطيع سبر غور عَمِّي، لكنني أعرف كمعرفتي لاسمي أنه يخشى أن يكون هناك قوات دَرَك في المدرسة، ويتناهى الحديث إلى أسماعهم، فمن سيحمينا بعدها؟ ومن ينسى أنهم كتبوا أسماء اليمينيين على يمين السَّبُّورَة، واليساريين على يسارها، ثم جمعوهم في أحد أيام الشِّتَاء من الغابات والْحُقُول وغلُّوهم بالأصفاد، وداهموا بيوت بعضهم في منتصف الليل وهم في أُسَرِهم، من ينسى؟

(1) رواية للأديب التركي عمر سيف الدين.

(2) عمر سيف الدين من كبار الأدباء الأتراك (1884-1920).

دعونا لا ننسَ أننا في عام 1986، وعمر سيف الدين مَيْتٌ، والوحيد الذي بقي من كبارنا على قيد الحياة هو كنان آفرين[1].

* * *

ها هو معلمنا! دُوغْمَائِيّ بطَرْبُوشه الذي يبدو كالسقف المهدم فوق رأسه، حاله كحال دجاجتنا الحمراء التي تحكم ضميرها مرة كل أسبوعين وتمنحنا البيض، وليس على لسانه إلا عبارة:» أمر مثير للسخرية«. وأنا أردِّد في سرِّي بأنني سأصير مثل فاضل يومًا ما، فلستُ وحدي ولا عَمِّي وحده، ولكن القرية كلها مستضعفة أمام الْمُعَلِّم؛ لأن قوات الدَّرَك معه، إنها دُوغْمَائِيَّة!

مسلحة كانت أو غير مسلحة، لا يهم؛ فالقرية كلها عبارة عن حَمَل لا يقوى على الدفاع عن نفسه، كأن ناسها ضعفاء لا حول لهم ولا قوة، بغض النظر عن تشوشهم لعدم القدرة على الجزم بالضبط لماذا هم ضعفاء؟! لكن عَمِّي ليس كذلك على الرغم من كل شيء، أو على الأقل دعونا نَقُل: إنه ليس كذلك ولو قليلًا فقط، مقارنة بالآخرين؛ هو على الأغلب قبيلة سرية مقاومة وحدها، حتى أنه وجد اسمًا للخوف الساكن فيه من الْمُعَلِّمين: بلا بَسْمَلَة. ومثلما سأدرك لاحقًا، فإن قوات الدَّرَك هي الدُّوغْمَائِيَّة وحدها. يقول عَمِّي: إن رواية «القنبلة» لا تبدأ بالْبَسْمَلَة، فأقطع على نفسي وعدًا أنني سأحاول تصديق أنه محق؛ لأنني وَعَمِّي أصدقاء، قضينا الوقت معًا نتجول في الجبال الشاسعة، ورأينا معًا غابات الْخَرِيف بقممها الحمراء المشتعلة، كان هو من يحمل القُفَّة طَوَالَ اليوم، ويُعِدُّ المائدة ويرفعها، إنها «مائدة» بالمعنى المجازي في الواقع، وهذه دُوغْمَائِيَّة أَيْضًا . على أية حال، إنه عَمِّي وصديقي المقرب.

لقد رحل أتاتورك، وكل حبة ثَلْج يُنزلها ملاك من السماء بجناحيه.

---

(1) الرئيس السابع للجمهورية التركية (1917 - 2015).

يعطي عَمِّي الكتاب لجَدَّتِي، لا تطالعه، بل تقلب صفحاته فقط، كأنه قطعة من خشب بين يديها. يقول لها بأنه خالٍ من الْبَسْمَلَة، وبأن الْمُعَلِّم يقول: إنه لا يوجد غير أتاتورك في الحياة، لكني من ناحية أخرى أريد أن أرى العالم الذي تعيش فيه سَلْوَى.

على حَافَّة الطاولة كتاب «القفطان ذو اللؤلؤ الوردي»، لم أُنهِ صفحته الأولى بعد، وإلى جانبه رواية «القنبلة».

قال الْمُعَلِّم: «أبعده، ماذا يفعل بالقرب من نعمة ربنا؟!»

دُوغْمَائِيَّة.

* * *

في الليالي التي لا يستطيع عَمِّي الخروج فيها يلتقط النَّاي، عَمِّي يعرف كيف يسحب نفسه ويزفر من أنفه، فتنتفخ وجنتاه، وتضمران باطِّرَاد كمنفاخ قديم في حانوت الحداد الْعَمّ مختار، صِهْرنا، الذي تُوفِّي ابنه وأعطوني اسمه. عَمِّي هو صديقي المقرب.

يُكمل النَّاي مشواره بلا انقطاع في ليالي الشِّتَاء الطويلة، نسير حول عَمِّي في دروب الغابات في الجبال والأودية... وفي طريق الْهَضْبَة ومسالك مغارة خضر إلياس. أصابع عَمِّي تداعب جسم النَّاي المثقوب، الذي يُبدي لنا أسبابًا وأوهامًا كي نعيش ونتحمل، وكأن أصابعه إنما تداعب وجه ابنه. وحين يتخذ النَّاي مساره، يفتح عينيه المغمضتين أَحْيَانًا ويثبتهما على وجهي، ثم يغمضها بعد أن يتذكر ابنه. عبر الصوت، أستطيع أن أتعقب درب الْخَرِيف المترنح الذي لا ينفك يلتوي صاعدًا في اتجاه القبر عند أول القرية، وكذلك عَمِّي الذي يتتبع الطريق نفسه ويتوقف أَحْيَانًا ليلتقط أنفاسه... أما أنا فأتتبع منحدرات القرية المقابلة والمؤدية مباشرةً إلى بيت عائلة سَلْوَى، أعيش كل

ذلك في سِرِّي، شاحنة ثَرْوَت هناك، لو لم تكن سَلْوَى هناك فلا بأس، أما مع وجود تلك الشاحنة... آه، ثَرْوَت المقيت!

* * *

إن الأوقات التي يُؤخذ فيها عَمِّي المسكين على مَحْمَل الْجِد ويتم تقديره في العائلة، هي الليالي التي يصطحب فيها النَّاي، يمكن أن نسميها لحظات الحرج، عندما يكون النَّاي بين يديه، وحينها يتقبله المحيط -أو المجلس على حد تعبيره- فيعقِد حاجبيه على سبيل السعادة.

عَمِّي يقول: إن الملائكة أنزلوا الثُّلُوج، وليس بيده إلا النَّاي كدليل لإثبات ذلك، عندما يخرجه من جرابه النايلون ويلتقطه بين أصابعه، فإن الكل يرتعش في صمت، حتى الشيوخ يتجمدون مكانهم، وإذا سُئلوا في تلك اللَّحْظَة سيوافقون جميعًا على أن الملائكة تُنزل حبات الثَّلْج، هذه حقيقة لا يمكن إثباتها، وفي الوقت ذاته لا تقاوَم وواضحة وخفية «بسم الله»، وقبل أن يستغرق في عزفه يتوقف ويشرح، ويلقى القبول من المجلس مرة أخرى، فيقول مُمْتَنًّا: «إن ابني مزاجه غريب...».

يتنفس، وهذه المرة يُغلق عينيه باستمتاع، ويعاود العزف من جديد. الجميع في تركيز تام يستمعون إلى كلام النَّاي؛ إجلالًا على حد تعبير عَمِّي، و»زَهْوًا» يمنحنا جميعًا مثل كل مرة القوة كحقيقة ولدت لتوها، وفي اللَّحْظَة ذاتها نكون بحالة حزن كأننا في مراسم جنازة نشيِّع تلك الحقيقة.

* * *

عوز، وأوقات ضنك، وخلوات جميلة، وحيوات أبدية غامرة وقديمة، وليالي شتاء طويلة، وحبور في أوقات العمل في المزرعة، ومحاصيل ذُرَة،

وخمسة عشر شَابًّا متكاتفين يطلقون أذرعهم في الهواء، وخمس عشرة فتاة وكبار في السن يرقصون: هوب... هوب... هوب، وهوب أخيرة، وينحنون ثم يضربون الأكف على الركب، ويدوِّي صوت القرع على الألواح. يصرخ أبي خوفًا على الألواح من أن تتكسر! هوب... أرقص منتصبًا! الصيحات تزيد الْهَرْج صعوبة وتفسده ثم تصلحه وتنيره.

«انزل على ركبتيك حتى لا يرانا والدك..!»

خرجنا من بين الأشجار الباسقة، وقفزنا على أكوام الذُّرَة، لم يرنا الكبار، ولن يوبخنا أحد بعد الآن، فهم يترنحون في عالمهم الخاصِّ، في أحضان الفرح بحصاد عملهم وقطف ثمار تعبهم طَوَالَ العام.

«اصْعَد، اصْعَد... هيا اصْعَد! لا تفسده يا عثمان! أطلق، أطلق! آآآآآه، مَرْحَى!»

جميعنا كالأطفال، وقفنا مثل الأصنام من عِظَم المفاجأة وحجم الفرح، المدفونين هنا أو هناك في أكوام الذُّرَة، ضحكنا ملء أشداقنا وخفنا قليلًا، وفي لحظة ميمونة غاص الجمع في الفوضى من جراء اندلاع حماس عَفْوِيٍّ، الألواح يدوِّي صوتها، والسقف يرتجُّ، وفوج الرقص يلتفُّ على شكل دوائر تنفتح وتنغلق ويؤدي فجأة رقصة الهورون[1]، والسعادة تتفجر بين الراقصين. اهتزَّ الراديو الكبير الذي عُلِّق بخشب المنشار من مَقْبِضه. «لا تخربه! لا تخربه - آه! لا تخربه يا حسن... لا تفسدي الأمر يا امرأة!».

انفتحت الدائرة فنهض الراقصون ثم هبطوا، وصدح صوت ثُرَيَّا بنت الطبال، وصوت عثمان باتشوغلو[2] صدحا عبر مكبر للصوت، ثم التقط

---

(1) Horon Halayı رقصة شعبية في إقليم البحر الأسود في تركيا.

(2) ثريا بنت الطبال (Süreyya Davulcuoğlu)، وعثمان باتشوغلو (Picoğlu Osman) من مغنيي التراث الشعبي في منطقة البحر الأسود.

الراقصون أنفاسهم وشطحوا هنا وهناك، مسحوا عرقهم وشربوا الماء وكان الضَّحِك ملء الأفواه، تراشقوا بالكلمات، وذلك مباح للكبار طبعًا!

«نعم، حلال عليك يا عم مِقْدَاد!»

في هذه اللَّحْظَة بالضبط، ظهر عَمِّي مع نايه من مكانٍ ما.

«توقفوا»، تقولها جَدَّتِي، وقد أتتْ من جوف الليل متأهبة لتشارك بدورها في سعادة هذه الليلة ومرحها.

«توقفوا».

توقفنا كي تحكي لنا «حكايتها»، وحاول أحد الشيوخ أن يردعها ولم يتمالك نفسه، لكنها بدأت بأول رثاءٍ غنائي «هوووووي...»، فانتشر صوتها ودوَّى في المكان، نفرت أوداجها كأنها ستغيب عن الوعي، وأسكتت كل صوت. يُقال إن هذا الرِّثَاء كان يُغنَّى في الغابات أيام «احتلال الروس»، هذه هي الحكاية التي قالت إنها ستحكيها:

«في تلك الأوقات، كنا نأكل الحشائش منتعشين برغدها... حشائش الغابات، النباتات الْعُشْبية، نبات السلق البري، القلقاس، البصل...».

الكل قطَّب جبينه، فتسللتُ نحو أمي؛ ومع أن الرِّثَاء كان قريبًا من الفرح، إلا أن الوجوه ظلت عابسة. حَدَّقْتُ بوجه أمي، وبعينيها المبتلتين... عيناها السودوان الواسعتان الجميلتان... جميلتان إلى حد يصعب وصفهما. قلت لنفسي: عليَّ أن أحزن أنا أَيْضًا . تسللتُ مبتعدًا بصمت، وصاح أحد الكبار مناديًا من الجهة الأخرى وقد جلس متربعًا على كَوْمَة الذُّرَة:

«خذ يا إسماعيل... التقط هذا النَّاي واعزف، لقد سئمنا!».

جالتِ ابتسامة صحوة على شفاه الجميع، وقبل أن تُنْهِي جَدَّتِي الرِّثَاء قلَّب عَمِّي النَّاي بين يديه، قَلَّبَه ونفخ فيه استعدادًا، إلى أن استقر النَّاي على جانب فمه بدقة وخشوع كأنه يستعد لحفلٍ ما، نفخ نَفَسَه الأول، ثم حاول

مجددًا لكن بلا جَدْوَى، الكل في صمتٍ تام، ثم نفخ وقلبه و... صوت صحيح! وتابع... هذا النَّاي ظل ذكرى من الْجَدِّ الأكبر، قطعة طولها عشرون سنتيمترًا، لكنها تجعلنا نشعر بغموض الدُّنْيَا الجميل الذي لا يوصف... الدُّوغْمَائِيَّة عينها.

لفترة من الوقت تردد خبط الرقصة الشعبية برتابة، انطلق من غير أن يكتمل... لم يَسِرْ الأمر مثلما ينبغي له، أَبْعَدَ عَمِّي النَّاي، وأخذ نَفَسًا عميقًا، ثم تحرك شاربه مع صوت جديد، وانتفخت وجنتاه وهمدتا بادئة رحلتها من جديد؛ أغنية رِثَائِيَّة لأجل كل شيء، ولأجل عَمِّي أَيْضًا، أغنية نبعت من قلب يفيض بالفرح الجميل الذي لا يوصف، الفرح الذي لم يحدث ولن يحدث أبدًا، فَعَمَّ الولَهُ الصامت تَمَامًا... ساد الولع على الأجواء وسرى في الأرجاء.

تربعنا على الأرض في المطبخ، وقد توقف حظنا على أطراف رموش أفراد عائلتنا جميعهم. تعب عَمِّي ووضع النَّاي جانبًا، حينئذ تأهبتْ أمي ونَهَضَتْ. التقت عينا جَدَّتِي بعينيه، فأشاح بعيدًا، لاحظتُ ذلك، ثم وجد موضوعًا عن الحياة اليومية ليخوض فيه.

لقد أبقانا النَّاي -أنا وإخوتي وَعَمِّي بِمِحنِه التي لا تستطيع سوى أجنحة الملائكة أن تتحملها- كالواجفين من خبر محبوس لم يصل إلى ساحتنا بعد، الثَّلْج يتساقط أكوامًا أكوامًا في الخارج، راقبناه من نافذتنا، تراكم كحاجز يشيَّد على مرأى من الضوء الخافت، وانزلق على النافذة المتسخة بسرعة خفية. لاحظتُ أبي الذي يتابع شجاره مع عَمِّي بخجلٍ، وقد حنى رأسه إلى الأمام مستسلمًا لظرافة النَّاي التي لا تقاوم، وكأنه لا ينصت للعزف بل إلى كلام الكبار، ثم خرج للتدخين. رأيت ظهره وسط الثَّلْج من خلال فُرْجَة الباب، بدا تحت الثَّلْج مثل جبلٍ مزلزل، أو مثل طفل يحتاج لمن يمسك بيده ويحمله، حتى جَدَّتِي التي كان شقيقها من قُطَّاع الطرق في القرية، كانت تدمع بكل

سهولة وتبكي كأنها تبكي دمًا... جَدَّتِي أخت «صالح ذو البندقية» صمتتْ هي الأخرى.

كل من في مطبخنا صمت بسبب خبر مبهم غير معروف المصدر. وبادرتْ جَدَّتِي كي تغطي على الخبر المباغت بالقول:

«اسمحوا لي أن أغني لكم رِثَاءً».

قالتْ ذلك واعتدلتْ في جلستها، ووازنتْ خاصرتيها اللتين تخدرتا من الألم. هذه المرة شاركها عَمِّي بالعزف. الصوتان يتشاركان صوت النَّاي وصوت جَدَّتِي، وقد طوتِ الجدران الصغيرة الْقَزْمَة صوتيهما معًا! وإن كنتُ لا أعرف وصفهما، لكنه ليس صوتًا دُوغْمَائِيًّا.

على الأقل لم يكن كذلك في تلك اللَّحْظَة، أتدرون ما أعنيه؟

* * *

عمي عند الباب قال: إن أتاتورك غير موجود. وقف وسحب نَفَسًا من تبغه وهو يسقي الأبقار، حَدَّقَ بي وعقد حاجبيه متعمدًا، ثم قال: إن الْبَسْمَلَة لا وجود لها في المدرسة، وفي الوقت نفسه اعترته رجفة لأنني سأتعلم ولن أصير رجلًا.

«آآآخ من الدَّرَك!»

إمكانية معرفة كل الحقائق عن قريتنا من حق مُعلمنا طويل القامة، المتمتع بالسكن الحكومي، صاحب لسانِ أهل المدينة الفصيح، وذي الرائحة العطرة أَيْضًا، على اعتبار أن شراكته في شاحنات الْعَمّ هَارُون ولباسه الحديث الطُّرُز، يشير إلى أن أتاتورك موجود، ولا يوجد من يحرك الكون سواه.

حين أفكر، ويسرح ذهني في ذلك الاتجاه، يفسد ما بيننا أنا وَعَمِّي. لقد طوى رِجْلَيْ بنطاله المخملي الْبُني الفاتح، الذي بَلِي من عند ركبتيه؛ كي

يدخلهما في جواربه الصوفية القديمة، ودخَّن تبغه؛ لذلك أظن أنه كان مخطئًا بشأن أتاتورك والْبَسْمَلَة منذ البداية، من دون أن يعرف.

* * *

كان يوبخ الأبقار ثم يتوقف ويفتح عُلْبَة ورق التَّبْغ تحت الثَّلْج، ويلف سيجارة لي كل صباح، لإبعاد مُوسَى المجنون كي لا يخيفني ويخطفني، والذي بسببه أسقط أَحْيَانًا وتصاب ركبتاي بالجروح، ذلك الرجل لغز كبير مثل الغول.

«تعلَّم، وكن رجلًا...».

يُغلق عُلْبَة الورق ويضعها في جيبه، ويظن أن نوع التَّبْغ المهرب سيحل الأمور وكأن الرحلة إلى المدرسة سهلة للغاية! هناك قُطَّاع طُرُق على طول الطريق المقيت، على أية حال، لا يحتمل مُوسَى مواصلة حياته بلا سجائر، إنه لا يتفاهم بالكلام، ذلك الجاحد. بسبب المناوشات بين الحيَّين، عُقد مجلس يوم الجمعة أمام الجامع من دون التوصل إلى حل، بل تفاقمت الأمور حدَّ المعارك. تصدى عَمِّي لعائلة ذلك المجنون، لكن بلا جَدْوَى، لقد يئستْ جماعتنا، إنه رجل مجنون، اسم على مسمى، يهرب من المنزل في الخفاء بملابسه الداخلية، ويختبئ في الثَّلْج وفي المنعزلات على طريق المدرسة، ويقفز فجأة أمام التلاميذ مثل الوحش ليؤذي من لا يعطيه سيجارة. أضع أضخم سيجارة صنعتْ بيدي عَمِّي الماهرتين في جيبي إلى جانب البيض، وأتمنى من قلبي أن تحميني من مُوسَى المجنون، وأن تحمي البيض من الكسر، مع أنه في الواقع لو بحثتم عن أصل هذا المجنون فستجدونه دُوغْمَائِيًّا هو الآخر.

* * *

رأيت البيت من بعيد وأنا في طريقي نحوه، شَعَرْتُ بأنني لستُ واعيًا، كما لو أن هناك ما يدينني بعيب أو نقص تحت سقفه في ليالي الشِّتَاء، وكأن لمطبخنا الصغير ذاكرة وقدرة سرية تمنحه القوة، وربما لهذا السبب انحنى سقف الْقِرْمِيد، كأن هذا الانحناء اللطيف يواسيني كما نظرت إليه.

بعضُ عوارضه من خشب الْبَلُّوط قد انكسرت، فاندفع السقف إلى الداخل في بعض مواضعه، بات يشبه رسم طفل كان أول من حضر إلى المدرسة، هذا اعتراف خجول بالطبع حيال وضعنا. لا أدري لماذا، لكن لا يمكنني أن أذهب إلى المدرسة كل صباح بلا مشاحنات مع هذا البيت، إنه مصير يبقيني بلا حَرَاك ويجعل الدم يغلي في عروقي.

بدأتُ بالنزول في المنحدرات، ويدي في جيبي تحتضن البيض، ثَلْج الصباح يهطل كُتَلًا كُتَلًا، لكنه سيتوقف، أَرَدتُّ عبور ذلك الجزء من الطريق الذي يستغرق ساعة، وهبطتُ المنحدرات المائلة والقريبة من النُزُل بقوة في الهواء الطلق، ولولا ذلك النُزُل لكان السقوط واردًا وانهيار المنحدرات سهلًا، فأطفال الحي انزلقوا في بعض الأماكن؛ يستحيل اجتياز المنحدرات في الثَّلْج المرصوص المتجلد تحت الأقدام. أما أنا فجلستُ وتزحلقتُ حتى تبلل ظهري، فساعدني ذلك على قطع مسافة طويلة، وكانت إحدى يديَّ تمسك البيض كي تحميه. دام هبوطي بتلك الطريقة ساعةً تقريبًا، السجائر تبذل قُصَارَى جهدها للصمود وسط البيض، وتحول دون تصادمه وتكسُّره.

***

بقُبَّعة الجليد على رأسه بقي مُوسَى المجنون في قاع غابة الصنوبر، رعاة حي مُوسَى يجعلون الماعز يلعق الملح في الصحو، حيث الأحجار

المسطحة والمساحات المنتظمة. هبطتُ حتى منتصف الطريق، عابرًا درب الماعز المؤدي إلى الحي، كان يقف وحده هناك، مُوسَى المجنون!

حين انتبه لوجودي بدأ بالغوص في الثَّلْج، وراح يهز يديه وذراعيه من بين أكوامه الناصعة، ذلك المؤذي يحاول أن يهرب نصف عَارٍ مجددًا، سيطلب سيجارة، يا للمصيبة، ويا لها من سيجارة! ابتلاني الله بذلك الحقير! لقد قطع طريقي، أين السيجارة وأين أنا؟! قبل أن يصل إليَّ رفعت ذراعي من بعيد وأنا أقول:

«لا يوجد... لا يوجد معي سجائر».

حتى وإن كان معي سجائر، فأنا أفزع من هذا الرجل، تصرفاته غير متوقعة، ويرفع أعواد الأشجار بقوة مجنونة ويدحرجها خلف التلاميذ، وينتظرهم مختبئًا كي يقتطع ثمن السجائر منهم، حاولت منعه لكنه لم يكترث، صرخت لكنه لم يسمع.

لم أستطع الركض والهروب منه، بيضي في جيبي، وهو يُسرع أكثر كلما صرختُ، وضع إصبعيه على فمه محاكيًا حركة تدخين السيجارة، تحققتُ منها في جيبي، لقد تبلل تبغها وتبعثر، قلت له ليست معي ثم صرخت: لا يوجد سجائر، والمجنون لم يُرِد أن يسمعني، وحتى إن سمع فلن يفهم لأن عقله أبله دُوغْمَائِيّ.

لمحتُ وَهْدَة، فاستسلمتُ دون أن أُغمض عيني رغم خوفي، باشرتُ بالتزحلق جالسًا فتبللتْ مؤخرتي، زادت سرعتي في المنحدر، وعند آخر الوَهْدَة اختفى المجنون عن نظري، استجمعتُ قواي وخرجتُ بصعوبة من الثَّلْج المُتَكَوِّم في القاع، مشيتُ جانبيًّا باتجاه الطريق، وصحَّ تخميني فتهللتُ، أصلحت هندامي قدر الإمكان وواصلت سيري نزولًا.

* * *

وصلت أخيرًا إلى ساحة السوق، كانت ساقاي ترتجفان، وأربطة ركبتي على وَشْك أن تنفك، تابعتُ طريقي تحت الثُّلوج المنهمرة كُتَلًا كُتَلًا. لن أمر بذلك العجوز المجنون، بل رؤية سَلْوَى هي التي جعلت قَدَمَيَّ تدوران حول نفسهما، ورؤية الْوَغْد تَزْوَت فعلتْ بي الفعل نفسه في الحقيقة، تَزْوَت بسرواله المكوي، وحذائه المديني ذي الأربطة، وياقته الزاهية اللَّوْن.

ليس حديثه مع سَلْوَى ما يقتلني، بل إطراء سَلْوَى عليه. يجمعهما رباط من المهد للزواج! ما هذا؟ يا لها من دُوغْمَائِيَّة! فليبتلهم الله! إن عدم اكتراثه بها وجري سَلْوَى خلفه في كل فُسْحَة يحرقني، لا أعرف ماذا أقول إن سألني أحدهم، أعني إذ قال لي أحدهم: «وما شأنك؟» على أية حال، في هذه الحياة على الإنسان أن ينطلق ويخرج من قوقعته، وألا يعترف بالدُّوغْمَائِيَّة! أليس كذلك؟ أنا لا أقول هذا لأني واقع في الحُبِّ؛ بل لأني أفكر بسَلْوَى.

تراكم الثَّلْج على كتفيَّ وفوق رأسي الحليق، أحسستُ بأنني سأتجمد قبل أن أصل إلى باب المدرسة. لا حاجة للتوقف عند البقالة فقد سال بيضي من جيبي ووصل إلى عَوْرَتِي، عَرَفْتُ ذلك من البرودة التي مسَّتني، حاولتُ تغطية البلل اللَّزج بالثَّلْج، تنفستُ الصُّعَدَاء تحت سَارِيَة الْعَلَم، وتوقعت أن يزيد عقابي بسبب تأخري، فليكن، صِرْتُ أعد في سرِّي: واحد.. اثنان.. ثلاثة... تقدمت نحو الباب، طرقتُه ودخلت.

***

سحب الْمُعَلِّم عصا الشوم من خلف اللوح، حَدَّقَ بي وبملابسي المبللة من الأمام وقال: «اقترب». اقتربتُ وصدري منقبض، فراح يتفحص جيبي بطرف العصا القصيرة، وطلب منِّي أن أقلب بِطَانة جيبي، وإذا به يجد حَفْنَة من

خليط لزج ممزوج بالتبغ، نظر إلى الأرض، واحمرَّتْ أذناه، وفاحت رائحة المدينة من ياقته، وأخيرًا رفع رأسه وأشار بطرف العصا إلى يديَّ كي لا تفوته تلك الْمُهِمَّة المُنهِكة والإلزامية. غطَّى ثَرْوَت ابتسامته بباطن ذراعه... سأُريك أيها الأخرق! تلاميذ الصَّفّ أخذوا يراقبون المشهد مثل قطيع خِرَاف يشاهد حَمَلًا وقع بين مخالب ذئب، وينظرون بانتباه تام، وبرعب وسذاجة، يا لهم من أغبياء!

اعتدل الْمُعَلِّم أكثر في وقفته، كان هزيلًا ولديه قُرحة في وجهه، غطيتُ بإحدى يديَّ مكان البلل، وبالكاد استطعت أن أضم أصابع يدي اليسرى المتجمدة، وأمد أطراف أظافري التي جمعتها كباقة ورد.

تسعة، عشرة، إحدى عشرة، اثنتا عشرة...

صار الألم يتجول ببطء عبر شعيراتي الدموية المتجمدة حتى استقر في مَعِدَتِي، ثم خَمَدَ.

***

وقفت أمام الباب الخارجي على ساق واحدة حتى وقت الْفُسْحَة، قبضتاي في جيبي مئزري الوحيد، وقدمي اليمنى في الهواء، أنظر إلى الفضاء اللامتناهي؛ مُوسَى المجنون شقَّ الثَّلْج وتبعني، عيناه منتفختان وفمه مليء بالخشية والفضول، تَكَوَّمَ الثَّلْج على رأسه وطَرْبُوشِه، وتقدم مثل حيوان يدنو من الطعام وهو خائف من الوقوع في الفخ، اقترب كأنه يتمم واجبه، أو أن الله قد أمره بذلك وهو يخشى معصيته، وقف عند نوافذ الصَّفّ واختلس النظر إلى الداخل، رأى الْمُعَلِّم! فاستدار فمه أكثر، وثبتَّ يديه تحت إبطيه، وقوَّس ظهره...

***

أخيرًا علا صوت الجرس!

انفجرت الدَّرْدَشَات فجأة، الْفُسْحَة طويلة وباب المدرسة الخشبي العملاق مفتوح على مصراعيه يلفظ الزحام المتدفق من المبنى، ويلفظ سَلْوَى أَيْضًا، ويلحق ثَرْوَت بها! ها هي قد سقطت وسط الزحام الخالي من الروح والمتعاظم مثل كرة ثَلْج تكبَر وتكبَر. جمالها لا يوصف، كأنها سقطتْ من فوق جبل، ووجهها ناصع البياض من شدة النُّعَاس والملل من الحصة؛ روحي تفتتت، ابتلعتُ ريقي، شاهدتها وهي تقف أمامي، كائن جميل إلى درجة لا يحتملها إنسان، دُوغْمَائِيَّة... تلاقت نظراتنا، نظرتُ إلى قدمي المستقرة على الأرض ثم رفعتْ نظراتها نحو سروالي المبلل وما فوقه، انبلجت ابتسامة من شفتيها المطبقتين، ثم هزَّتْ كتفيها واستدارت، وابتلعها الحشد الذي يحتوي ثَرْوَت؛ فليكن، لقد حَسَّنْتُ قِرَاءَتِي.

تلاشتِ الباحة تحت كُتَل الثَّلْج، شَعَرْتُ بالألم -غير السارّ قطعًا- في فخذي، ظهر الْمُعَلِّم والعصا بيده. في الوقت نفسه أحسستُ بأمر مريب، ماذا لو أن الملائكة لا تُسقط رقاقات الثَّلْج من السماء بأجنحتها.

بدلتُ قدمي دون أن يراني أحد.

الفصل الثالث

جعلنا الْمُعَلِّم نجلس في الصَّفّ الأخير، أنا وحسن.

«ما الثمار التي تنمو في بلادنا في فصل الشِّتَاء؟»

دُوغْمَائِيَّة... الدور على حسن، يرفع أنفه إلى أعلى ويستنشق نَفَسَه ثم يبدأ:

«ما الفواكه التي نزرعها في فصل الشِّتَاء... في الشِّتَاء تنمو الْحِمْضِيَّات والبرتقال، وينمو الزيتون والمو...».

«الزيتون..؟!»

ضغط الْمُعَلِّم بأسنانه على كلمة زيتون... طرف العصا الذي ارتفع في الهواء أسكت حسن قبل أن يُكمل كلمة «موز»، ألقى ذقنه على صدره، وبالكاد رأى الْمُعَلِّم من تحت حاجبيه، ثم نظر إليَّ بطرف عينه كمن يتخبط آملًا في توجيه نظرات الْمُعَلِّم نحوي، ومن دون أن يلفت النظر، استنشق الهواء بقوة ودفن رأسه بين كتفيه تَمَامًا محاولًا الاختباء والْفِرَار.

«هل ينمو الْمَوْز والزيتون في الشِّتَاء أيها الأَبْلَه؟»

«نعم، مُعَلِّمِي...».

«انظر إلى اللَّوْحَة!»

حاول حسن النظر إلى لوحة «مواسم الشِّتَاء» المعلقة على الحائط، وبرز رأسه من بين كتفيه مثل الْحَلَزُون الذي يخرج قرونه المائلة بخوف، واستنشق أنفاسه.

«ماذا وجدتَ فيها؟!»

«...».

«هيا، قل!»

هوتِ العصا بصمت مثل المطرقة على رأسي، وهبط لهيب الألم حتى أصابع قدمي وأنا أنظر إلى اللَّوْحَة، ثم عصف صوتها حين مرت من جانب أذني فاصطدمت باللَّوْحَة وسقطتْ أرضًا.

«أحضرها».

رفعتها عن الأرض.

- «ارفعها».

بالطبع لم أكن أريد ذلك، ولكن! بدأتُ العد، شَعَرْتُ كأن العد يزيل عني الألم، ولكن بعد الرقم ستة توقفت عن العد في حين سرى اللهيب من يدي إلى خاصرتي وذراعي، وتحول إلى ألم. اسودَّت الدُّنْيَا في عيني، بدأ رأسي بالخفقان وأنا أَتَكَوَّم على مقعدي، ولكن ذلك لم يوقفني عن العد من أجل حسن، سبعة... ثمانية... تسعة... عشرة، ومع الركلة التي انفجرت في فخذه... أحد عشر... ومع الصَّفْعَة... طاااخ... اثنا عشر.

* * *

وقف كل منا على قدم واحدة طوال ساعة الدرس أمام اللَّوْحَة، نذاكر أسماء الفاكهة، ننظر إلى صورها ونحاول حفظها. حدث أمر ما مع نهاية الدرس مباشرةً، تجاهلتُ قائمة الثمار المدرجة على اليمين وركزت نظري على اللَّوْحَة: تُرى كيف هي طبيعة الحياة المصورة هناك؟ من هم هؤلاء؟ ماذا يفعلون؟ كيف هو العالم المَعِيش هناك؟ النظر الذي كان بمثابة عقاب لي، نجح ذهني في تحويله تَدْرِيجِيًّا إلى متعة قادتني إلى العالم المُتخيل بذهول... انزلقتُ داخل اللَّوْحَة فتخلصتُ من الصف، ومن العصا، ومن الضرب، ومن حسن، ومن سَلْوَى على

حد سواء، لم يشعر بي أحد نِهَائِيًّا، حتى أنا شَخْصِيًّا وقبل أن أُدرك ذلك كنتُ قد بدأتُ السباحة بعيدًا، لم أفكر في احتساب مدة رحلتي أبدًا، وصارتْ لوحة «مواسم الشِّتَاء» ثقب الهواء الجديد بالنسبة لي، والمتنفس في جحيم حياتي.

عند الفرح يذهب ألم العقاب المتركز في عَظْم الفخذ، وتتحول وصمة العار إلى ما يشبه ميدالية الشرف؛ لذلك شَعَرْتُ بأن استعادة عِزَّتِي ولَمْلَمَة قلبي المحطم تعملان لصالحي.

سرحتُ تَمَامًا بالمنظر، لا دُوغْمَائِيَّة فيه.

* * *

غَوْصِي في العالم المُتخيل يأكل أوقات فسحتي، لم أعد أتجول في الباحة لرؤية سَلْوَى، وقلَّت قيمة ثَرْوَت في نظري، فليبتلِ الله والده في أَلْمَانْيَا مع شاحناته، ولتكن مشيئته بألا يعود أبدًا، أتمنى ذلك.

هكذا عِشْتُ مَوْسِم الشِّتَاء، وكلما أطاح الْمُعَلِّم بعصاه على وجهي، أو رأسي كنتُ أسارع للاختباء في لوحة «مواسم الشِّتَاء» التي تضفي على حائطنا بهاءً، وصار الأمر جِدِّيًّا إلى درجة أنني تعلَّقت بما لم أكن أرغب به أبدًا، إنه «الشِّتَاء» الذي لم أعد أرغب في أي شيء خلافه.

* * *

حين رن جرس الْفُسْحَة بقيتُ وحدي في الصف، جلستُ على المقعد الأول قُبَالَة الحائط ونسيتُ نفسي أمام ذلك الشيء الاستثنائي، حتى رن الجرس الثاني، لا أستطيع أن أحلم بوجود الْمُعَلِّم في الصف، لكن الحلم يكون ملكي فيما تبقى من الوقت. أحاول إيقاف ذهني، لقد استقر نوع من الموسيقى الهادئة في اللَّوْحَة، ليس مثل ناي عَمِّي، ويمكن سماعها عندما

أُرهف السمع جَيِّدًا، وأُعطي تركيزي التام للوحة، أما الوسيلة للقيام بذلك فهي النظر إليها مُطَوَّلًا بلا حَرَاك، فحين أنظر مُطَوَّلًا بما يكفي يمكنني أن أشعر بالموسيقى، لا أحد غيري يعلم بذلك.

كأنهم جمَّدوا لحظة من السعادة مع الموسيقى، وعلقوها على الحائط مثل فراشة، ومع مرور الوقت تحولتِ اللَّوْحَة في ذهني إلى شعور مرير بالسَّرْمَدِيَّة، لقد مات في اللَّوْحَة شيء جماله فوق الوصف، وقد حدث هذا الموت كي يحظى ذلك الشيء الفائق الجمال بحياة أبدية، الغريب في الأمر أن كل الفصل يمر من أمامه دون أن يلاحظه.

أخاف قليلًا من الامتحانات الشفهية، ماذا لو سألني الْمُعَلِّم؟ إذا سأل سأعود إلى البداية، في مثل تلك الظروف ينقطع خيالي السابح في اللَّوْحَة فأموت هناك وأُبعث من جديد إلى عالمنا، أشْعُر بالخوف بين الْفَيْنَة والأخرى من احتمال أن يسألني مباشرةً عما أعرفه عن «الشِّتَاء» فينكشف أمري.

في أثناء الدرس أمد عنقي وأنظر من فوق الرؤوس، بالطبع من غير الوارد أن أحدِّث حسن عن أي أمر كان. وسَلْوَى؟ لا أتحدث معها، حتى في الْفُسْحَة بين الدروس التي تمر بلا ضرب، وأتجاهل تقلباتها التي تصيبني بالاضْطِرَاب، وألعب مع أصدقائي كُرة القدم، والاستغماية، وتقاذف كُرَات الثَّلْج، وغير ذلك.

استحوذتِ اللَّوْحَة على ما تبقى من حياتي، حتى في الأوقات التي لم أكن فيها بكامل وعيي، مثل تلك المسبحة الطويلة الحمراء ذات الحبات الكبيرة التي تحلُّ بيد عَمِّي محلَّ الحياة في الليالي الطويلة.

صار الْمُعَلِّم عاجزًا عن حبسي، صرتُ أعرف كيف أحوِّل الضرب إلى وجبة غَدَاء ثمينة دون خبز، وأُحوِّل البرد إلى مكافأة، من يهتم بالباقي؟

***

أتعلمون، لقد تعاقبتِ الأيام وما من أحد لاحظ النفق الذي فتحته لنفسي في الحائط بمجهودي الذاتي، لا أحد بمن فيهم حارس المعلومات الرئيسي لفصلنا، ذلك النفق الذي توغلتُ داخله بقوة خيالي على الأرجح وبخطوات صغيرة سرية؛ ما من أحد لاحظ أنني كنتُ أتسلل حاملًا نوري الصغير على ظهري كأنني كنت أحفر تحت الأرض في ظلام الفصل، وأتقدم زاحفًا بالسر ومباشرة حتى نهاية النفق بفضل الأحلام والكدح يَوْميًّا، وأنتزع الضوء من الظلام، حتى الْمُعَلِّم لم يلاحظ، نعم، حتى في الأوقات التي يكون فيها مُتَيَقِّظًا، وحسن زميل مقعدي وشريكي في كل شيء لم يلاحظ.

الحُبُّ سهل، لكن تصديقه صعب، كما تعلمون؛ إن التصديق يتطلب دائمًا أشياءَ أخرى، لا أعرف، ربما أشياء مختلفة تَمامًا، إلا أن تلك الأشياء الأخرى تسبب لي العَثَرَات دائمًا، وأيًّا ما تكن فما زلت لا أعرف.

* * *

إن هذا الشيء الذي توصلتُ إليه وأُحس به يدفئ قلبي، يُنير بصيرتي، حتى أنني اعتدته يومًا بعد يوم. أتسلل من باب سِري بخطوات معتادة وبسهولة مثل «الشِّتَاء» وأغوص فيه بيسر، كلما أَرَدتُّ ذلك. وهذا يفيدني عندما يختارني الْمُعَلِّم لأناوب مساءً في صفي في المدرسة الابتدائية، في قاع وادٍ مغطى بالثَّلْج تَمَامًا، ولا أقصد بأن أشير إلى جدرانه المثقوبة فقط، ولا إلى الرياح التي تعيق حركة أقدامنا، بل إلى رقع الثَّلْج التي تمر من خلاله؛ أي حين يتحول الصَّفّ من الداخل إلى مركز للعَاصِفَة الثَّلْجِيَّة.

* * *

أكنس الصَّفّ وأنظفه وأستلقي وحدي، ولا تثنيني العودة صعودًا عبر التَّلَة مسافة 4.5 كيلومتر تحت الثَّلْج حتى أصل للبيت؛ وما أن تخيم الوحشة على مكان أصير عاجزًا عن إبعاد عيني عن اللَّوْحَة...

يجب أن أقطع الغابة قبل حلول الظلام الدامس، أخوض في الثَّلْج الذي تَكَوَّم وغطى كل شيء، الثَّلْج الذي قرر أن يَتَكَوَّم أكثر كأنه يتحدانا لنعثر على المعالم التي أخفاها تحته. في بعض الأحيان أُمسك دموعي محاولًا إقناع نفسي أنني على الطريق الصحيح حتى لا أفقد شجاعتي، أدعو الدعاء الوحيد الذي أحفظه، أموت وأحيا، وأخيرًا أموت من الفرح وينقطع خوفي لأنني سأصل إلى المنزل في الظلام.

إن إيمانك من أعماق قلبك حَقًّا بتلك الصورة الشّتْوِيَّة الجميلة الرائعة، أو أي شيء آخر جميل مذهل، يحتاج إلى مثل تلك الظروف العصيبة، وعليكم أن تكونوا في منتصف شهر يناير/كانون الثاني من عام 1986. لا أعرف إذا كان أحدكم قد تمنى في حياته أشياءَ من صورة على حائط، وانتظر تحققها؟!

وعلى ذكر الأشياء الجميلة، يمكن للوحة مثل لوحة «مراسم الشِّتَاء» -على عكس ما هو معروف- أن تتحدى عجزكم، وأن ينطلق لسانها وتتحدث معكم مثلما تريدون، يمكنه أن تسحب صرخة شعوركم بالوَحْدَة وتجعلها تخرج من ذلك الرُّقَاد الطويل من دون الشعور بلوم الذات، تَمَامًا مثل عَاصِفَة ثَلْجِيَّة تبدأ بَغْتَةً، أو مثل زوج من العيون الجميلة النادمة المغرورقة بالدموع، لا أعرف...

***

أنا المناوب هذا المساء، سيفرغ الفصل ويبقى كل شيء لي وحدي، انصرف الْمُعَلِّم وهو يعطس إلى مسكنه الكائن القريب من المدرسة. صار

الفصل باهتًا وموحشًا بعد أن فرغ تَمَامًا، وبقيت السَّبُّورَة السوداء واجفة خالية من أي موضوع قد يسليها، أو فقرة ضرب الطلاب كي تشاهدها.

جلستُ على طاولة الْمُعَلِّم كأنني أتخطاه متحديًا كل شيء، وما إن جلست حتى ارتَعَدَتْ فرائصي خوفًا من التقاء عيوني بعيون المقاعد الفارغة من حولي، وحرجًا منها لأنها كانت شهودًا على الإهانات التي نلتها، لم أستطع الاعتراف، لكن أولئك الذين يجلسون عليها في النهار أيًّا كانوا يستحقون الضرب؛ لسبب ما هم ليسوا أبرياء، هكذا كنتُ أفكر، رغم أني لست على يقين من ذلك.

حولتُ وجهي بعيدًا عنها، وأمعنتُ النظر في الجدار، في حِضْني مجرفة ومقشة، وعليَّ أن أغوص في اللَّوْحَة قريبًا، وبدأت بالتحديق، الرابط بيني وبين لوحة «الشِّتَاء» يتطور بطريقة أو بأخرى، تركت المقشة والمجرفة واقتربت أكثر، وقفت مباشرةً أمامها وأطفأتُ المصباح، فلاح ضوء خافت منبعث من النافذة الصغيرة وتجول فوقها مثل ذيل ثعلب ناعم، رأيته وظهري إلى النافذة في نهاية الصف.

لم يمضِ وقت طويل حتى غاص ذهني المتخدر من البهجة داخلها، مدفوعًا بقوته الذاتية ومتخطيًا عتبة إطارها. المكان صامت ومهجور تَمَامًا، والمكان المهجور بما يكفي يسهِّل الأمور إلى حد بعيد.

بعد تجوالي داخل اللَّوْحَة سرعان ما عَثَرْتُ على نفسي هناك...

تتمايز الأصوات تَدْرِيجِيًّا من بعيد، وقد بدأتْ بالزن في أذني، أصوات الأطفال صدحت بقوة وانتشرت في المكان فجأة، مثلما تعلو الفراشات تِلْقَائِيًّا فوق مروج الصَّيْف؛ وها هي كرة ثَلْج تُخطئ أذني، حتى أن قدمي المبتلة تسرب إليها البرد.

***

ضجيج، أصدقائي فقدوا صوابهم أثناء اللعب، البيوت هنا مثل بيت عائلة سَلْوَى، والأطفال يملؤهم النشاط، لقد رُسم كل شيء هنا في مكانه الصحيح، وإذا كان القلم قد أخطأ مرة، فقد حُذف الخطأ وأعيد الرسم بدقة؛ كم هو جميل أن تكون نِدًّا لهؤلاء لأطفال، أهناك إمكانية لذلك؟!

الحي يمكن أن يُسمى على اسمك، ويمكن تشبيهه بصور في ذهنك عن الجنة، منازله ليست معوجة وبائسة من التعب مثل منزلنا، بل صُممتْ لأشخاص حقيقيين وذوي شأن، وتوزعتْ بينها الملاعب، ولا يوجد في المكان المرسوم مسجد مثلما يتوقع المرء حين يكون العالم على هذا القدر من الجمال، لكن يفترض وجود مُعلِّم في ناحية ما، لكنني أقول متعمدًا بأنه لا وجود لأي معلِّم!

شَعَرْتُ برجفة تسري بين ضلوعي من فرط الجمال والألوان المنثورة داخل المنازل التي تغطي كَدر الأيام، تَمَامًا مثل بيت عائلة سَلْوَى، حتى أنها مثل بيت ثَرْوَت تقريبًا، لم أزر بيتيهما من قبل، أنا أتخيلهما فقط، وعلى أية حال، أرى الدانتيل الذي التفتْ أطرافه بسعادة قد فُرِشَ هنا وهناك، وعلى الراديو ذي المصباح المزخرف بزخارف نفيسة. تخيلتُ سَلْوَى! والدانتيل قد تخيلته أبيض! لأن الجميع يومًا ما وفي الوقت نفسه ظنوا أنه أبيضُ وصدقوا ذلك دائمًا. وهناك زاوية مضاءة بنورهم الوقور، وعلى موقد ضخم توجد أوانٍ أغطيتها متحركة، وأبخرتها لا نهاية لها، ورائحة لحم يطبخ فيها وتعبق بالمكان.

حسنًا، وماذا يوجد خارج المنزل؟ أنا في الداخل، وأشعر الآن بأنني أخرج منه بفعل البرد الذي عانق قدميَّ، ومن ضجيج الأطفال الذي يبدو كأنه كُرة تكاد تصطدم بوجهي.

لَدَيَّ ربطة عُنق حوافها مُطَرَّزَة وبها شُرَّابَة، وكلب يقفز بيننا وقد لوى ذيله نحو ظهره من الفرح، نحن وسط الثُّلُوج كما لو أن بردًا ودودًا قد

نهض ليحتضننا بطرب، أرتدي قفازاتي الجلدية الزرقاء النيلية، لقد بَلِيَتْ قليلًا وصارت رَثَّة، لكن لا بأس. لقد تعلمتْ والدتي بأعجوبة إلقاء الحَبّ للطيور من النافذة، وكأنها لا تفعل ذلك لإطعامها، بل لتجعلني سعيدًا فقط، فاللَّوْحَة الصغيرة تتطلب ذلك، وهذا لا يهم. اسم والدي على لسان أمي لم يعد «رجلنا» بعد الآن، فقد صار لديه اسمه الخاص، وفي منزلنا لدينا الْمَوْز والكيوي والفول السوداني والحلوى التي كنا نراها في الصور في أسبوع المنتج المحلي، إنها موجودة حَقًّا وبإمكاني أن ألمسها إن شئت، مع أن الاعتراف دون خجل بهذا الجزء ليس سهلًا، لكن الحُبّ لا يمكن إظهاره في العلن، على الرغم من أنه حاضر. في هذا العالم تتحدث سَلْوَى معي وكذلك ثَرْوَت، وامتلاكه لشاحنات بيدفورد لا يغير شيئًا وَفْقًا لهذه اللَّوْحَة، ونسأل كيف يمكن للشاحنة أن تدخل هذا الحي، أليس كذلك؟ لقد نسيناها منذ زمن، وإلى جانب ذلك فإننا نلعب بكُرة الثَّلْج في فريق واحد.

إن جميع الأطفال تغمرهم السعادة بوجودي، يُدَرْدِشون وفرحة الشِّتَاء بادية على وجوههم مثل ابتسامة ضخمة واحدة تملأ اللَّوْحَة. من الآن نحن سكان حيٍّ واحد نتبادل الود بتِلْقَائِيَّة وعَفْوِيَّة؛ تمالكتُ نفسي حتى لا أبكي من الفرح، التقطتُ أنفاسي، مسحتُ بلل عينيَّ وتنفستُ ملء رئتيَّ، اقشعر ظهري من البرد تحت معطفي الجديد، لم أفهم لماذا، وأحسستُ ببرودة قدميَّ، فليكن هذا همي الوحيد الذي يؤرقني، لا بأس.

أما إذا وجب الاستطراد، فإن المنازل تفصل بينها مسافة ليست قليلة كونها لأثرياء، ولا داعي للذكر أن جدرانها مطلية من الخارج، مثل بيت عائلة سَلْوَى، ولا تتداخل أسقفها المكونة من صفيح وجذوع أشجار مثلما هي حال بيوتنا في حياتنا القديمة.

حياتنا ولعبة كُرَة الثَّلْج وكل شيء يضحكني بشدة، كل شيء في حياتنا القديمة يطفح فجأة من تِلْقَاء نفسه كابتسامة طفل لا مبرر لها، لم أصدق أنني أبتسم الآن وأنا أكور كُتْلَة من الثَّلْج بمقدار حجمي، مع إدراكي التام أن لي منزلًا دافئًا وعائلة سعيدة.

فعلى الرغم من أن روحي تُظهر الضعف أَحْيَانًا وتنتابها الشكوك؛ إلا أنني مجددًا أتمالك نفسي وأصدق ذلك، وفي تلك الأثناء ركض كلب من تلك الكلاب التي تلعب معنا هنا وهناك -لا داعي للقول: إنها ليست كلاب الراعي، وأنها كلاب صغيرة- وقفز على كتفي، لكن... آه... إنه يَعَضّ!

***

حتى عندما أشعُر بقرصة الْمُعَلِّم على كتفي فإنني أواصل الابتسام... ظهري يرتعد فجأة! كل شيء داخل لوحة «الشِّتَاء» يختفي في لحظة، إنها تُلَمْلِم نفسها بكل ما فيها من ضجيج الْهَرْج والْمَرْج، وبكل جمالياتها الباهرة وبمباراة كُرَة الثَّلْج، تُظلِم وتتلاشى في فراغ مبهم، كل ما تبقى هو البرد، وخطر ينبعث من فمه ذو رائحة كريهة، إنه يقف قربي، بل انزرع فوق رأسي.

***

«ماذا تفعل هنا أيها الْأَبْلَه في هذه الساعة؟!»

أجيب محاولًا إيقاف اصطكاك أَسْنَانِي ببعضها:

«أنا المناوب اليوم يا مُعَلِّمِي...».

«إذا كنتَ مناوبًا فَلِمَ تنظر إلى الحائط مثل الثور؟ هيا اكنس الصف!»

«...».

«لِمَ تنظر نحو الجدار في هذا الظلام يا ولد؟ انطق!»

«...».

«تكلم يا ولد ولن أضربك...».

«كنتُ أحفظ أسماء الثمار يا مُعَلِّمِي...».

«هل ملأتَ الموقد بنشارة الخشب؟ هل كنست الصَّفّ؟»

«...».

«هل كنست الصَّفّ يا ولد... إلى من أتحدث؟!»

«...».

«إلى من أتكلم؟»

طاااااخ!

«مُعَلِّمِي... ثمارنا...».

طاااااخ!

واقع دُوغْمَائِيّ.

* * *

لا مفر من تذكر كل شيء من البداية، أما الأسف فإنه غير مُجْدٍ، إنه القدر، إن حظي الأعمى الذي تسبب لروحي بالأذى، كأن الْمُعَلِّم يستخدمه كل مرة مثل عدسة مكبرة ليجعلني أرى الحقيقة.

* * *

أُفرغ القُمَامَة وأكنس نشارة الخشب، وأعبئها في الموقد، وألتقط درفتي النافذة وأُغلقهما.

* * *

لقد بدأتِ العَاصِفَة الثَلْجِيَّة، حملتُ دفاتري وألصقتها بصدري؛ كي تكون حاجزًا يصد عني العَاصِفَة نوعًا ما، وضعتُ طرفي سروالي داخل جواربي، وتلفَّعت بسُترتي، لا تكفني السُّترة وحدها فاحتضنتُ نفسي.

***

إن العَتَمَة على وَشْك الحلول، لقد انسحبتِ الملائكة ورحلتْ، وحده خدي الأيسر لم يبرد؛ ما زال أثر يد الْمُعَلِّم عليه.

جبهتي إلى الأمام، وانعطفتُ ماخرًا العَاصِفَة التي تتدفق مائلة وبدأتُ مسيري.

الفصل الرابع

طبقات الثَّلْج...

وَعَدتُّ نفسي بأنني سأحاول التصديق أن كل نُدْفَة ثَلْج إنما يسقطها ملاك بأجنحته على الأرض، ومع صعوبة الرؤية فلا بيض اليوم، كان نقيق الدجاج الْأَحْمَر من أجل لا شيء، أمي تهرب بعينيها من عيني، لِمَ كانت كل هذه الجَلَبَة وقت الضحى إذًا؟ على أية حال، اعتدت على هذه الحال. فما عسانا نفعل، فالاعتياد يلزمنا بقبول المهانة أَحْيَانًا، كالاعتياد على ثَرْوَت مثلًا.

لا أمتلك ما يكفي من الشجاعة لرؤية سَلْوَى، إنَّ تذكُّر أيام الْهَضْبَة في مثل هذه الحالة، والعِلم بعودة استيلاء الزهور على الجبال البعيدة يشد من أزر الإنسان، هذا أمر آخر بالطبع. بيت سَلْوَى في القرية بعيد عن بيتنا وقريب من بيت عائلة ثَرْوَت، أهما كذلك فوق الْهَضْبَة أَيْضًا؟ حسنًا، لن أجمع الْكُمَّثْرَى حتى مَوْسِم الْهِضَاب، وهذه مسألة أخرى.

نعم، حتى لو لم أستطع رؤيته، فهو بالتأكيد في مكان ما الآن، بشعره الخفيف فوق جبهته البيضاء الضيقة، ينق بصوته المدلل هنا وهناك، يا له من مقيت! ويظهر الامتعاض على جانبي شفتيه ليعطي رسالة مفادها أن أحدًا لا يمكنه أن يتجرأ عليه، لا بد أنه يتجول بأنفه الصغير المرفوع في الهواء من شدة غروره ليشير إلى أن والده صديق «أَلْمَانْيَا» صديق لجَدّ سَلْوَى الْعَمّ سُلَيْمَان؛ لقد صار صديق الْمُعَلِّم هو الآخر، صاروا جميعًا أصدقاء طاولةٍ في المقهى، هل ستحضره سيارة البيدفورد إلى المدرسة مجددًا؟ يا له من صعلوك.

***

هطل الثَّلْج رقائقَ رقائق، لماذا تدعوه جَدَّتِي «مبروك»؟ هل يعقل بحق الله؟ أيقال عنه مبروك! إذا كانت الدُّوغْمَائِيَّة موجودة بالفعل، ويمكن رؤيتها بالعين المجردة فإن هذا الثَّلْج هو الدُّوغْمَائِيَّة بحد ذاتها. إن وجوده في مكان ما بمشيته المتبخترة علامة على أنهما يستمعان إلى الراديو معًا في بعض الأمسيات، إنه الأول على صفه، بعينيه الملونتين بلون التفاح الأخضر والمسحوبتين نزولًا نحو شدقيه، وبساقيه النحيلتين الخبيثتين.

أنا متأكد من أن الملائكة لم تكن لتُنزِل إلى الأرض رقع ثَلْج بحجم الصَّفْعَة. لا، ليس لأني لا أشعُر بصفعتها؛ بل لأنها تتدفق بميلان سريع جِدًّا، كل رقعة تدور مثل طرف المِثْقَاب اليدوي الذي أحضره والدي من مالقارا العام الماضي، الملائكة تصاب بالدُّوَار! مستحيل، كأنها لا تنهمر، بل تنزل من السماء متلاطمة، أنا أَيْضًا أشعر بالدُّوَار عندما أنظر إليها بتركيز لفترة طويلة، حتى أنني عجزت عن التمييز إذا ما كنت أنظر بعيدًا أم قريبًا، كأن نُدَف الثَّلْج تمحو ما أراه بممحاة.

كم كنت أحتال لإخفاء أنني لم آكل الخبز في الغداء! لكن لقد ولت تلك الأيام، ولقد وجدتُ طريقة لذلك. ذات يوم، سألتُ الْعَمّ بخيت إن كان بإمكاني أن أحضر فرع شجرة إن لم يكن بحوزتنا بيض، لفترة من الزمن كنتُ أحضر له واحدًا يَوْمِيًّا إلى المخبز الصغير خلف متجره، معظم الأيام كنتُ أغادر المنزل مع فرع وبعض السجائر.

* * *

ما زالت التحديات الخاصة موجودة، نعم فثَرْوَت في البقالة، جالس بمفرده على طاولة خشبية يتناول طعامه بتَلَكُّؤ، كأن الْعَمّ بخيت المجنون خادمه! كم يصعب رؤية الْعَمّ بخيت الرجل المُسن وثَرْوَت يَخِزُه بركبته بينما

ينظر إلينا مباشرةً دون أن يلقى ردًّا من أحد؛ إذا عاد ابنه فاضل من دراسته في الجامعة ورأى ذلك ماذا كان سيقول لأبيه يا ترى؟! لكن الأخ فاضل ليس هنا، من الصعب رؤية الْعَمّ المجنون يتمالك نفسه لأنه طيب القلب وكأنه عاجز عن فعل أي شيء آخر. عندما جاء والد ثَرْوَت من أَلْمَانْيَا دفع الديون كلها وأغلق دفتر الحساب، وربما لذلك يتصنع الْعَمّ بخيت الابتسام محاولًا التغاضي عن سلوكه؛ كي يتمكن ابنه فاضل من الدراسة في أنقرة، لا أعرف، هل هذا الموقف دُوغْمَائِيّ؟ إن لم يكن كذلك فماذا يكون؟

إن ما يجعل ابتسامة الْعَمّ بخيت مترددة هو ذلك الدفتر الضخم الذي ينفر منا بسبب السكر وزيت المصباح والملح، قلت لِعَمِّي ذات يوم بأنه لا وجود للبَسْمَلَة في دفتر حساب الْعَمّ المجنون؛ على أية حال إنها مسألة أخرى.

الويل لدجاجنا الْأَحْمَر! لأن إنزال الفرع من الجبل أمر صعب. إن التفكير بسَلْوَى في أثناء السير بالحمولة والخوض في الجليد أمر خطير، فخطر التجمُّد محتمل، وأعترف أنني مضْطَرٌّ إلى التبول مرات عدة، نعم أشرب ماءً كثيرًا قبل أن أخرج من المنزل، أَحْيَانًا لا أعرف كيف يصير كل مكان وكل شيء أبيض تَمَامًا، يخفي كل المعالم تحته، حينئذ أُدرك أنها عَاصِفَة ثَلْجِيَّة. عندما أسرح بعيدًا وتأخذ سَلْوَى تفكيري في أوقات الْفُسْحَة، فإن شيئًا يتكون في أعماقي مثل ذلك الفراغ المائل للبياض، تَمَامًا مثل الْغَثَيَان الذي يصيبك حين تكون بعيدًا، لا يمر الوقت أو يمر ببطء، نعم إنه كذلك.

سأنفذ ما قالته لي جَدَّتِي، وإن سألني سأُنكر، أتربع وسط الثَّلْج وأنتظر مروره، حينئذ ينظر إلى كل شيء أو إلى لا شيء ثم يذهب، إن ابتسامة سَلْوَى التي تذهل الإنسان تتجلى من وقت إلى آخر في هذه العَتَمَة البيضاء. نعم، لا توجد ملائكة في الأرجاء، إنها تُنزل الفرمانات وحدها، والمكان الذي

يجب أن تكون الملائكة فيه أضحى مهجورًا تَمَامًا، أترى هل هذا وصف دُوغْمَائِيّ؟ لا، أنا فقط أصف ما أراه.

***

قطعة حطب مقابل ربع رغيف وحلاوة، وأَحْيَانًا نصف رغيف بلا حلاوة وهذا مقبول، لا أدري ولكني سأقرر متى أصل إلى هناك، سأجر الْحَطَب بواسطة الحبل، بعد أن ثبت طرفه بالفرع بواسطة مسمار، أسحبه عبر الغابة في المنحدرات، إنه الطريق ذاته، إذا هبت عَاصِفَة ثَلْجِيَّة سأجلس أرضًا، وإذا سألني سَأُنْكِر مثلما نبهتني جَدَّتِي.

بعد قطع المستنقع المرعب؛ أي بعد انقضاء خطر الموت، لا تضحكوا، سأصل إلى الجنة! أَرَدتُّ أن أقول لا تضحكوا إذا باغتَكم الضَّحِك، سأجعل كلماتي تصل إلى سَلْوَى، بتعبير أدق إلى عالم هي موجودة فيه، هي لا تتحدث معي في ذلك العالم، لكنها موجودة هناك ولا شيء آخر يهم، للأسف ولحسن الحظ معًا هي فيه... سأصل إلى المدرسة.

لكن قبل الوصول إلى المدرسة أقضي حاجتي أولًا في دورة المياه العمومية إلى جوار النهر، وأنتظر الصنبور المتجمد حتى يسيل منه الماء، ثم أنظف رأسي وهندامي وأغسل حذائي المطاطي.

***

ارتخت أصابعي المتجمدة تحت الماء الساخن بعد أن أصابها التنميل، ذهبت نحو الحوض الذي تشرب منه الأبقار وشربت من المِزْرَاب، وَظَلِلْتُ أشرب حتى انفجرت، وسأبقى محتفظًا بمائه الساخن إلى أن أهبط باتجاه النهر.

استدرت وسحبت فرعًا من أمام الحظيرة، ودققتُ بطرفه مسمارًا بطول عشرين سنتيمترًا، وأثنيت رأسه العنيد لأجعله مثل حلقة وأنا جاثٍ على ركبتيَّ المبتلتين تَمَامًا من الثَّلْج، ربطتُ الحبل بالحلقة وجررته في المنحدرات. لا بد أن وقت الدرس الأول قد انقضى، فليكن، إن الضرب مضمون على أية حال، إنه درس الرياضيات، وحتى إن لحقتُ بالدرس فإنني سأُضرب بسبب الأرقام فعلًا، ليس لأنني لا أعرف المعادلات، بل لنقل لأنني لا أستطيع ترتيبها.

من ناحية أخرى، تأخيري يعني دفع البدل، فمعلمنا جمع في ذهنه بين التصرف بطريقة تحرجنا وتلحق بنا الخزي وبين وحشيته الرائدة، إنه عديم الشرف ويبذِّر لشراء قرطاسية غير ضرورية مثل دفتر تسجيل الغياب وغيره، وتلك العصا الحمراء؛ فليكن، أنا مصمم على مواصلة ما أقوم به حتى الآن.

لا أربط الحبل بحلقة المسمار الصدئ إلا بعد أن أسمي الله بقوة مثلما تفعل جَدَّتِي حين تسحب القِدْر تحت البقرة التي تحلبها، أُدخل أطراف سروالي داخل جواربي الصوفية، أُهرِّب سيجارة من عَمِّي وأضعها في جيبي، أنفخ في أصابعي المبتلة التي توشك على التجمد من جديد، أضع يدي تحت إبطي مثل مُوسَى المجنون، أستخدم بعض مائي الساخن في الطريق، أسير في المنحدرات على بُعْد نصف ساعة في الثَّلْج، وربما تطول أكثر إذا اعترض مُوسَى المجنون طريقي.

عَلَيَّ أن أسلك الدَّرْب على الفور، إن درس الرياضيات على وَشْك البدء، يا ويلي من تلك الأحرف المبهمة، X وY التي تلحق بنا العار! ومُعَلِّمِي يتجول بين المقاعد مرددًا جدول الضرب ممتشقًا عصا التوت البري، على أية حال!

عَلَيَّ أن أتحرك، التوقف ليس في صالحي، شيءُ جميل للغاية يعتمل في داخلي حين تسرح عيناي في نُدَف الثَّلْج الهاطل رقائقَ رقائقَ وببطء،

تدور وتهبط سريعًا لذا لا أريد أن أوقظ نفسي... إن هذا الثَّلْج الذي أُحِسُّ بأن الملائكة وحدها تتولى مُهِمَّته من وقت إلى آخر، يهدأ قليلًا الآن، ثم ينام.

آآآه، كُتَل الثَّلْج انغلق فمها من الحزن.

***

أهبط المنحدرات في اتجاه حي مُوسَى، وأنال جروحًا وخدوشًا من فرع شجرة الْبَلُّوط الذي يغوص في الثَّلْج تَارَّة ويطفو تَارَّة أخرى، وحين تشتد العَاصِفَة أستكين وأهدأ.

«لا تخف، إن عقله خفيف مثل هذه»، تقول جَدَّتِي عن الْعَمّ مُوسَى، وتُريني الفراغات في الدانتيل القديم على الرف الخشبي؛ للدلالة على أن هناك فراغًا في عقله.

لا أدري كيف يحاك الدانتيل ولا كيف يتكون الفراغ في عقل الْعَمّ مُوسَى، أنظر من مكاني دون أن أنهض، لكن يظهر ظله في العَتَمَة البيضاء، ها هو يدنو مني ويمسك بي، إذًا بماذا يملأ هذا الأَبْلَه الفراغ الذي في عقله؟ بالتبغ قطعًا، يضع إصبعيه على شفتيه ويقول: «سيجارة». بطنه شبه عارٍ تحت الثُّلُوج، وملابسه الداخلية مُكَوَّمَة عند ركبتيه، إنه مبتل، لا ينفك يؤشر بإصبعيه طلبًا للسيجارة، بلا توقف وبتحديق لا ينقطع.

أتحقق من جيبي خُلْسَةً؛ ما زالت السيجارة في مكانها لكنها مبتلة وقد تبعثر تبغها، سأقع في ورطة إن لم يقبلها، أحمل فرعًا ولا يمكنني الهرب، يا ليتني كنت قادرًا على سلوك الدَّرْب من ناحية الوادي؛ يمكنني أن أجلس على الفرع وأتزحلق، ولكن ذات مرة انقلب الفرع فوقي وَكِدتُّ أصير في عداد الموتى، لا أستطيع فعلها، يا لسوء حظي مع هذا الأَبْلَه!

يمكنك أن تقول أي شيء لمُوسَى، لكن لا يمكنك إجراء حديث معه عن أي موضوع، ذلك الأصلع حشر التَّبْغ في فراغات عقله. نهضتُ وسحبتُ الفرع من الحلقة خائفًا، وهبطتُ قربه، وضعتُ يدي في جيبي مُضْطَرًّا. كانت عيناه منتفختين وتحلِّقان بعيدًا، ونطق بأصوات غير مفهومة كأنه يحاول قول شيء ما، ووضع إصبعيه مجددًا فوق شفتيه. أخرجتُ السيجارة ومددتها نحوه، أخذها وراح يُتَمْتِم ويصدر بعض الصرخات مشيرًا بيده إلى حاجته للكِبْرِيت.

«لا، لا يوجد معي كِبْرِيت».

شتمته لكنه كرر الإشارة وابتسم ابتسامة عريضة. شتمته مجددًا فكرر الإشارة والابتسامة، أشرت بائسًا بعلامة «لا يوجد»، توقف وحَدَّقَ بوجهي بغضب، وما لَبِثَتْ أوداجه أن انتفخت، هذا هو الْعَمّ مُوسَى المجنون الذي لا يؤتمن! طارت نعله من قدميه وهو يجري خلفي منتفخًا ومحدودبًا، ولم يكترث حين أمسكتُ جَيِّدًا بحلقة الفرع وبدأت بجره؛ أي بجر طعام غَدَائي، وعبرتُ من أمامه نحو الوادي مباشرةً، انخلع قلبي وهو يتبعني ويهوِي ثم ينهض.

***

لا أُبالي بقيمة الفرع المادية التي يحددها الفرن، وما يهمني أنه يقدَّر بخمسين غرامًا من الحلاوة وربع رغيف؛ ما يعني أن طعامي سيشرق في استراحة الغداء كالشمس، أحافظ على حِمْلِي، إنه بمثابة مواساة من الدَّرَجة الثانية في الصباحات التي يَنقُّ فيها دجاجنا الْأَحْمَر بدلًا من أن يضع البيض، ولكنني اعتدتُ على النظام الجديد، لا توجد طريقة أخرى، إن لم يكن هناك بيض فلا شيء آخر سوى الْحَطَب، وإلا سأبقى جائعًا في المدرسة.

يوقفني الجوع وأنا عائد إلى المنزل في المساء، يُصاب المرء بالإعياء في مثل تلك المنحدرات لا سيما في أيام الشِّتَاء المُعْتِمَة، حين لا يبقى من إنتاج الغابات سوى التفاح البري، وورقيات الحقل مثل الملفوف والسلق المغمورة تحت الثَّلْج، ولا تستطيع العين رؤية أي منها.

حسن معي في المدرسة، وهو أفضل أصدقائي، إنه حسن اليتيم، إنه ليس يتيمًا تَمَامًا؛ إذ من المفترض أن تأخذه أمه للعيش معها، لكنها تماطل وحسن لا يدري ذلك، إنه يتعرض للضرب من زوج أمه في كل مرة يذهب إلى منزلها الجديد، يحكي عن الأمر بصوت متقطع وهو يسحب مخاطه، وكلما نَشِبَ خلاف بينهما يكون مصيره واضحًا في كل مرة، وإن سألته: «ماذا سيحدث إذًا؟» يجيب إنه ذاهب للبقاء معها والاستقرار نِهَائِيًّا... لكنه يرجع دائمًا. ذات مرة، كنتُ قد هربتُ من المنزل في المساء إلى مكان مثل الحظيرة، وشاهدتُ أمه تأتي من منزلها وتطعمه هناك، مثل حيوان بري هارب من الغابة ويبحث عن ملجأ.

في بعض الصباحات الاستثنائية المُحمَّلة بالحظ، يُحضر لي بعض بذور القرع من البقالة، تكون قليلة، ولكنها تكفي لكلينا. في كل مرة يضع الْعَمّ بخيت كَعْكَة أو بعض البلي في جيبه كبادرة رعاية كونه يتيمًا، دون أن يلحظ حسن أو في الواقع من غير أن يدري كيف امتلأت جيوبه، في بعض الأحيان نجد البلية الضرابة في جيبه، نفحص جيوبه في الباحة بعيدًا عن الأعين، إنه عبث طريف للغاية.

* * *

أخذتُ نصيبي من الضرب وعُدتُّ إلى مقعدي، وتابع الْمُعَلِّم الشرح من حيث توقف بلغته التركية السوية، فسأل وصرخ: «كم عدد

فصول السنة؟ اكتبوا أسماء مواسمنا...». سمعنا نقرًا على الباب، أنصت الْمُعَلِّم ثم تقدم من بين صفوف المقاعد وهو يضرب أطراف سراويلنا بعصاه القصيرة، وانفتح الباب قبل أن يصل إليه وإذا بمُوسَى المجنون يظهر أمامنا!

تقدم مُوسَى خائفًا من الْمُعَلِّم كمن يسير ملتويًا في طريق ليبتعد عن الأغصان المتدلية. دخل ووقف نصف عَارٍ ورأسه أصلع، وقد ازرقت يداه وقدماه، واللعاب يسيل من فمه. وقف أمامنا أنا وحسن، وأشعل الكِبْرِيت الذي بحوزته. هز الْمُعَلِّم رأسه ولسان حاله يقول: «فهمتُ»... اقترب من مقعدنا رافعًا عصاه كأنها عَلَم يُرَفْرِف في حَفْل، ثم وَخَزَ بها قفا مُوسَى، ارتعد الْعَمّ مُوسَى المسكين ما إن استدار نحو الْمُعَلِّم وأشار إليه بحركة إشعال الكِبْرِيت، لكن الْمُعَلِّم لم يُعِرْهُ انتباهًا، وبينما دفعه ناحية الباب مكررًا وَخَزَه بعصاه كفأر قذر. أطلق الْعَمّ مُوسَى ريحًا، فدفعه الْمُعَلِّم بشدة إلى الخارج وأغلق الباب خلفه هَبْدًا، بدأ الفصل بالقهقهة، وصمتنا صمتًا مطبقًا بعد أن دوَّتْ صَفَعَات الْمُعَلِّم.

* * *

إن عصا التوت البري لها وظيفة أخرى، معلمنا لا يسمح لأدنى مستوى من السعادة أن ينتشر في الفصل، بعد الضرب نبقى على قدم واحدة تحت سَارِيَة الْعَلَم طَوَالَ الْفُسْحَة، حسن وأنا، لدينا الآن قدمان بدلًا من أربع، نتكئ سِرًّا على بعضنا، حتى تكفينا القدمان اللتان بقيتا لنا، أعيننا على النافذة كي نبقى مستعدين لنتفرق إذا نظر الْمُعَلِّم نحونا، نبقى كرجل الثَّلْج حتى انتهاء وقت الْفُسْحَة، ونعود إلى الصَّفّ مع صوت الجرس، ويكون بقية التلاميذ قد أنهوا درس المواسم.

أنف حسن كبير، ولا يُفْلِح في إحصاء عدد المواسم وتسميتها، أو بمعنى أدق لا يستطيع تحديد منتجات كل مَوْسِم. لكنه يحضر بذور لُبّ القرع من البقالة، وهذا صحيح، ولقد ذكرتُ ذلك من قبل. قال حسن:

«في مَوْسِم الشِّتَاء يُزهر الملفوف في الحقل يا مُعَلِّمي، والقرع...».

يبدو كأن أنفه كَبِرَ وتحدَّب أكثر حين قال ذلك، فأمسكه الْمُعَلِّم من ياقته، ودفعه إلى الحائط مباشرةً، وعمَّ الصمتُ الفصلَ.

«قل لي أين تنمو الْحِمْضِيَّات؟»

خاف كثيرًا من هذا السؤال؛ لدرجة أنه عطس عطسًا جافًا.

«ستة في خمسة؟»

«ثلاثون»، قال حسن.

صمت.

أملٌ ولِد من الفاصل أو لم يولد.

«اِبدأ بالعد الزوجي من الرقم أربعين».

يبدأ.

«أربعون...».

«لا تعده يا أبله، تخطَّه وأكمل!»

تخبّط!

أكمل ولكن بصوت منخفض أكثر:

«اثنان وأربعون، أربعة وأربعون، خمسة وأربعون، سبعة وأربعون...».

توقف، ثم نظر إلى عينيِ الْمُعَلِّم، ولم يجد فيهما أية نية للمساعدة، لقد عجز تَمَامًا!

استمر حسن بالعد كأنه يتسلق دروب الْحُقُول جاهدًا باتجاه منزله حيث يعيش وحيدًا، اتكأ الْمُعَلِّم على طاولة مقعدنا، وجلس ببنطاله البُني اللون ذي

الرائحة العطرة فوق دفتري، ومع اقترابه من حسن، التوى طرف دفتري تحت مقعدته، لم أجرؤ على أن أُصدر صوتًا هذه المرة، واختنق صوت حسن مثل سيارة عائلة ثَرْوَت، تابع سحب نفسه وقد ثبت في مكانه بلا حَرَاك. تقدم الْمُعَلِّم أكثر فأكثر، فزاد تشتت ذهن حسن. «ثمانية وأربعون... تسعة وأربعون...».

دوَّى صوت الْمُعَلِّم:

«نعم؟»

«تسعة وأربعون...».

نعم.

«ثلاثون!»

ساد الصمتُ في الصَّفّ.

لا يقوى الحظ في بعض الأحيان على تأدية واجبه، حتى إن أراد ذلك، لكن ماذا عسانا أن نفعل!

نظر الْمُعَلِّم إلى حسن، ثم رفع رأسه وهو يُغَمْغِم..

«كم؟»

صمت من جديد.

تابع الْمُعَلِّم هامسًا:

«كم قلتَ يا أبله؟»

تَلَعْثَمَ حسن وهو غير واثق مما يقول:

«ثلا...».

إن خطأ حسن المبتكر في الرياضيات، وجد مقابله صفعة ارتجت لها أرجاء الصَّفّ حتى من قبل أن تخرج الكلمة من فمه: طاااااخ... طاااااخ!

الألم والعار! المخاط الهائل الذي خرج من أنف حسن مع الصَّفْعَة التصق بالجدار، صوتان ترددا في الوقت نفسه: طاااااخ... طاااااخ! مع وابل

من الضَّحِك لَفَّ الفصل... إن كروش صغار البهائم البشرية التي تعرف الرياضيات هزَّتِ المقاعد. صاعقة حسن المفاجئة والفكاهية أنعشت الصَّفّ، فأوقفه الْمُعَلِّم إلى جانب المِدْفَأة، قد هَزُلَتْ رجلاه القصيرتان وركبتاه أَيْضًا، لقد صار قليل الذكاء لأنه وُلد قبل الأوان من الأم التي رحلت وتركته، لا مصير له ولا مستقبل، وها هو الصِّفْر الكبير يلتصق كالرُّقْعَة على مؤخرته، والحبل الذي استخدمه بدلًا من الحزام ارتخى على وسطه فبان سرواله الداخلي من دون أن ينتبه، وركلة الْمُعَلِّم اختتمتِ العِقَاب واستقرت وسط الصِّفْر على مؤخرته، مَالَ حسن إلى الأمام ورفع يديه ليستند بهما لكنه سقط على الأرض.

* * *

تلاقت أعيننا مجددًا وهو يمر من جواري، بدا بائسًا، ولكنه سعيد في قرارة نفسه لأن موجة الضرب قد تلاشت، كأنه تجاوز عقبة غريبة بسلاسة وطبيعية، بقيتْ ابتسامته كأنها مُعلقة بمسمار غير مرئي على وجهه، لم يعد والده من الغربة، ولم تأخذه والدته إلى منزلها الجديد، كانت تطعمه في منزلها القديم مثل حيوان بري، كانت ترسل له بذور لُبّ القرع كل صباح من بعيد، وعلى هذا النحو بنى الضرب جسرًا جديدًا بين الْمُعَلِّم وحسن، كان جسرًا بغض النظر عن كُنهه، وهكذا عندما كان يُضرب في الخارج من تلامذة الصُّفُوف الأعلى، ومن والده الجديد، ومن أولاد الحي، كانت تظهر ابتسامة امتنان على وجه حسن كلما تعرَّض للأذى، وهذا ما يصيب الإنسان بالجنون، وكأن ظهورها مرتبط بتعرض أحدهم له، أيًّا كان شكل هذا التعرُّض.

* * *

لكن تلك الابتسامة لا تلبث أن تَذْوِي مع ألم الضرب، حين نستعيد جديتنا تَمَامًا. سألني حسن في فُسْحَة الظَّهِيرَة إذا كان معي بيضة له اليوم أم لا، فقلت: «لا»، وجعلته ينظر إلى جيبي سروالي الموحل.

«إنه يوم الْحَطَب إذًا...».

عادتِ الابتسامة إلى محياه مرة أخرى، ضَحِكَ فكَبِرَ أنفُه، تَمَامًا مثلما يَكْبَر عندما يُضرَب في فُسْحَة الظَّهِيرَة. انتظرته خلف الجدار عند طرف الْفُسْحَة في مكاننا المعتاد، انسحب من وسط المكان وأتى مسرعًا، الابتسامة غطتْ وجهه بالكامل، وبيده ربع رغيف خبز وحلاوة وست وثلاثون حبة زيتونة في قرطاس، عدها بالحبة حتى يقسمها بيننا بالتساوي، سحب مخاطه الذي سال وهو يعد واستمر بتنشقه، ست وثلاثون بالضبط! لم يعرف مقدار نصف العدد هذه المرة، لم نستطع تحديد النصف على عجل لأننا كنا نتضور جُوعًا، احتسب العدد بعينيه ووضع الزيتون أمامي، غَمْغَمَ ضاحكًا ملء فمه مجددًا، وقال:

«هكذا أفضل، أليس كذلك لقد أحصيت ست ليرات ووضعتها في يد الْعَمّ بخيت! أعطيته حوالي نصف كيلو من البذور أَيْضًا ...».

عندئذٍ أُخرجتُ الخبز الملفوف بورق صحيفة من حقيبتي، إنه نصف رغيف الخبز الساخن الذي استبدلته بفرع شجرة الْبَلُّوط الكبير، محشوًّا بالحلاوة، لم تُقضم منه قضمة واحدة بعد، استمتعنا بفتح الأزرار الأولى من مئزرينا، وفرشنا لوحَ خشبٍ بعد أن أزحنا عنه الثَّلْج تحت الكهف الذي صنعناه من سيقان الذُّرَة القديمة، وأسندنا ظهرينا إلى الجدار الحجري الساخن للفرن.

بدأتْ مَأْدُبة الظَّهِيرَة بهدوء، أو تقريبًا في خشوع، أخذنا نمضغ الخبز بجدية وبهجة مكتسبة، وكنا أَحْيَانًا نرفع أعيننا التي ضاقت، ونسرح بعيدًا

متخطين مهرجان الزحام الذي تعجُّ به بَاحَة المدرسة، من وقت إلى آخر يتوقف فمي عن مضغ الخبز وتواصل عيناي تخبطهما محاوِلتين تمييز سَلْوَى.

***

أنهينا طعامنا، وعدلنا أوراق الجريدة التي غلفتْ خبزنا، وفرشناها فوق ركبنا لنحاول مطالعتها بعناية، لم نفهم المكتوب بالضبط، قرأنا ما هو مكتوب بخط عريض تحت الصور فقط وحاولنا فهم فحواه، وفي تلك الأثناء قرأتُ العنوان التالي: الكاتب الشهير... في عطلة مع صديقته في منطقة جشمة[1]. وشاهدنا الصور، سفينة بيضاء ضخمة، سراويل قصيرة ملونة، ملابس قصيرة بأكمام جميلة؛ هل هذه المرأة هي حبيبته؟ إنها أجمل من سَلْوَى، هذا ما استطعتُ قوله، أجمل منها! إنها مثل صورٍ قديمة في كتاب معارف الحياة[2]، كأنها تُدفِئ المكان الذي تحل فيه؛ هل سبق لي أن ذكرتُ أنني حَسَّنْتُ قِرَاءَتِي؟

عقلي توقف، كم توجد حياة فخمة وبهية إلى جوار حياتنا! وإن وضعنا حياة الكاتب العظيمة جانبًا، فحتى صور حوادث الطُّرُق تبدو مُشَهِّية، وإن استثنينا تلك الحوادث تبقى أخبار الموت؛ ألا يوجد فيها حيوية وجلال يفطر قلب الإنسان؟

قطعتُ الجزء الذي يحتوي على خبر المؤلف وأخذته في الخفاء، دسستُه في جيبي، ووضع حسن يديه تحت إبطيه وقد انحنى على الصحيفة المفروشة يشتم ويقرأ وهو غارق في أفكاره، وأخيرًا رفع رأسه، وبدت عيناه كأنهما ضُرِبتا، ورغم ذلك بدا لمعان الامتنان واضحًا في مقلتيه.

---

(1) منطقة بمدينة إزمير في تركيا.

(2) مادة تدرس في المدارس التركية عن: الطبيعة، والمجتمع، والأسرة، وبعض المهارات، والأخلاقيات التي يحتاج إليها الإنسان.

«هل أنهيت القراءة يا حسن؟»

«أنهيت».

أخذت الجريدة من أمامه، ضممتها إلى جريدتي وكورتهما، وطلبت منه القَدَّاحَة فأخرجها من عبّهِ وناولني إياها، وضعت لِفَافَة الجرائد الكبيرة داخل كيس النايلون وربطته وأشعلت أحد أطرافه ثم رميته بعيدًا بعد أن بدأ بالاحتراق جَيِّدًا، غصنا في مشاهدة النار بلا حَرَاك، ورحنا نراقب اللَّهَب الذي يدور على الثَّلْج فيلتهم النايلون ببطء أولًا، ثم كُرَة ورق الجرائد.

* * *

أخيرًا رن الجرس، استعددنا، استند الْمُعَلِّم إلى سَارِيَة الْعَلَم، ونقر ركبتيه بالعصا، ووقف يراقب قطيعه مثل راعٍ مُرعِب، اقترب منه ثَرْوَت وقال شيئًا، وأتت سَلْوَى من خلفه؛ ما زال الْمُعَلِّم ينقر رِجْلَه بالعصا، ويوجه نظراته الباحثة في اتجاهنا من حين إلى آخر، ولكن لا يبدو أننا على مرمى من بصره، فلم يستطع رؤيتنا، نكزني حسن من ذراعي:

«لقد رآنا الْمُعَلِّم!»

«لا يستطيع أنْ يرانا».

«بل رآنا».

نهضنا من الأرض وقد خدرت أقدامنا، نظرت إلى كَوْمَة الرَّمَاد الصغيرة المحترقة للتوِّ، هطول الثَّلْج يتسارع، وغطاء أبيض أخذ يغطي الكَوْمَة، بعد أن تحولت إلى قبر هادئ لكل تلك الأحداث والصور الملونة والنعي والألغاز.

كل شيء سكن في قلب الرَّمَاد، مثل قصة قديمة صارت حزينة بعد سردها.

لا أكترث!

الفصل الخامس

أمي مريضة، أعرف ما هو مرضها، فقد حَفِظْتُ اسمه في غضون أسبوع، والآن يمكنني نطقه نطقًا صحيحًا، أكرره في سرِّي: ورم نخاعي! يبدو كأنه اسم أجنبي، وإذا كان أَجْنَبِيًّا حَقًّا ويسبِّب الموت فسيكون موتًا لا يليق بأمي؛ لأن الاثنين لا علاقة لهما ببعض، ناهيك عن عدم رؤيتها لأوروبا وعدم معرفتها لأي كلمات أجنبية، وإذا وضعنا ذلك جانبًا فهي لا تعرف القراءة ولا الكتابة، إنها تتألم وتَسْعُل، وتتمزق رئتاها من السُّعَال، أمي!

إن غياب أمي يملأ الغرفة.

* * *

صبرٌ مُرٌّ استقر على وجهي عَمِّي وأبي، كدر كالثَّلْج القابع على الأسقف، عَمِّي يشذِّب بمطواته العود خلف المِدْفَأة. على أية حال، صوت السُّعَال يأتي من الغرفة المجاورة، حتى سقف منزلنا مريض، جَدَّتِي معها، على الأقل لَدَيَّ جَدَّة، فجَدَّتِي تتوكل على الله دائمًا، وتتمتع بنصيب من الثبات لا يتزعزع، منذ حين وهي تحمل هذا الصبر المختلط بالهمِّ على وجهها.

عنق أمي فواح برائحة القلفونية وزهر النَّعْنَاع، لفحني عطرها، هذه لحظة أستعيدها من أيام الحصبة التي حَلَّتْ بنا، وجاءت من الْحُقُول وأتلفت محصول السلق والملفوف.

أمي مالت إلى وجهي، وعلى أنفي، وقبلتني عن طريق الشَّمّ!

* * *

التفَّ المغتربون حول المِدْفَأة يتجاذبون أطراف الحديث عن هذا وعن ذاك، ليتهربوا من الكلام عن الموضوع غير المطروح، وصدرتْ عنهم قهقهات صغيرة ومتحفظة أَحْيَانًا، انطفأتْ قبل انفجارها. هؤلاء الرجال ليس لديهم قدر من المعرفة ولا وعي فطري، أما الْعَمّ حَقِّي الذي انكمش خلف المِدْفَأة فليس لديه أي منهما، حتى الْعَمّ سُلَيْمَان الذي يزورنا في منزلنا مرة كل أربعين عامًا فهو مثله تَمَامًا، لا شيء من ذكريات أَلْمَانْيَا باقية لديه، ولا ذكريات عن سنوات العصابة مع جَدِّي مطلقًا.

«الحكايات» التي ظلت من أيام «غزو الروس» التي كانت جَدَّتِي تحكي عنها، ليس لها مكان هذا المساء، لستُ واعيًا تَمَامًا للعزاء، ومع ذلك أشعر بأن حضوري مكتمل، أحس بما سيأتي، ولهيب رقيق يجوب جسدي، حتى الْعَمّ عَلِيّ لا تبدو عليه الراحة هذه الليلة، فقد جلس متربعًا على الشلتة، استغربتُ كيف كان يغير جلسته باستمرار، إن هؤلاء الرجال الذين لم يعبروا من أمام المدرسة ولم يدرسوا «معارف الحياة»، وليس بينهم إلا أحمق أو سفيه بحسب الْمُعَلِّم، لم أجد بينهم من لم يدرك مغزى الحياة، إنه مجرد شعور، فهؤلاء الكبار ليس لديهم ما يخفونه خلف وجوههم لأنهم لطفاء، تلك الوجوه مثل وجوه الْمُعَلِّمِين الحليقة والمعطرة بالكولونيا، اعتدادهم بأنفسهم غير متكلف بل يتعاملون فيما بينهم ببساطة مثل قلل قد صدعها الصقيع، وكأنهم هكذا منذ الأزل، سلوكهم الوقور المحسوب يعود لصدقهم وليس لورعهم، مصافحتهم رائِقة ووجوههم خشنة ويمدون بعضهم بالتبغ بكل بساطة، عيونهم التي بَلِيَتْ في الْحُقُول والقفار تلمع في مواجهة الفقر الأسود تحت البدر.

الْعَمّ سُلَيْمَان سَعَلَ بتصنُّع، إنه الوحيد الذي لا علاقة له بالفقر، إن قصته مع الفقر أضعها جانبًا. سَلْوَى مريضة، وأمي مريضة، في الحقيقة إن أمي هَوَسٌ جميل يفوق الوصف ويُحيط بي.

* * *

أخرج عَمِّي النَّاي من النايلون المختبئ داخل صدره، واصل التحديق بأبي كأنه يقول له مثل القائلين: «لا تستسلم».

فتح أبي يديه على حجره جازعًا، وواساه عَمِّي قائلًا:

«إن هذا البلاء من الله يا بُني...».

هَزَّ والدي رأسه وكأنه ارتاح قليلًا، كأنه شرب أثر الكلمات الشافية بعينيه، لكن صوت عَمِّي اختنق تَمَامًا مثلما يختنق صوتي حين أتحدث عن سَلْوَى. أمي مريضة جِدًّا، ها هو قد فتح يديه مرة أخرى، وهذه لمرة قدم له الْعَمّ عَلِيّ النصح، فتحدث أبي عنا، ولكن لِمَ؟ نحن موجودون!

«إخوته ما زالوا صغارًا...».

فتح يديه من جديد.

«لقد أخذتِ المدرسةُ واحدًا منهم».

إنه يتحدث عني.

«على الأقل فليبقَ معهم».

لا، أنا سأكمل دراستي، سأنجو من الجحيم، لا يوجد قوات دَرَك لما بعد المرحلة الابتدائية؛ ولذلك يُعَدُّ استكمال الدراسة بعد ذلك «إسرافًا» على حد قوله.

حريق هَبَّ من جوفي، لكن يا أبي! سَلْوَى موجودة، سَلْوَى هناك يا أبي! قال كلامًا ما:

«نعم أتينا من هناك وسنذهب إلى هناك...».

إلى أين سنذهب! ما أعلمه أن الناس تهاجر.

«لن يحدث شيء، إنه لا يعرف شيئًا».

بدا من صوته أنه يريد المشاركة في الحوار، أبي ينظر إلى القائل وكأنه يريد أن يصدقه، ثم يجيب بكلام مبهم، إنه حزين ولكنه مليء بالأمل.

حين يخاف الإنسان بشدة، أو حين يتملك منه الحزن الشديد لا يتحدث بصوته... وحين ينكسر قلبه من الأعماق يُمنح صوتًا جديدًا.

* * *

قدري الذي انطوى تحت اللِّحَاف يتأرجح مع تلك الدَّرْدَشَات، أو بمعنى أصح أحاول التخمين بحَدْسِي، إني أسمع هذا الصوت الصادر عن أبي منذ فترة طويلة، حاول الْعَمّ عَلِيّ تغيير الموضوع.

«هذا السقف كأنه سيسقط... لقد اتسعتِ المسافات بين الأخشاب، اِدهنه بذلك المعجون، ألا يوجد لديك منه؟»

«سأفعل عندما أعود من مالقارا».

«الأسمنت تشقق بعد أن جف خلطُه...».

-«سأشتري أوراقًا جديدة، لقد وجدت ورقة أسمنت رقيقة في مكانٍ ما في السوق، سأشتريها عند عودتي. سأعمل على تجديد السقف بكامله، وأنا عائد مع بداية الصَّيْف سأشتري لاصقًا خَاصًّا».

قال الْعَمّ عَلِيّ بسعادة ظَنًّا منه أنه قد نجح في تغيير الموضوع:

«الأسمنت لم يعد نافعًا ويتساقط، وغباره يسقط من بين الأخشاب، الصِق شيئًا بينها».

قال أحدهم وبيده سيجارة قد لَفَّهَا للتوِّ:

«أشعل هذه».

تلاقت عيناه بعيني عَمِّي، نظر أبي إلى عَمِّي طالبًا المساعدة وكأنه يستمد القوة من صاحب الألم الأكبر، كأنه يتشبث به لينشرح صدره بعض الشيء. إن عَمِّي شخص ينام في المقابر في بعض الليالي، على الأغلب في الليالي الأولى التي تتوافد فيها الهجرات من المراعي حين يشعر برغبة كبيرة في رؤية

ابنه، كان من عمري، لم أعرفه، لكن سموني على اسمه، قبره صغير يقع عند طرف منطقة المقابر، حين يذهب عَمِّي إلى هناك يقول:

«بيتي هنا هذا المساء».

يقول ذلك مرتين في العام، في كلتيهما يذهب أبي معه ليلًا إلى المقابر، ثم يعود بمفرده. دَخَّنَ طويلًا هذه الليلة بجوار الموقد، مزماره يكون حاضرًا في المقابر ليلتين في العام، يعرف أبي ذلك، وكل مرة يقول له:

«لا تأخذ النَّاي معك، لا تفضحنا أمام الناس».

من المؤكد أن أبي قد فهم وهو يُحَدِّق في عيني عَمِّي، دون أن يحتقر أخاه أو يُهينه، ودون أن يجعل من زوجته حديثًا على ألسنة الناس. تشبث به... بجرحه القديم غير المفهوم، نظر في عيني عَمِّي كأنه طفل يحتاج من يمسكه ويرفعه ليمشي، كم كان صوته غريبًا!

احتضنتُ نفسي قليلًا وقد تجمدتُ تحت اللِّحَاف، إنها الواحدة بعد منتصف الليل، وفي لحظة صمت سُمع صوت كان يُنتظر تحت الثَّلْج، ساد الصمت، وأنصت الجميع، قَدَمُ رَجُلٍ راحت تضرب بإصرار العتبة التي كونها الثَّلْج أمام المنزل، ساد الصمت وأرهفتِ الآذان السمع.

طرق خشب الباب ثلاث مرات: طاخ... طاخ... طاخ!

«يا أهل الدار!»

***

قبل دخوله المنزل تَكَوَّمَ الثَّلْج عند العتبة، ولما فتح الباب هب الصقيع وتوغل في الغرفة، رائحة الثَّلْج منعشة، لقد غطى الثَّلْج وجه صِهْرِنا، إنها بشرى لنا جميعًا، وقدرة جديدة، تلك الابتسامة تعني نصف التحية، لا أذكر يومًا لم يبتسم فيه، حتى إذا تهدَّم البيت فوق رأسه سيبكي ضاحكًا، جَدَّتِي فتحتِ الباب بصعوبة، إنها بحال أفضل قليلًا الآن.

نسيم تسلل إلى أعماقي وكأنه مر عبر حقول الذُّرَة مترامية الأطراف فانشرح قلبي.

«ماذا حدث لكم يا إخوان، هل غرقت سفنكم...؟»

وزع صِهْرُنا ابتساماته وتقاسمها مع الوجوه، حينئذٍ توقفت قرقرة مِدْفَأة الصفيح، والذين تحلقوا وجلسوا حولها، أفسحوا المكان، تحركوا بانتعاش، وضعت شلتة أخرى على الأرض، وأخيرًا تغير موضوع الدَّرْدَشَة، الغربة...

* * *

انفرجتِ الأسارير قليلًا...

دار الحديث عن شد الرحال، شاهدتهم من تحت اللِّحَاف بمنتهى الانتباه من تلك الزاوية البعيدة القاتمة، هَرَبَ النُّعَاس من عينيَّ اللتين اتسعت حدقتهما في هذه الليلة الاستثنائية، أما عيني الداخلية فقد طالعتْ عبثًا زوايا الغرفة وجدرانها التي تبدو كصحون من الدم؛ ما انفك ذهني يتنقل ركضًا من أمي إلى سَلْوَى ومن سَلْوَى إلى ثَرْوَت الْوَغْد، ومنه إلى أمي، واستفقتُ تَمَامًا حين انتهت شَكَاوَى الْعَمّ سُلَيْمَان.

«بناءً عليه... لم يكن هناك من مهرب، وبقينا على حالنا، هل فهمت...؟»

عن بُعد احتضن حفيده الوحيد بحنان، بابتسامة غيابية، ثم قال كلامًا آخرَ فهمت منه أن سَلْوَى مريضة جِدًّا هي الأخرى، ليت ثَرْوَت الخائن كان هو المريض، لن تتمكن سَلْوَى من الذَّهَاب إلى المدرسة! آه لو أن ثَرْوَت يموت، من يدري إلى متى ستتغيب سَلْوَى؟ اسودت الدُّنْيَا في عينيَّ، تحولتُ إلى حيوان محاصر في زاوية السرير، لكن الفرحة لم تسعني لأن أبي لن يتواجد بعد بضعة أيام في البيت لمدة ستة أشهر، أخرجت من تحت الوسادة قطعة الجريدة التي تحتوي على خبر المؤلف، ونظرت إليها خُفْيَة تحت

الضوء الخافت، لقد زاد تشتت ذهني المُضْطَرِب والمشوش أصلًا، وبكُحَّتين جافتين حاولتُ تسكين هذا الاضْطِرَاب الخانق، عاودتُ قراءة الجريدة يائسًا، وانتظرت بلا حَرَاك تحت اللِّحَاف كسحلية صغيرة مجروحة.

لقد عمروا المِدْفَأة، مهما يفعلوا فلن أشعر بالدفء لأن أمي مريضة، القلق يخيفني، وضعت يديَّ المشققتين من برد الثَّلْج بين فخذيَّ. انتباه تام وعدم اكتراث محسوب.

هناك أحد آخر بالباب. دُوغْمَائِيَّة.

«يا أهل الدار!»

* * *

دخل الْعَمّ هَارُون وجلس، لن يرحل لأنه عاد للتوِّ من الغربة، كانت غربته هي الجنة «أَلْمَانْيَا» الخاصة به وحده. رأسه حليق، ومعطر بكولونيا «ألمانيَّة»، ولبس كسوة كأنها من بلاد أخرى... رجل أُبَّهَة.

أفسحوا له مكانًا في المجلس، وقلَّتِ المسافة بين كل واحد منهم والآخر، تابعتهم من حيث أرقد، لربما انتبهتُ للمرة الأولى بسبب حزني، إن فقر القرية الحالك قد تحول إلى قلادة شرف على صدر هذا الرجل، فمهما يرتدِ يبدُ مثل رئيس، سيأخذ سَلْوَى زوجة لابنه، عندما طلب يد أخت سَلْوَى الكبيرة لابنه الأكبر ماتت عروسًا. أُصيبت بطلق ناري مصوب نحوها يوم الزِّفَاف ووقعت من فوق ظهر الحِصَان في النهر، وهكذا مَتَّنَ ذلك اليوم الأسود الرابط بينهما؛ أي بين العائلتين، فقد ربطهما الموت بعقدة لا تُحلّ، وكأنها وصية لأخت ناظلة ستنفذ ولا يجوز انتهاكها على الأقل... الكل يعرف ذلك، سيتزوجها لا مفرَّ من ذلك، الكل يعرف أن «فتاة القرية الحسناء» مقيدة بعهد زواج... إنها سَلْوَى.

* * *

على كتف الْعَمّ هَارُون معطف غالٍ، نهض أبي وأخذه منه، حمله على يديه الاثنتين كالعَلَم عندما يُحمل في المناسبات في مدرستنا، وضعه بدقة وعناية إلى جانب السَّرْج، وانطلق الترحيب يلفُّ دائريًّا على ألسنة الجالسين:

«مرحبًا... مرحبًا... مرحبًا...».

وقال الْعَمّ سُلَيْمَان:

«مرحبًا أخي مرحبًا».

مد الْعَمّ هَارُون قدميه أمام المِدْفَأة، وبدا لي كأنهم سيمدون أيديهم ويساعدونه في مد ساقيه، سيأخذ سَلْوَى لا محالة، هناك رابط مهّد بين العائلتين، والزِّفَاف حاصل دون شك، أما أنا، فليرحمني الله.

خلع سترته بعد أن شَعَرَ بالحرارة، وفي تلك الأثناء لفت نظره تقبب اللِّحَاف الصغير لوجودي تحته، وسأل، فأومأ أبي برأسه، حينها مدحني في محاولة واضحة للتعطف علينا بقليل من البهجة:

«إنه مُلمٌّ بكل أمور المدرسة وقواعدها، كأنه نصف معلم، وهو صديق لقوات الدَّرَك، ربما من الصعب تصديق ذلك لكن هذا ما هو متعارف عليه».

وجه الكلام للعم سُلَيْمَان كأن الآخرين لا يفهمون، وعلى حد قوله فأنا سأصير رجلًا وسأتعلم، وهذا ما قاله الْمُعَلِّم للعَمّ هَارُون ذات مرة وهما جالسان معًا، إنه يتفاخر. وهل ضيع أي فرصة للتفاخر من قبل؟ يا لها من فوقية وتَعَالٍ!

العَمّ سُلَيْمَان أيد كلامه، اتخذ الأمر نوعًا من الجدية الآن، وكأنه بات مؤكدًا لدى الآخرين فهزوا رؤوسهم، سأُحَسِّن قراءتي أكثر لأصبح كاتبًا، سأُحَسِّنها حتى تنتفي أهمية سَلْوَى عندي، دُوغْمَائِيَّة فوقها دُوغْمَائِيَّة، فليكن من يدري؟

* * *

أَرَدتُّ أن أقفز من تحت اللِّحَاف وأن أطعن الرجل، قال إني أتلقى علمًا كثيرًا، وأنني الوحيد الذي يستخدم مكتبة المدرسة. بدا على الْعَمّ سُلَيْمَان كأنه اقتنع، وكلما اقتنع استفاض الْعَمّ هَارُون بالكلام قائلًا: إنني سأصير موظفًا أو مُتعلِّمًا ومُتَنَوِّرًا.

وجه عَمِّي عَبَسَ قليلًا، لا أعرف لماذا، ربما بسبب مسألة الْبَسْمَلَة تلك... لكنها أثارت فيَّ الحماس، مُتَنَوِّر؟ طافت هذه الكلمة الغريبة في الغرفة، وكأن منزلنا صار أَجْنَبِيًّا، تُرى هل يقصد الكاتب؟ هل عمر سيف الدين كاتب أو مُتَنَوِّر؟

تحدثوا مُطَوَّلًا عن «المُتَنَوِّر»، أو بمعنى أصح الْعَمّ هَارُون تحدث إلى الْعَمّ سُلَيْمَان، نعم، فالأخير يستطيع وحده فهم ما يقوله ويؤكد عليه، والآخرون يستمعون ويهزون رؤوسهم. مهما تشعر روح الإنسان بالضَّجَر من مثل تلك الدَّرْدَشَات إلا أنها مُجدية، وطالما أن أمي ليست موضوع الحوار ينشرح صدري، فهي مريضة، وهل أريد أكثر من ذلك؟

بل هناك ما هو أكثر من ذلك، مُتَنَوِّر! فحسب الكلام «إن المُتَنَوِّرين هم الذين نهضوا بأوروبا وأَلْمَانْيَا في الحقيقة وكانوا سبب تقدمهما، هؤلاء هم العظماء!»

إن كلمة مُتَنَوِّر هذه هدأت أعصابي إلى حد ما، وثار فضولي لأنني كنت أنا موضوع النقاش، أرهفتُ السمع وأنصتُ، هل هززت رأسي أَيْضًا ؟ حسنًا، الآن فعلت!

تُرى إِلَامَ لمَّح هذا الرجل البغيض بالضبط؟ تُرى إذا صِرْتُ مُتَنَوِّرًا فهل سأهمل تطوير القرية وسأتجاهل تُرْكِيَا كلها وأفوز بسَلْوَى فقط؟ هل أدرك هذا الرجل ما الذي فعله، لقد تحدث عن سَلْوَى! على أية حال هو غير مُضْطَرّ لأن يدرك ذلك، خرجتُ من تحت طرف اللِّحَاف دون أن أدعهم يشعرون

بي، أنزلت بهدوء حقيبتي المعلقة على الجدار بمسمار كبير، كتبتُ بسرعة في دفتر ملاحظاتي «مُتَنَوِّر»، ثم تسللتُ مرة أخرى تحت اللِّحَاف.

عندما استقررتُ في مكاني مجددًا رحت أكرر هذه الكلمة في سرِّي، كررتها مُطَوَّلًا كما لو كنت أكشف سِرًّا أو كأنها كلمة مرور تتحكم بجميع طرق الحظ المسدودة أمامي: مُتَنَوِّر... مُتَنَوِّر... مُتَنَوِّر...

هذه الكلمة الغريبة تتحول فجأة في ذهني إلى طَلْسَم؛ ما يعني أنني من الممكن أن أتفوق على ثَرْوَت، أو الْعَمّ هَارُون، أو سَلْوَى، أو حتى الْمُعَلِّم.

* * *

توقف سُعَال أمي تَمَامًا، فقال أحدهم عبارات مثل: «النصف الملآن من الكوب...»، ولكني أعلم أنه لو لم يتوقف السُّعَال كانوا سيستمرون في قول مثل تلك العبارات، فحتى في الجنازات تُطلق القهقهات، وهؤلاء الرجال في النهاية يتمتعون بمتانة كالصخر الملآن والفارغ، ومع مرور الزمن سيبقون مستسلمين للكوب بلا قيد أو شرط، حتى إن قوة سرية ستمنحهم نصفه الفارغ؛ كبارنا ليس لديهم خبر عن سَلْوَى ولا عن غيرها، وقطعًا ليس لديهم خبر عن الْفُسْحَة، أو عن مكتبة المدرسة، ولا عن الدفتر والقلم.

إن موقدنا من الصفيح الذي يقرقر، حطبه صار جامعًا لحشد عريض هذه الليلة، مثل راديو الْعَمّ سُلَيْمَان، ولأن الحزن لا يُستمد من القبح واليأس، بل من الجمال والأمل، فنعم، إن منزلنا سقفه معوج ومتعب وقد اتكأ على البناء الذي يجاوره كحزن قديم، مثل كارثة لَمْ يَبْقَ منها إلا ذكراها فقط، باطنه مُعْتِم ويخبئ بورع تلك الذكريات اللامتناهية، البصمات في كل زاوية، وروائح ثلاثة أو خمسة أجيال من البشر.

إن واجهته المبنية من لأشجار والأحجار والطين تبدو بلهاء من بعيد من ناحية الجامع، كمن وضع يديه في حِضْنه من البرد، إن منزلنا هذا بسيط وعاطفي ورقيق القلب، حتى لو لم يكن هناك من يَسْعُل داخله فإنه يتولى ذلك بنفسه في الشِّتَاء، يَسْعُل ويتنهد ويتنفس ولكنه يحيا، وكل مجاوريه كذلك، كلها منازل لم تعرف المدرسة، فكيف بأمر التعلُّق بفتاة؟ ورفع شخص إلى قمة الحياة؟ تلك أمور غير معروفة مطلقًا.

حياتان، حياة بيتنا وحياة المؤلف، أحملهما على كتفيَّ الصغيرتين، وفي الحقيقة لا يمكنني الجمع بينهما إلا في قلبي، من الصعب أن يتحقق الجمع بينهما لأن كلمة «العشق» في تلك الكتب الخالية من الْبَسْمَلَة تعني العجز فقط، حتى ضاحيتنا هي مجرد بُقْعَة لُوِّنَتْ بالأخضر على الخريطة المعلَّقة على حائط صفنا، كقطعة زائدة.

إنهم لا يؤمنون بالكتب في الحقيقة، إنهم يقاومون الكتب التي يمكن قراءتها وفهمها مقاومة خفية لا تنثني، الكتاب بالنسبة لهم هو الكتاب الموضوع على كرسي المقرأة، هذا هو الكتاب الحقيقي الذي يُعد مسكه تحت مستوى الخاصرة خطيئة، وعدم فهمه يُعد صنفًا من عدم الاحترام، إن قراءته تتكرر لدرجة يستحيل معها نسيانه، إنه كتاب محصن. حسنًا، لكن ماذا تعني كلمة «مُتَنَوِّر» تلك؟

* * *

أعيد تقييم المدرسة في ذهني: «الناس البدائيون الذين يشعلون الحرائق»، «عصر الأدوات الحجرية»، «إحصاء أنهار تُرْكِيَا»، «مواسمنا»، «الْمَوْز أو الْحِمْضِيَّات»، «علم الآثار»، «نصوص القراءة»، «معارف الحياة»، «أهرامات مصر»، هل هي شيء من هذا القبيل؟

من الذي بإمكانه أن يكون أعظم من الْمُعَلِّم؟ الوالي! رئيس الدولة! هل كنان إيفرين مُتَنَوِّر على سبيل المثال؟ إذا تلاقى جميعهم معًا من سيكون الأعظم؟ ماذا يعني أن مؤسس الدولة هو من يرفعها؟ أتاتورك ليس مُتَنَوِّرًا بل هو الْمُعَلِّم الأول، إذًا هل المُتَنَوِّر يعلوه ويعلو كنان إيفرين؟ ليس هناك أمر كهذا: أيٌّ مِن جبالنا هي الأعلى؟... قوموا بتعداد أعلى ثلاثة أهرامات في مصر... أحدهم كان خوفو، ومن لا يتذكر البقية لا يمكن أن يكون مُتَنَوِّرًا على الأرجح، هل الأمر كذلك؟ المُتَنَوِّر يعرف هؤلاء أليس كذلك؟ تُرى لماذا نسيتُ الآخرين؟ عيون أبي الهول القابع أمام خوفو هي التي رسخت في ذاكرتي من تلك الصفحات، مؤسس مصر، أعظم بلاد العصور القديمة، ملك من حجر، هذا هو أبو الهول في الحقيقة.

أنا أكره أبا الهول وهذا أمر مؤكد؛ لما لقيته من ثَرْوَت وعصابته من إهانة وضرب في أثناء الْفُسْحَة بعد الدرس عنه، وبقيتْ تلك الصورة في ذهني، أسبُّ ثَرْوَت في سِرِّي.

العم هَارُون هزَّ رأسه لأن الْعَمّ سُلَيْمَان كان يتحدث، كرر ما يُقال ووضع الكلام في موضعه، بهذه الطريقة يجري الكلام، فتُومئ الرؤوس حول الموقد. على أية حال إن صدري ينشرح كلما سمعتهم، لقد دخلوا في محادثة أخرى بالطبع.

وليكن، يكفيني ذلك، لم ينتهِ كل شيء بعد، سأسحق ثَرْوَت، وَسَأَلْتَهِمُ بقية الكتب. سلاسل الجبال بين البحر الأسود و...

***

تشتت انتباهي، فلنضع أمر «المُتَنَوِّر» جانبًا الآن.

انتقل تفكيري إلى أصوات الرجال الخشنة ونقاشاتهم المليئة بالسَّكِينَة ومشاكساتهم، لا حياة مثل حياة المدرسة إذا كان «المُتَنَوِّر» هو واحدًا من تلك

الأمور التي خمنتها، هؤلاء الرجال يجيدون لغات مختلفة، كأنهم يُهَمْهِمُون، بدا لي كأنهم قد أشعلوا الموقد عن طريق فرك خشبتين معًا، كما هي الحال في ذلك العصر الحجري، ليس من الصعب تخيل الأمر تحت الضوء الخافت لمصباح الْكِيرُوسِين، وربما نحن هنا في مغارة.

تابعت ببصري دون أن أُحرك رأسي، الزوايا، الموقد، النافذة الصغيرة، الجدران غير المصبوغة، الستائر الخشبية، الأشجار، نعم، ربما غرفتنا... مغارة.

تعب ذهني.

هذه الفكرة ألحت عَلَيَّ، إنني أذكر التَّجْرِبَة التي أجريناها في المدرسة، ثم انحدرتِ الفكرةُ مباشرةً من الثغرة التي فُتحت بين منزلنا وعصور التاريخ القديمة، وحين شَعَرْتُ كأن نَفَسِي قد انقطع تخليتُ عن تلك الفكرة السخيفة.

***

راقبت وجوههم...

إنَّ في تلك الوجوه حزنًا متوارثًا من الأجداد بسبب «المعاناة من الحُبّ»، ذلك الحزن الذي نواجهه الآن عبر الكتب والمدرسة وأمور أخرى بدأت تدخل القرية رويدًا رويدًا، إنه حزن مختلف، مختلف تَمَامًا، الحزن وغيره من المواضيع التي من المعيب تناولها ولا تنطق بها الألسن، قد يكون اسمه مختلفًا على اللسان المحلي؛ لكن النتيجة لن تتغير، العيب عيب.

إن مثل هذه الأمور تختبئ هنا مثل سجادة رسم عليها غزال مُعلق على جدار، أو إبرة مختفية في قماش التطريز/ والحزن مثل خِزَانَة مُخجِلة تُخزي صاحبها وتخزي بخته، ولكن على الحزن أن يعلم أن التبسم كرم.

وها أنا قد أدركتُ ذلك أخيرًا، وهذا ما تدركه الكتب بما فيها من قهقهات بلا حساب، أرى الابتسامة على وجه الْمُعَلِّمَة جيهان وغيرها،

يبدو أن الابتسامات مثل العُرف في حياة سكان المدن، الضَّحِك في البداية والنهاية. وما فهمته من المُدَرِّسَة أنه لا خطأ في الابتسام.

هل سأغير عالمي؟ هل يغير «المُتَنَوِّر» عالمه؟ ألهذا أُعَادِي عَمِّي؟ إن ابتسامة الْمُعَلِّم ليست موقفًا يمنح المأوى للأخطاء.

صوت آخر عند الباب؛ أمي بخير، سَلْوَى مريضة...

* * *

لستُ متأكدًا، ربما ليلة الشِّتَاء هذه جعلتني أفكر في مثل هذه الأشياء، الظهور المنحنية ووجوه رجال القرية غير الحليقة الذاهبين إلى الغربة، ذهني يروح ويجيء، ومع عودته ألاحظ أنهم يُهَمْهِمُون، وكأن حيوية قد انبعثت منهم جميعًا.

أَبْعَدتُّ ذهني عن المدرسة رُوَيْدًا رُوَيْدًا، وركزت على الإيمان بأنفسنا وبعالمنا الصغير الآمن...

* * *

إنهم يتحدثون الآن عن الفحم من مكان يسمى مالقارا.

يُقال إنهم سينزلون تحت الأرض إلى أنفاق الفحم، أيًّا ما يكون نوع العمل ذاك فسيكون دافئًا في الشِّتَاء، إن المال الذي سيكسبونه من عملهم هناك طَوَالَ فصل الشِّتَاء، جعل أسارير أبي العابس تنفرج، حينها آمنتُ أكثر بنا وبأن أمامنا حياة سنعيشها.

قبل أن يبدأ مَوْسِم الْحُقُول والْمُرُوج والْهِضَاب سينزلون من حافلة القرية المختالة متناثرين الواحد تِلْوَ الآخر. لا، لا أصدق! استطعتُ أن أرى كل ذلك بوضوح من حيث أرقد.

سُترات ضيقة، ياقات طويلة واسعة، سراويل عريضة الكوارع، سجائر داخل الجوارب الْبِيض، ساعات يد، أحذية جلدية لامعة وبراقة، حقائب فخمة مطليَّة، شِباك ممتلئة بالتفاح الذي يلقى احترامًا كضيف مُهِمّ أتى إلى القرية حديثًا، وعيون عشرات الأطفال نال منها ٱلعَيَاءُ لطول مدة التصاقها بتلك الشِّبَاك في انتظار أن تنهب ما فيها.

أمي بخير، وسَلْوَى ستكون على ما يرام هي الأخرى.

تركوا الحديث عن أمي خلفهم، وزاد وقع البهجة في دردشاتهم التي تحمل دمعة خفية للتغرب والارتحال. سُعَال جَدَّتِي يأتِي من الغرفة المجاورة، جَدَّتِي ليست مريضة بل هي متينة ضد الأفكار الجديدة. جَدَّتِي في تمام الصحة والعافية.

* * *

عُلْبَة فضية مليئة بالتبغ المهرب تُقدم بتقدير وتَعْظِيم خاصَّين، يتناولونها فيما بينهم ثم ينفثون دخانها، «أوووف!»

يا لها من حياة تعشش في الصوت الخشن المليء بالتَّبْغ، في صوت عَمِّي الذي يقضي ستة أشهر من السنة وحده في الجبال، سيُهدي ليلة منها إلى هؤلاء الذاهبين إلى منجم الفحم، يقدمها لهم مع نايه وتبغه المهرب، ومع فرحته السرية -المعروفة- لأنه سيهرب من عار وحدته، التي وجد لها حُجة الآن، إنه وحيد تَمَامًا مع عُلْبَة تبغه الفضية وخبز الذُّرَة وجبن الأغنام، صارت عُلْبَة تبغه خليلتَه في بيت المزرعة عندما تعصف العواصف المطيرة بالسقف الخشبي، كل ذلك معروف، وهو الأمر الوحيد الذي يسير على ما يرام في حياة عَمِّي، إنه وحيد تَمَامًا.

* * *

عَمِّي يضع ما يكفي من التَّبْغ على ورق السيجارة ويمده فوقها، لكن أصابع الْعَمّ عَلِيّ المنتفخة مثل أكواز الذُّرَة والمشققة من بناء الجدران الحجرية ومحاولات رتقها بصمغ الصنوبر، لا تنجح في التعامل مع ذلك الورق الرقيق أبدًا، ويَسْعُل وكأن كبرياءه قد انكسرت. أمي لا تَسْعُل.

قال أحدهم بصوت يشبه الشخير:

«لفّ هذا القرف يا إسماعيل!»

توجه أبي إلى الداخل ورجع، رقعة ضوء تدلت من وجهه، أتى وجلس عند ركبة عَمِّي الذي تولى أمر لف تلك السيجارة بأصابعه المتمرسة، مرَّر طرف لسانه على حَافَّة الورقة الرقيقة بدقة جَرَّاح، وقطع بمهارة أطرافها الزائدة، ثم لفها بلطف حتى لا يسقط التبغ، وبصق الشوائب العالقة بفمه وابتسم باستمتاع.

«أحكم شد هذا القرف يا عَم عَلِيّ، هيا فالقرار قرارك!».

بالكاد وَجَدَتْ شعلة الولاعة رأس السيجارة الصغيرة الغارقة في لحية الْعَمّ عَلِيّ التي تشبه صوف الكبش، فاشتعلتْ وتوهجتْ ما إن لمس حجرها، تحول وجه الزاهد العجوز المسكين إلى الحمرة من التبَرُّم، وقفز على قدميه وهو يسبُّ سِبَابًا مُقذِعًا، فاندلع الضَّحِك في الغرفة فجأة، وتدفقت الصرخات كالفيضان.

نَاغَشَ عَمِّي الْعَمّ عَلِيًّا بإيماءات صغيرة مُتعمدة، أخذ السيجارة من فمه بحرص مبالغ فيه وكأنه يأخذ غرضًا هشًّا قد ينكسر إن وقع؛ كي يُريه أصول تدخين «هذا القرف»، وها هي السيجارة تتوهج في فمه بفضل مهارته.

وبينما سحب عَمِّي الدُّخَان إلى صدره، زَمَّ شفتيه وأغمض عينيه.

* * *

شردتْ عيناه الزرقاوان المشرقتان تحت ضوء مصباح الْكِيرُوسِين وانغلقتا، فهمت حينئذ لماذا لم يسرح مع تلك الأغنية الشعبية... نعم فهمت، فهمت أن موضوع الدَّرْدَشَة بالنسبة له قد تغير من تِلْقَاء نفسه، وإن موجة قد غيرت اتجاهها خفية في المياه العميقة داخله، أنا أعرف بالتأكيد ذلك الألم الذي عصر قلبه مرتين، أعلم لماذا جَدَّتِي تنظر خلفه في بعض الأحيان، وتقول:

«لقد نسي والدته؛ ما زال صغيره في ذهنه... آه يا بُني، آه يا بُني ذا الحظ العَسِر...».

أعرف لماذا يرتجف صوت عَمِّي وهو يقول لي «بُنيَّ». أستشفُّ أَحْيَانًا أنه يتمنى بشدة أن يكون مخطئًا، أفهم ذلك ويقشعر بدني له، وحين نبقى بمفردنا، ويناديني «بُنيَّ» عن قصد ومن دون قصد، أفهم تَمَامًا أننا وإن كنا نحمل الاسم ذاته إلا أن عَمِّي يناديه هو، أفهمه، فأنا وَعَمِّي نعدُّ رفقاء أسرار.

حين يغمز لي وهو يعانق النَّاي أعرف بإحساسي أنه سينسحب عن عالمنا ويطوف بعيدًا، مثلما يسحب آلته المهيبة الجميلة بين يديه؛ يغمز لي ويسرح طويلًا، ينفخ في آلته مثل مِنْفَخ هواء فتتكور وجنتاه، ينفخ... وينفخ... لكنه يبقى محرومًا ووحيدًا ويُدَوْزِن انقطاع علاقته بالعالم وحديثه معه... يُغلق عينيه عن كل شيء إلا عن صلته مع ذلك الصوت البديع، يركب حِصَانه في الضَّبَاب ويرحل بعيدًا مع نايه إلى الجبال النائية، إلى مَأْتَمه البعيد... أعرف، إنها طريقته الخاصة لتحدي، وبهذه الطريقة ينهض على قدميه رُوَيْدًا رُوَيْدًا ويعلن العصيان في مو جهة الكسر الذي يضاعف قسوة ماضيه المرير الثقيل، أُدرك ذلك، إنه يتحدى كل شيء في العالم، بلياقة وسرية، لا سيما إذا كان حوله شهود كتومون يعرفون الأصول والأدب مثل هؤلاء الضيوف، لقد استغرقهم الحديث نصف الليل بالتَّمام، وهكذا أفشي النَّاي ما يعرفه الجميع بالفعل.

لم يكن لحنًا بل دمًا يسيل من جسم الناي، ترك نفسه في العراء مع لامبالاة بسيطة، وأخذ يبحث عن الدعم من النظرات المليئة بالمحبة، إنه لا يكترث كأنه قد اكتسب أساليب الدفاع عن ذاته ضد ذاته فقط، بمواجهة عار البقاء بلا امرأة؛ الأمر الذي أثقل كاهله، والذي نعرفه سِرًّا.

***

المدرسة لا تقبل هذا الأمر، البقاء بلا امرأة خيار محتقر في القرية، بالإضافة إلى أنه يُعد مَسًّا، ولذلك يكون مقعد عَمِّي عند الباب في المجلس وفي المقهى، وفي كل الأيام سواء في الأعياد أو غيرها، في الزحام وفي الفضاء الطلق، وحتى في مجلس البيت الريفي في ليالي الْخَرِيف، أنا أعلم ذلك مثل البقية.

النَّاي وحده يحمي عَمِّي، وحده من أقام رابط مودة معه مثله مثل أكثر الشامانيين الذين حظوا بالاحترام في قريتنا، تلك العصا السحرية المتوارثة عبر الأجيال، تنبعث على قيد الحياة بين يديه، كلاهما صارا رفقين يتبادلان كتم أسرارهما، ولا أحد يمكنه فعل شيء حيال ذلك...

***

حتى نساء القيل والقال في القرية يخفن من عَمِّي بطريقة أو بأخرى حين يكون النَّاي بين يديه، أنا أعلم ذلك، النَّاي وحده يحمي عَمِّي ويدعمه، تلك الآلة تعرف جرائم الخطائين، تتهمهم وهي تنظر في عيونهم فيصمتون، وتقفل أفواههم عندما يبدأ عَمِّي بالعزف، أستشعر حينئذ بغلبتنا معًا، إنه انتصار غامض، حينئذ أتسلل إلى جواره.

حين يُخرج النَّاي من محْفظَته النايلون في أوقات عمله في تخزين محاصيل الذُّرَة، أو في مواسم الحصاد والأعراس، تتوقف الجَلَبَة ويخمد

الصياح، وتتنقل تلك الآلة من يدٍ إلى يدٍ حتى تعود أدراجها إلى يد صاحبها، وعندما يتسلمها عَمِّي تنتفخ وجنتاه ويطلق بمهارة دفاعاته ودفاعاتنا.

يبدو أن امرأة في حياته لم تنهره، بل على العكس يلقى الاحتضان من الحشد بمن فيه، وفي كل مرة تنتهي جلسة المرافعة الغريبة بابتسامة نصر متعبة تغمر وجهه.

وعندها تنساب دمعة مشتركة وخفيَّة في زوايا المكان.

***

تنساب إلى كل زوايا الغرفة الشّتْوِيَّة مثل دفء الموقد المقرقر الذي ينيرها، تنساب نحو ظلام زاوية الفرن، ونحو والدي مباشرةً؛ كل ذلك أعرفه أنا، كأنني في مثل تلك الأوقات ألتقط طرف خيط عن تلك الحياة التي تشوشتْ في ذهني بسبب المدرسة، أستطيع القول: إن ذلك مؤلم... لكن أسوأ ما في الأمر، الشعور بالسعادة عند الألم!

الفصل السادس

وضعوني على ظهر أحد الخيول بين الأحمال محاطًا باللِّحَاف والمعطف والأوعية، شققنا طريقنا ترافقنا أصوات النعال وحوافر الخيول فوق الحجارة المسطحة، وضجيج اختلطت فيه أصوات الحشود المهاجرة.

إن الرحلة بين المراعي المصحوبة بالضَّجَّة صارت تشبه المآتم، مع استيلاء الزهور على سفوح الجبال أول كل صيف، فالفرحة العارمة قد تحولت هذا العام لمأتم بسبب أمي.

لم تكن معنا في هذه الرحلة، ولن تكون بعد الآن، ألن تكون؟ ذهني لا يستوعب ذلك، كفَّاي المتعرقتان تتشبثان جَيِّدًا بحديد السَّرْج.

سرحتُ في عنق الحِصَان الذي يرتفع ويهبط باطِّرَاد، وبشعره المتطاير، وبين الْفَيْنَة والأخرى كنتُ أُخرج صورتها من جيب قميصي تحت السُّترة، أفتح النايلون الذي يغلفها وأنظر إليها، إنها تبتسم نصف ابتسامة، لم يسعها الوقت كي تبتسم ابتسامة كاملة، ظل نصفها الثاني متجمدًا في الدُّنْيَا، دنيا خادعة!

أَعَدتُّ ابتسامتها إلى جيبي، ونظرت إلى قافلتنا التي تسير قُدُمًا بهدوء، وأنصتُّ لطقطقة نعل الخيل الرتيبة تحتي، بينما يهبط عنق الحِصَان ويعلو ويرفرف شعره باطِّرَاد كقماش من حرير، وصورة أمي تتأرجح مجددًا في ذهني.

أخرجت الصورة لكن هذه المرة لم أستطع النظر إليها، أبقيتها في النايلون ودسستُها في الجيب بعناية، وَوَعَدتُّ نفسي بأن أنتظر حتى ننزل

في المغارة مساءً ثم أنظر إليها مُطَوَّلًا، أخلفتُ وعدي وأخرجتها من جديد، أخرجت ابتسامة أمي من النايلون وأطلتُ النظر إليها.

* * *

قلت لنفسي: لا بيتًا لتعود إليه، تحمَّل الأمر، فالبيت الآن صار غريبًا، ولتكن نظرة أمي في هذه الصورة هي العزاء الأخير، ها هي عيناها التي توقفتا عن الرؤية ما زالتا تنظران باستمرار. إنهما مثل الصمت الذي يجعل الموسيقى تدوم لفترة أطول بعد توقفها.

* * *

اقتربنا، رأتني جَدَّتِي بطرف عينيها، تمهلتُ قبل وضعها في جيبي. الوادي... إنه هنا، أسفل التِّلَال شديدة الانحدار بالقرب من الجدول داخل غابات الزان والأثل والصنوبر العملاق، إن مكان النُّزُل في الأصل عبارة عن فتحة منحوتة في صخرة كبيرة، محمية جُزْئِيًّا، يشبه الكهف الضخم الذي من شأنه الإحاطة بالماشية من أحد جوانب النهر وحمايتها من الحيوانات البرية التي يمكن أن تطارد القافلة في الليل. إنه تجويف مفتوح على طول الصخر من ذِرْوَة الجبل إلى الأسفل داخل الغابة ويهبط حتى الوادي، نصف مظلة عملاقة قدمتها الطبيعة لحشود المرتحلين على مر العصور، مقر النيران التي أشعلتها كل تلك الأجيال من البشر وأجدادهم الذين مروا من هنا، آثار الْغُبَار وذكريات المبيت ما زالت على الجدران، ودخان النيران التي أشعلتْ مراتٍ لا تحصى ورسمتْ أقواسًا على طول المنحدرات الشديدة والمقعرة في المغارة.

من يدري منذ متى وهذا المكان يُعرف باسم «كهف خضر إلياس» من يدري ربما هذه المغارة هي أرض أساطير الشفق... خليط من القصص

الحقيقية المجبولة مع ما يُحكى لنا من خرافات، مكان حقيقي وملموس للعبر والقصص المخيفة والمثيرة التي نستمع إليها من جَدَّاتِنا مُلتحفين بلحاف الصوف الذي نسحبه فوق أنوفنا المجمدة من برد الشِّتَاء!

* * *

من وسط الغابة، حين نرى دُخَانًا من بعيد أمام الكهف، يسارع بعض الكبار إلى أسلحتهم، يطلقون منها بضع طلقات؛ إن سلاح الْعَمّ سُلَيْمَان من نوع «باربيلوم» الذي بقي له ذكرى من الأجداد والذي يسميه هو «برابنلي الأوسط»، يطلق منه ثلاثَ أو أربعَ رَصَاصَات غاضبة.

الأخبار تعمُّ الوادي وتنتشر، لا يمكنه أن يواصل إطلاق النار، ولا الآخرون أَيْضًا، فهذا هو الإذن الممنوح للعَمّ سُلَيْمَان بإجماع عُرْفي غير منطوق والذي يُعد امتيازًا، ثلاث أو أربع طلقات لا أكثر.

«على الرغم من كل شيء... على الرغم من حِدادنا، دخل الربيع! ونحن ذاهبون إلى الْهَضْبَة».

إعلان الْعَمّ سُلَيْمَان هذا اكتسب وظيفته، صار بمثابة أذان الصبح وله مَغْزاه... إن «رؤية أوروبا» تلك العبارة التي يكررها الْعَمّ سُلَيْمَان باستمرار جعلته غريبًا نسبيًّا في عيون القافلة، كأنه الوحيد الذي يمكنه أن يخطئ.

لكنني لاحظت أن الآخرين ينظرون للمسألة بتردد؛ لأن الرجال الذين يسمعون ذلك الصوت المتغطرس من «بارابنلي الأوسط» يضعون أيديهم على وسطهم، ثم ينظرون بطرف عيونهم إلى جَدَّتِي ووالدي وَعَمِّي، ثم يتراجعون الواحد تِلْوَ الآخر.

استحضرتُ والدتي في ذهني ونظرتُ إلى والدي، رأيته صامدًا على قدميه وأقوى مما ظننتُ، وحتى إن كان منهارًا من أعماقه فلن يظهر ذلك، إن الجدار المنهار الذي تحول إلى كَوْمَة من الحجارة لا ينهار مجددًا.

دقَّقْتُ أكثر في تفاصيله، بدا لي شعره كما لو أن بياضه قد ازداد، وآثار الطَرْبُوش الذي خلعه عن رأسه بعد أن تعرَّق أحاط ذلك البياض مثل إِطار غير مرئي. عَمِّي يلف التَّبْغ ويناوله، وهو ينظر إلى الأمام ويدخن مثل الأطفال المحترمين؛ إذا قرر الإنسان أن يعيش بعد فقدان الشخص الذي كان بمثابة السبب لبقائه على قيد الحياة، فسيشعر بالذنب قليلًا؛ أصابعه تلتقط السيجارة وتثبتها بين شفتيه، ومعطف الصوف على كتفيه، والعصا في يده الأخرى، إنه التغرُّب من مكان لن يرفع رأسه فيه أبدًا.

قررتُ أن ألعب لعبة «صورة أم كتابة» بواحدة من القطع النقدية المستقرة في جيبي، فجهة الكتابة تعني أنني سأخرج الصورة وأنظر إليها. انتظرتُ حتى نصل إلى القناة، وانتظرتُ حتى يسير الحِصَان على أرض مستوية، رميتُ قطعة النقود بخفة في الهواء. صورة! بلعت ريقي، وانتظرتُ قليلًا ودسستُ يدي في سترتي.

* * *

من القناة البعيدة وصلتنا أصوات الطلقات، من أمام المغارة حيث يتصاعد الدُّخَان تحيةً لقافلتنا، لكن عددها كان قليلًا، بضع رصاصات مكتومة أطلقت من طرفنا ردًّا للتحية، حينها فهمت تَمَامًا أن خبر أمي وصل للجميع، لكن ألا يُصعِّب هذا الوضع الأمور أكثر؟ مسحت عينيَّ بكُمِّ معطفي.

عبرنا التَّل المطل على منطقة أوراس البعيدة، نحن الآن على الطريق الهابط الملتوي مع ميلان طفيف. صوت طلقة: طاااخ! هذه المرة أبي هو الفاعل!

أصابنا الذهول، لقد كان يقاوم حزنه إذًا، الحيوانات التي كانت تسير سيرًا حسنًا وسريعًا ارْتَعَدَتْ ورفعت رؤوسها، الفرس الأشهب الذي أمتطيه تطاير

شعره مُشكلًا نصف دائرة، توقف فجأة رافعًا رأسه، وضرب قائمتيه الأماميتين مرتين على الأرض، اقترب عَمِّي نحوه ليهدئه، وأخرج قطعة سكر من جيب سترته وأطعمه إياها، وعندما رآني أنظر إليه وضع قطعتين في راحة يدي، ومسح على وجه الحِصَان ورقبته طويلًا.

تحركتِ القافلة، وعبرنا بصعوبة مضيق جدول صغير واجتزنا طين الجذوع المتعفنة وبحار أوراق الشجر المتكدسة، وصلنا أخيرًا إلى الثغر، وتابعنا سيرنا مقتربين من الخيمة التي أُشعِلت أمامها نيران هائلة.

أنزلنا الأحمال، ثم نقلناها إلى الخيام، وتلاقت أعيننا أنا وهو للحظة، فلي حساب قديم معه، ولكن ليس وقته الآن.

***

إنه المساء الآن، هنا في المنطقة الواقعة تحت غفراس، هذا المكان الذي تدور حوله الأغاني الشعبية وقصص الغَرَام على مر القرون، من يدري كم من الحكايات معلقة على الأشجار، وفوق صخور المغارات، وعلى امتداد النهر وجداوله؛ لتطالعها العيون القادرة على قراءتها وفك ألغازها! المحارم التي عُلقت وبَلِيَتْ على الأغصان، والرسائل المغلفة بطبقات فوق طبقات ومدفونة هنا وهناك... علامات الأخبار والأشواق وأغاني الرِّثَاء الشعبية، ورسائل الحب المتزاحمة أَكْوَامًا أَكْوَامًا على جذوع الأشجار... بقايا شعب قديم لعله استخدم نصلًا أو حجرًا مدببًا بدل القلم لكتابة شيء ما، جذع الشجرة أمام الخيام وقد اكتسى بالرسائل التي عاصرت الشوق والنداء والفراق، التي اكتفتْ لأعوام بأن تتسلل من أغلفتها وتتسلق رُوَيْدًا رُوَيْدًا، قبل أن نصل إلى عناوينها.

طُفْتُ حول جذع الشجرة الواسع بحثًا عن رقعة فارغة أتخذها لي؛ من أجل أمي، بدأت أضرب بطرف سكيني مثل نقار الخشب، إن سألتموني

عن شعوري الحقيقي، إنه نوع من البكاء، أضرب وأضرب بالسكين ضربًا متواصلًا؛ لأخط الحرف الأول من اسم أمي، بعد مرور نحو نصف ساعة نجحت في حفره لكنه بدا قليل الوضوح، أعرف أن هذا الحرف سيتضح ويَكْبَر مع الوقت.

ولسنوات ستتسلق دموعي الجذع.

* * *

عَمِّي نبهني أن أجلس أمام الخيمة قرب النار؛ لأنهم سيذهبون إلى الغابة. بدأتْ إحدى الخالات في القبيلة بالبكاء:

«لا بأس يا بُني، أنا بمثابة أمك، لا تكن مهمومًا هكذا، حسنًا؟»

خبأتُ وجهي في حِضْن جَدَّتِي، وبدأتْ حينئذ بسرد قصة لي... سمعت تنهيداتها ثم بللتُ صدرها بدموعي، رفعت رأسي ومسحت وجهي، فرأيتها تبكي، خَمَدَتِ النار في صدري وخرجتُ من حِضْنها، هدأتُ بعد ذلك وتمالكت نفسي.

تفرقوا في الغابة ووقفوا ليجمعوا حَطَبًا جافًّا لنار المساء، وفطرًا ليملأ أواني الطعام. تمددتُ على كَوْمَة من اللّحف.

* * *

استطعتُ أن أرى تلك التِّلَال من حيث أجلس، من بين العروش الضخمة المحاطة بالأشجار، قطيع من الأمْهَار على أحد السُّفُوح المقابلة، ضخم مثل الأقواس المنحنية نحو التِّلَال، لعل مالكيها من قرى تلك الناحية، ثم ظهر قطيع من الماعز على مقربة منها، وبعض الكلاب. وبدا لي أن الشمس قد وقعت في الفخ، وها هي محاصرة الآن في السماء الغربية، دماؤها نزفت

وسالت فوق التِّلال والمنحدرات المرتعبة حتى أسفل الوادي وانتشت مع أشعتها الأخيرة، أشجار المُرَّان والزان ما تزال تَتَمَلْمَل أمامي مع ذكرى باهتة.

الروماتيزم اِخْترق خاصرة جَدَّتِي، نهضتْ من مكانها مع صرخة صغيرة، ومشتْ مبتعدة قليلًا حيث الصنبور عند حَافَّة الغابة، ساقاها منحنيتان وتترنحان مثل الأطفال.

أخرجتها من جيبي وأمعنت النظر فيها؛ ما زال النظر في عينيها يتطلب شجاعة، لكن لماذا؟ لا تبدو مريضة، عينا أمي براقتان وصافيتان، نظرتها صافية، تنظر كأنها قد أُخذت مني ووضعت في عالم آخر، أَعَدتُّها إلى مكانها، ثم أخرجتُها وتأملتُ عينيها مرة أخرى... من سيغيثني عندما تتلاقى أعيننا هكذا؟

آه، يا لُغزي النقي والمريح... دُوغْمَائِيَّة.

أمي!

***

ما زالت السهرة مستمرة حتى بعد حلول الظلام التامّ، انتحر غروب الشمس ودفن في الأشعار، لكنها المرة الأولى التي تخمد فيها الضَّجَّة الاحتفالية على القناة، أين الحماس المجنون المعتاد؟ كأنه لم يعد من الجيد قضاء الليل في ثَغْرِ غابة أشجار الزان في رحلة إلى الْهَضْبَة تستغرق أيامًا، غير جَيِّد نِهَائِيًّا، لا أعلم، هل أستطيع أن أصف المكان هنا؟

الحياة ليست على ما يرام، والمطر الغزير الذي بدأ في السقوط منهمرًا على غطاء الخيمة النايلون ليس فألًا جَيِّدًا، بل على العكس إنه علامة على الحَظِّ الأسود في الوضع الذي نحن عليه، لا سيما مع هذا المطر القديم، إنه ليس علامة جَيِّدَة على الإطلاق.

شَعَرْتُ كأني على عتبة الدخول إلى العالم مجددًا، وبينما أنا في أعلى طبقات توافق الألحان والأنغام، فإذا بعقلي يخطئ، وأشعر أنني أنزلق بهدوء أسفل نظرات أمي العالية كالجبال، وصاحبة الفراسة الفاترة، لففتها مرة أخرى، إنها في جيبي الآن، أفتح صفحة الجريدة التي تحمل خبر المؤلف وأحاول القراءة. لقد تكرمشت، آمل أن تتقطع نِهَائِيًّا: لكنني لن أرميها، سأُبقيها داخل النايلون قرب صورة أمي.

* * *

تزلجتُ على الْعُشب، يداي تحت رأسي، وبقيت هكذا... سماء المساء الصافية تقود البدر إلى الغرب، سيكون الحداد على أمي مستسلمًا بلا حَرَاك مثل رحلة هذا البدر، وسينْدَفع وعيي نحو العالم اندفاعًا مؤلمًا، ولكن للمرة الأولى... سأنال مساعدة شيء واحد -الشعور بذلك مثل قطران ثقيل- شيء واحد فقط، اللامبالاة الناعمة لتلك الطبيعة الأم!

الْحِدَّة في تلك التِّلَال الصخرية تمنحني الشجاعة على التنفس، وتساعدني على البقاء، سمحت لهذا الشعور بأن يستجمع عقلي، وفي الوقت ذاته شَعَرْتُ بأن ذكرى أمي ستبقى في أعماقي، وستمزق كل تفاصيل عيشي مثل مسمار غير مرئي عَلِقَ بقماش ومزقه.

* * *

التف الكبار حول النر، مدُّوا قطع الكليم القديمة وأخرجوا الغزل والمدكات والزيوت الخفيفة، إنهم ينظفون الأسلحة. عواء الذئب الآتي من بعيد زعزع قسمات وجه الْعَمّ سُلَيْمَان القاسي، شتم وتَذَمَّر وشدَّ على أسنانه بينما أدخل الفرشاة في ماسورة البندقية، جمع أجزاء السلاح بخفة،

وسحب المزلقة وتركها فخرجت الطلقة: طاخ!، ثم سحبها وتركها وأطلقت: طاخ... طاخ!

ملأ الباقون خزانات أسلحتهم بالرَّصَاص، وأبي غارق في التفكير، شعلة اللَّهَب تحوم كذيل ذئب فوق مسدسه عيار أربعة عشر، لقد كان هذا السلاح في حصانة أمي حين كانت على قيد الحياة، في السراء والضراء، كانت تخبئه في أكثر زوايا المنزل انعزالًا في الشِّتَاء، وفي حمولة الحِصَان في الصَّيْف، وحتى في غيابها يلقى السلاح احترامًا واضحًا، وظهوره إلى العلن بمثابة عيد مُضْطَرِب.

هل سيفرغه؟ كيف؟

لم يمر شهر على وفاة أمي...

عَمِّي تولى إشعال النار من البداية، اقترب من إحدى الأفراس دون أن يفزعها.

«توقفي بُنيتي... صه، صه، صه، صه! على رسلك بُنيتي بهدوء... يا لك من أَفَّاكة كافرة، بُنيتي! بررررر...».

وجد سلاحه عيار أربعة عشر، وأخرجه من الحمولة مع نايه. وبهدوء استجمع نفسه ونهض، واصطفَّ الجميع مثل قافلة حج غريبة على طول الطريق المؤدي إلى الغابة.

***

لن يصرخوا، لن يكون هناك مهرجان، لن يسيئوا إلى أمي.

ولكن هذه الأسلحة التي أمَّنوا رصاصها من المهربين وشحموها وخزنوها طَوَالَ الشِّتَاء من أجل هذه الأيام من السنة لا بد لها أن تقول كلمتها، وأن تهتز كأجساد النساء بين الأيادي الخشنة، وأن تهيمن على أعلى

الصرخات والأصوات جلالًا، وتُعلن أن الوصول إلى الْهَضْبَة قد حصل. إنهم بهذه الطريقة يتقبلون بُشرى مطلع الصَّيْف أي بأسلحتهم فقط، ويثبتون الهيمنة بقرقعة السلاح من دون كلام على تلك المساحة الغريبة من الصمت التي تلي الحديث المنتهي.

جَدَّتِي احتضنتْ قلبي مع صوت أول رصاصة وهدأتني، لن يسيئوا إلى أمي كثيرًا، من بين الزحام فتحوا كفنها وأروني إياها، كيف أصف وجهها في تلك اللَّحْظَة: لقد كان جميلًا لدرجة أنه لم يبدُ مخيفًا، دُوغْمَائِيَّة.

أمي...

إنهم صامتون وثابتون وعلى وَشْك البدء، عليهم أن يحركوا الأزناد، وأن يديروا البنادق لتخاطب الجبال بقوة واحدة تِلْوَ الأخرى كالرجال، يجب سماع جواب الجبال والأودية المدوي، يجب سماع طاعتها، من الضروري التأكد من أن الحياة في مكانها الصحيح، يجب إعلان بدء رحلة الهجرة إلى الْهَضْبَة.

ما زالوا يسيرون على ضوء النار التي تضعف كلما ابتعدوا نحو الغابة، أياديهم صامتة وأصابعهم على أطراف الأزناد والأخامص موجهة نحو الأرض. سار الْعَمّ سُلَيْمَان في الخلف مرغمًا، إنه كذلك حَقًّا، لديه ساق من خشب وطرفها بلاستيكي مكان ساقه اليسرى، شيء مقيد بحبل وحزام مرعب، عامين من الغرابة أمضاهما في القرية، يلعن ويسبُّ كلما غاصتْ قدمه الاصطناعية في الأرض الرَّطْبة، وكلما التقطوه من حيث يزل ويسقط.

القافلة الصغيرة انتظمت في صف واحد من جديد، ها هم يتقدمون لإحياء المهرجان وإعلانه، إنهم عادةً يذهبون بشغف حُبًّا بالمآتم والأفراح، أنا أرتعد في حِضْن جَدَّتِي، وألحفة الصوف السميك تغطينا:

«لا تخف يا ولدي، لقد صرتَ رجلًا بالغًا».

أيًّا كان ما يعنيه هذا، كلانا يعرف أنني سأخاف.

ترنحتِ النجوم، وتحولتِ السماء إلى معبد ذهبي في الأعالي، لكن الغابة معتمة تَمَامًا، أحدهم سَعَلَ سُعَالًا بعيدًا، خيَّم ظلام الغابة حيث تكثفت أشجار المُرَّان، انبثقت كُتْلَة خفيفة وحَادَّة من الضوء، ثم بدأت تطوف في الهواء وتتقلب. طمر الكلب ما طمره، كان يحفر في الأرض وينبح بقوة. أمكننا سماع صوت أغصان الصنوبر الساقطة بفعل وابل الرَّصَاص، عانقتني جَدَّتِي بقوة، ثم توقفوا، كلب الصيد الأسود مزق الأرض، وظهرت الْكُرَات النارية وعاد عواء الأسلحة مرة أخرى، إنها تتقيأ احتفالًا وغضبًا.

توقفتِ الجَلَبَة، طال الصمت هذه المرة، إنهم ينتظرون حتى يملأ هذا الصوت المفعم الوادي، وأن ينتشر في الآفاق البعيدة، ويطغى ببطء ثم يضمحل ويتلاشى على التِّلَال المقابلة، ينتظرون، ثم يطلقون، انخرطتْ جَدَّتِي في البكاء مرتجفة حين ضغط ابنها على الزِّنَاد مرة تِلْوَ الأخرى وهو يصيح صيحات غريبة. القيامة الحمراء!

المأتم رَجَّ الغابة وطال هذه المرة، لم ينتهِ أبدًا، أخرجتُ الصورة ونظرت إليها، إنها تبتسم.

فرغتِ الأسلحة.

* * *

سكتَ غضب البارود أخيرًا، انقطعتِ الأصوات وخيَّم على المكان صمت رُوحَانِي لا يحتمل، ثم انتشر أزيز خفيف، صاعقة من الصوت مزقت ستائر الظلام الخاوي، ثم بدأتْ جولة من الرقص يصعب استيعابها، تمزق الإنسان من داخله، تَمْتَمَتْ جَدَّتِي:

«هذا زائد عن الحدّ...».

لاحظنا أنهم قد أحضروا راديو الْعَمّ سُلَيْمَان، وفُتح صوته عاليًا، إن الرشد الغائب عن الوعي يتحكم في كل شيء الآن.

توقفوا وتنفسوا الصُّعَدَاء، ورقصوا على عزف كمنجة قديمة، سيطر الذهول على المغارة من وقع المفاجأة، وحلتْ علينا الدهشة نحن أَيْضًا، وضعنا الحزن والعيب جانبًا كأننا لدغنا أنفسنا، ورحنا نترقب في خوف لنتأكد من أنهم ليسوا مجانين.

جَدَّتِي استجمعت شجاعتها وصاحت:

«ياهووووووووو».

لكن صرختها ترددتْ في جوف المغارة تحت سقفها العالي... صرختْ مرة أخرى، وانتظرنا، فلم يستجيبوا، ثم انطلق ذلك الرعد المدوي من جراء تفريغ خزانات الأسلحة، وعادت كُرَات اللَّهَب إلى الدوران على شكل دوائر خيالية، واستمروا في إطلاق زخات الرَّصَاص في المأتم مصوبين نحو سماء اليأس، صَفَّارَات وصَيْحَات وطَلْقَات نارية وصراخ أيقظ الغابة.

* * *

توقفوا وتنفسوا الصُّعَدَاء، وفي تلك الأثناء سمعنا غَمْغَمَات في الظلام، صوت أزيز من الراديو، وما إن صدحت تلك الأغنية الشعبية، حتى أتى سبعة عشر رجلًا واصطفوا في قلب الظلام...

* * *

انهمرت دموع جَدَّتِي على ذراعي، تظاهرتُ بأني لم ألحظ ذلك وبقيت بلا حَرَاك، اختنقتْ أنفاسي، وفي تلك اللَّحْظَة سمع صوت غريب، كان مختلفًا هذه المرة، صوت متوحش، يعلو رُوَيْدًا رُوَيْدًا ويطغى على ضجيج المكان، وعلى عَمِّي ونايه.

تنهدتْ جَدَّتِي بصوت خافت وتَمْتَمَتْ:

«يا لحسرتي...!»

انتبهت كيف أنها وطنتْ نفسها جَيِّدًا بين الألحفة وسكنتْ في مكانها بلا حَرَاك، ثم أرهفتِ السمع حتى لا يفوتها أي تفصيل، كأنها على أعتاب لحظة خاصَّة.

لقد لبست ثوب الحداد على بخت ابنها القاتم، وستبقى في حِدَاد، هذا القرب المتجدد بينهما يُبقيني متسمرًا، فيضرب الدم وجهي.

استيقظ صوت النَّاي تَدْرِيجِيًّا، حاولتُ أن أرهف السمع للناي وليس لتنهيدات جَدَّتِي، لقد سمعته دائمًا لكنه بدا لي غريبًا نوعًا ما، ربما لأن أمي ليستْ موجودة ولن تكون، بدا الصوت كأنه أُخرج للتو من بين كُرَات الْعُثّ، تحركتْ يدي من دون تفكير إلى جيبي، تحققتُ من وجودها، فلا جسارة لديَّ لإخراجها الآن، كأن الصوت متوحشًا يبحث عن عينيه في الظلام، انبسط وتفرَّد إلى حد الكمال دون أن يعي، تناغم فقط. مجرد مأتم.

***

هذا النَّاي يمحو كل أسباب حزننا تَمَامًا، صوته لم يسمع من قبل، بل لم يخطر على القلب أبدًا، نسمعه ينشط رُوَيْدًا رُوَيْدًا، صوت كأنه لم يسبق أن هبط إلى الدُّنْيَا قَطُّ، كان يطوف منذ الأزل ووصل لتوه.

لكنه اقترب وتوقف، وفي هذا الفاصل القصير توقف سُعَال من كان يَسْعُل، وتوقفت الحوارات والغَمْغَمَات التي كنا نسمعها، سمعتُ أبي يقول: «فرِّغ ذلك».

قصد خزان السلاح، عَمِّي أوقفه لأنهم سيحتاجون للطلقات فيما بعد.

غَمْغَمَات أكثر، أحاديث، وأخيرًا النَّاي مجددًا، أحد الكبار لم يتحمل وبدأ في الصُّرَاخ:

«أووووووف! لقد أحرقت قلوبنا!»

لم يُعِرْ عَمِّي اهتَمَامًا له؛ لأنه في هذه اللَّحْظَة كان غير ممتن لأسباب التعاسة، ولا يعبأ بالأسباب، عرفت ذلك.

انتفختْ وجنتاه ثم تقلصتا، أغمض عينيه بلطف وهدوء على جميع مسالك النَّاي المتشابكة الطويلة، ولما توقفت الآلة في لحظة ما، فتح عينيه وابتسم للمستمعين ابتسامة المنتصر من تحت شواربه، هؤلاء الذين لم يحزنهم شيء سوى نايه. تنهدتُ، آه لو كنت أنا معهم، لم يكن على كل حال ليهمل الغمز لي مثل كل مرة، ولجمعتنا الأسرار مرة جديدة.

دخَّن النشوق والتبغ من عُلْبَتِه التي يسميها «الهموم» غالبًا، وغنى المواويل وعزف بالناي. وفي العادة حين يعبق رأسه بالدُّخَان مثل الآن، يختار واحدة من المعزوفات التي لم نسمع بها من قبل ويغوص عبرها في أعماق الناس، يقبض على ماضيهم، ويمزق مشاعرهم إِرْبًا ويبعثرها، هذه هي طريقة عَمِّي للهيمنة على كل شيء.

دمعة أخرى على ذراعي.

* * *

مبادرة أخيرة، طلقتان مدويتان، صمت مذهل بين الصوتين، لماذا لحظة التوقف تلك؟ شيء لم أفهمه ولن أسأله لوالدي أبدًا.

صمتٌ... ثم صوت النَّاي ينتعش تَدْرِيجِيًّا مع إحدى القصص المألوفة، مع صوته المُرتجف، كأنه في حلم أو كأن صاحبه قد مات وظل هو وحيدًا في الدُّنْيَا.

دمعة أخرى على ذراعي.

الفصل السابع

تحول خشب الصنوبر أمام الخيمة إلى فحم، بعضه لم ينطفئ، ولهبه الذي أوشك أن يتلاشى أمسك بواحد من الفروع وأحاط به، وضوؤه الضئيل قطع نفق الليل واستمر حتى صباح اليوم التالي. فتحت عينيَّ ونظرت من فوق معطف الصوف وذلك الكليم القديم تحت ألحفة الصوف السميكة، الغابة!

شجاعة الطبيعة تقدمت فجأة في مواجهة الحِدَاد، أطلتُ النظر بلا حَرَاك إلى واحدة من أشجار الأثل على مرمى بصري، أمي في جيب قميصي الكتاني داخل سترتي، أحاول استيعاب المكان الذي غفوتُ فيه والوضع الذي أنا فيه، أمي الآن تمكث فوق صدري داخل طبقات من النايلون.

* * *

اجتمعت القطع معًا واسْتَعَدتُّ وعيي.

قطرات الندى الضخمة معلقة على الأغصان مثل ملابس منشورة على حبل؛ ما زال هناك عُمْر، وما زالت هناك حياة؛ عندما أدرتُ رأسي نحو الخيام، انتبهتُ إلى عينيْ سَلْوَى الناعستين مثبتتين فوقي كالطعنات، شفتاها اللتان تُذهبان العقل كأنهما مغلقتان بقفل صدئ، إنها في حِضْن الْجَدَّة سَكِينَة، هل تريد أن تنتقم مني بعد أن اتضح لها أن عائلة ثَرْوَت ليس لها ضيعة؟ طَوَالَ الطريق كان الشرر يقدح من عينيها، تهرب بعينيها وتنظر حولها قليلًا ثم تعود وتثبتهما عليّ، إنها تخترق ذهني كمسمار وتحوله بالاتجاه الذي تريد، وأنا مثل أرنب قد تخدَّر وقُيِّد تحت الضوء، وصدري يَخْفِق: بوم... بوم... بوم!

ما السبب الغريب الذي أتى بهذه الفتاة ووضعها أمامي؟ أنا بالفعل أعرف، فقد كنا نتحدث لكن عقلي لم يكن يستوعب.

حين كنتُ أنظر إليها من قبل لم تكن أنهار اللَّهَب تتدفق داخلي، ولم يكن اتصالي الغريب مع نفسي يزداد قوة مثلما أشعر به الآن، ولم تستيقظ رغبتي في تفحص نفسي هكذا، كأنني بوفاة أمي صِرْتُ أتعلق بهذه الفتاة أكثر، كأنها هي ما تبقى لي في الحياة.

استمري في هذا الشيء الجميل الرهيب الذي يفوق الوصف، يا سَلْوَى! استمري في النظر إليَّ.

* * *

الغابات تعرَّتْ من السُّفُوح وتدنت نزولًا مثل الْمَوْز في كتاب معارف الحياة، والقمم التي أصابتها أشعة الشمس المبكرة تُركتْ عارية، وبياض ناصع انتشر بالأرجاء، ليس بوسعي أن أُبعد عيني عن هذا السحر! رمح الشمس تحطم على المنحدرات التي تتسلل حتى أفق السماء الزرقاء الفولاذية، وضوء أبيض ساكن.

هذه المتعة الغريبة المتناقضة شتتتْ ذهني بعض الشيء وخدَّرته، عند الغسق تجرأتُ على النظر إلى سَلْوَى مرة أخرى، لكن هذه المرة نظرت إليها مباشرةً بنظرة ذات طبيعة هجومية، لقد شَعَرَتْ بي، وكون أننا استيقظنا وحدنا مثلما كنا نبقى في الصَّفّ بمفردنا فهذا أمر يزعجها، هَزَّتْ كتفيها وأدارت رأسها إلى الجهة الأخرى، لا شيء في الغابة ولا أحد قد استيقظ سوانا، أنادي في سرِّي: «سَلْوَى..!»

تسللتْ بخفة من تحت اللِّحَاف وساقاها عاريتان كأنهما تخترقان الشَّفَقَ وتمزقانه، سحبتْ قدميها ودفعتْ اللِّحَاف إلى الخلف، حركتْ جسدها بكل

منحنياته، لسانها على حَافَّة شفتيها، قفزتْ من فوق والدتها التي ما تزال نائمة، تعثرتْ وهي تمر بين الأحمال، رمقتني بنظرة مراوغة وهي تنهض، إنها تكره أن يراها أحد وهي تتعثر، مشتْ مباشرةً إلى المِزْرَاب الحجري تحت شجرة الصنوبر كوميض يتحرك عند الشفق، ردفاها تمايلا تحت تنورتها المزركشة بتناغم يَسْلُبُ العقل، ساقاها أشاحتا بتنورتها الطويلة باطِّرَاد، وللمرة الأولى اتَّقَدَ جزء خامل في جسدي لم أعهده حتى هذه اللَّحْظَة، وعيناي في حالة تأهب مثل ظبي مسحور يُحَدِّق.

وضعت يدها تحت المِزْرَاب وعبَّت بضع مرات، انحنت ومسحت فمها بطرف كمها، ثم عادت أدراجها. أخجلتني فكرة أن نضجها المبكر نفخ ثدييها في مواجهة العالم، أو أثارتْ عجبي تقريبًا؛ بتعبير أدق خجلتُ أولًا ثم عجبتُ، سيُلاحظ الأمر وسيكون عقبة محزنة أمام لهوها ومرحها، لكنه لن يغير شيئًا بالنسبة للمدرسة، سيكون قدرها مثل قدر الفقراء الذين يذهبون إلى الرعي والإنشاءات وهم على وَشْك أن يصيروا رجالًا، في حين يذهب الأثرياء نحو مزيد من الثراء؛ المدرسة المتوسطة صارتْ كالحُلم بالنسبة لها بسبب ثدييها النابتين؛ أي أن مصيرنا واحد في الحقيقة.

لا بد أن الكبار قد سمعوا بذلك الزلزال الصغير الدامي في الجسد، ولا بد أنهم رأوا مثلي ارتفاع الأرض الأنثوية بنشوة مباغتة كتلال صغيرة، موسيقى خفية تخترق الحدود من دون إذن، وتطبع خوفًا على الروح وحمرة على الوجه. تضاربٌ وتشوش مفاجئ تجاهي تسلل إلى ذهنها بَغْتَةً ومن دون أسباب، لقد ضلت طريقها لدرجة أنها تعلقتْ بثَرْوَت، بيد أنها تريد أن تنفض من على كتفيها هذا الْوَغْد «شريك الحياة منذ المهد» بوصفه عبئًا ألقاه الكبار عليها، أما ثَرْوَت فهو يريد ابنة عمه المقيمة في أَلْمَانْيَا، وسَلْوَى تتغاضى عن هذا، لكنها تعلم، ربما أجدها مهمومة لهذا السبب، تبدو جادَّة وكأنها مُضْطَرَّة

ومرغمة على إظهار كبريائها وليس بيدها شيء آخر لتفعله، الْمِنْدِيل الأبيض على رأسها شبه المكشوف ينسدل ويغطي ثدييها وهي عائدة من المِزْرَاب، تُعيد تغطيتهما حتى أرى بوضوح أنها غطتهما، ترفع الْمِنْدِيل وتغطي به صدرها مرة أخرى.

كظبي في حالة تأهب.

* * *

ستستمر حياتها، وسيمر كل شيء، فلا يبدو أن هناك ما يمكنها فعله، أعني الحياة، ليس هناك ما يمكنها أن تفعله غير المرور والاستمرار، إنها دَوْمًا كذلك.

وسَلْوَى ستقتفي أثر أختها، نعم، هذا ما يبدو، قطعًا هذا ما سيحدث، هكذا أتتْ وهكذا سترحل، لقد أصبحتْ سَلْوَى من الآن أسطورة بين الناس، مثلما كانت أختها الكبرى، فقد ذاع صيتها حتى في القرى الأخرى، سيزوجونها هي الأخرى للأخ الأصغر، خطأ الكبار وعيبهم، لكن سَلْوَى صارتْ تعشق عيب الكبار، دُوغْمَائِيَّة حَمْقَاء.

سَلْوَى ستذهب مباشرة إلى بيت أختها الكبرى الجديد، ستذهب مباشرةً إلى البيت المبني بالطوب والمسامير، محطّ الإعجاب ولافت الأنظار الذي يرى الشمس وله أراضٍ وأنهار ومكتوب على عتبته «ما شاء الله»، وله باب بركيزتين تنتهيان برأسي ظبيين، ذلك البيت الذي يملكه صاحب شاحنة القرية، ثري أَلْمَانْيَا وقرين المهد.

مثل أختها الكبرى التي ذهبتْ قبلها، ومثلما قالت جَدَّتِي:

«على الأقل ليت مصير الصغيرة لا يكون مثل مصير أختها...».

ستنتهي حياتها مثل فساتين الزِّفَاف التي تُبرز الجسم وتمنحه طولًا لتعكس جانبًا واحدًا فقط من لحياة خلال عمرها القصير، سيعقدون حفل

الْقِرَان -الأسطورة على ألسن الناس- حتى يتمموا ما سبق من الاستعدادات التي تستكمل، وقد أعدوا لها بالفعل، حِصَانًا مزينًا بالشُرَّابَات والخرز وطاقات الزهور، سيحمل جهاز عرسها ومعه الجهاز الذي كان مُعدًّا لأختها، وصُرر الألبسة ستمتلئ وتنتفخ، وسيكون جهازها قدر حمولة حِصَانين مثلًا، مثل أختها التي كان يُشار إليها بالبنان. الْعَمّ هَارُون من الآن يقول:

«لقد تم بالفعل أمر جهاز العروس».

الجميع يعرف ما يعنيه ذلك، الكل يتذكر ما ينطوي عليه ذلك.

* * *

حينئذ ستنضم إلى الجهاز لوحة الكنفا الشهيرة ذات اللون السماوي والمكتوب عليها بخيط أرجواني «إن كان قدري فسألقاه» التي كانت لأختها.

من لا يعرف ذلك ومن لا يتذكر الشباب الذين أُنقذوا في آخر لحظة بينما كانوا ينزلقون من رأس الجدول الْمُضْطَرِب في بداية الصَّيْف، ومن ينسى الحِصَان الذي كان يغرق ويطفو، وجهاز العروس الذي انغمر بالماء، ولوحة الكنفا التي تمكن القرويون من إنقاذها وحدها لا غير، أو بالأحرى لَمْ يَبْقَ إلا هي والجنازة. في ليلة شتاء قبل الفجر خرجتْ وجلستْ تُؤرجح نفسها على غصن بلوط منحنٍ عند أول الطريق، وحين رأوها عند الصباح كانت لوحة الكنفا تلك «إن كان قدري فسألقاه» ما تزال في يدها.

كان قماشها يحمل كل الزهور الصخرية، وتجول الْهَضْبَة والجبال في يد الأبلة ناظلة، كنتُ حينها صغيرًا جِدًّا لكنني أتذكر، أتذكر كيف كانت تنشر بُسُط الكليم بتباهٍ في البيت الريفي وأمام البيوت المهجورة، وكيف كانت النسوة يتمايلن بأعناقهن الحمراء من الخجل والسعادة بالأعمال اليدوية «أقدارهن»، وكيف كن يتمايلن حينها فوق رسائل الحُبّ الفريدة الغريبة التي كانت تتناقلها

الأيادي جيلًا بعد جيل، أتذكر بصعوبة، كن يجدن العروة الصحيحة كالذي يحفر بئرًا بإبرة، ويضعنها في قلب الحرف، وهكذا يزركشن المَحَارِم بكلمات من الأدعية والمواويل.

القماش الذي كن يمزقنه كان يطول ويكاد يغطي مستقبلهن المديد، وأخيرًا تبرز عليه تلك الحروف المائلة «إن كان قدري فسألقاه». كن يخجلن كأن فكرة سرية اتضحت للعلن، يخجلن من ظهور عمل أيديهن وقرة أعينهن للعيان، وكن يبتسمن في حيرة تخفي شعورًا بالانتصار... الحروف التي ينقشنها على القماش كانت مثل الأبنية المشيدة بأيدي أصحابها، مليئة بالعيوب النفيسة.

لو كانتْ الأخت ناظلة على قيد الحياة لتذكرتْ كل عروة منها، ولكانتْ تذكرتْ الخجل الذي كان يَكْبَر مع الأيام مع كل حرف، وكيف لها أن تنسى؟ كانت تضع أزرارًا للعُرَى، وكانت المحنة اليومية تتمثل في صعوبة الوصول إلى الرجل الذي «أحبه»، وهكذا كانت تتخذ الطريق نحو الحبيب سِرًّا، عبر تطريز الإبرة على مدى شهور وربما أعوام في رتابة مليئة بجرأة وَرِعة وحُمْرَة وجه إلى أن تلقى قدرها.

أخيرًا! هذه هي الحياة، تَمَامًا كأنه الأمس، الحفل أعقبه جنازة... بطاقة زواج... واسمها منقوش على القبر، ربما لو كانتْ الأخت ناظلة فَكَّرَتْ جَيِّدًا، لكانت شَعَرَتْ بقدرها.

كثير من الضوضاء، وكثير من الزينة، وكثير من الأسلحة، وكثير من الظلام، وكثير من الطلقات مثل الرعد، مَن كان يدري؟ قبرٌ قد اتخذ طريقه بالفعل باتجاه الأخت ناظلة.

ومجددًا يقول الكبار: «كانت تبتسم فوق الحِصَان، لم تكن لتدري»؛ واحدة من بعض الروايات التي رويتْ بلا تنهد ولا ندب، ألمٌ آتٍ من الماضي، وجع في قلوب الجميع.

لم يكن أحد ليعرف، وما عرفوا، زوج من الأحصنة، أحدهما قد ارتعد من صوت الرَّصَاص وهو يعبر النهر، وصخرة مستوية دفعته بحمولته الضخمة وبالأخت ناظلة، لم يلحظ أحد في هذه الموجة من الاضْطِرَاب أن إحدى الرَّصَاصَات قد وجدت طريقها إلى جسدها الذي لم يمسه أحد، كانوا يظنون أن الحيوان كان مفزوعًا، لكن بعد أيام عندما ظهرت جثتها عند مصب النهر، أخرجوا رصاصة من عنقها.

قالوا إن الأمر ناتج عن فزع الحِصَان الأَشْهَب، وقُيد الأمر هكذا في سجلات حرس الدَّرَك حسبما رُوِيَ، لكن بعضهم عرف حقيقة الحِصَان المفزوع، وبعدها وُضِعتِ الأيادي المخضَّبة بالحناء وفستان الزِّفَاف مثل الإقحوانات في مياه الجدول المظلمة، وتم تشييعها بوابل من الرَّصَاص والعويل؛ ودون أن تعرف الأخت ناظلة، سيوضع حِمْل قدرها الذي لم يكتمل على عاتق أختها، ستكمل سَلْوَى الرحلة التي لم تكتمل، وقدر زوجها الذي لم يلمس يدها أن ينتقل إلى أختها الأصغر لأنه قرين المهد.

هذه سُنة الحياة.

* * *

خرجتْ قافلة الماشية والأغنام المزدحمة إلى الطريق، أصوات الصباح منتعشة، والظلام يتجول أسفل الوادي؛ ما زال أمامها جبال لتعبرها، وليلة أخرى لتقضيها، هذه المرة سنكون قد وصلنا إلى القمم العارية التي بقيتْ خلف الغابات السوداء والماء الوفير.

سرنا جنبًا إلى جنب، والصمت المليء بالإيماءات الذي انتشر بيننا تبدد على الفور مع استدعاء «أمور أخرى»، كانت بمثابة حجة لمناداة الأبقار والكلاب، أو على أي شخص آخر للهرب من هذا السحر، حتى وإن ساد

الصمت فالوضع لا يحتمل وجود كلينا في الوقت ذاته، إن هذا الصمت المحمَّل بالمعاني يبقى مُعلقًا ولا يجرؤ على الاختمار، هَزَّتْ عصاها مُشيرة إلى شيء ما وتحدثتْ معه، ولفَّتْ طرف تنورتها، وفتحت سحاب المعطف الرجالي السميك وأغلقته، لو كان الأمر الذي سيشهده كلانا فقط متروكًا على سجيته، لأسس رابطًا بيننا. وبعد جر قدم مترددة، انتبهتُ لصوتي الخارج من حلقي:

«لقد وصلنا عُوَاء ذئبٍ من الجبل ليلًا، هل خفتِ؟»

ارتابتْ من النغمة «الخاصة» في صوتي، صمتتْ، وضربتْ حذاءها المطاطي بعصاها ضربات متكررة، لم تُرِد لتلك الليلة أن تكون موضوعًا للحوار.

* * *

مِلتُ برأسي إلى الخلف وألقيتُ نظرة على التِّلَال، زفرتُ سِرًّا زفيرًا مُطَوَّلًا كان يخنق صدري، وتردد صدى صوت جري الحِصَان السريع بين أضلاعي. التِّلَال بيضاء تَمَامًا فيما نحن ما زلنا في وقت الشفق، تنفستُ مُطَوَّلًا دون أن أجعلها تشعر بي، أتى صوتها لنجَدَّتِي:

«نحن هنا في الشرق..».

قالت ذلك خشية أن أفقد فجأة رغبتي في الحديث معها، وسمحتْ لمرفقها أن يحتك بذراعي:

«... تعلمنا ذلك في الصفّ، ثَرْوَت يعلم أن الشرق هو المكان الذي تُولد منه الشمس».

لكن المكان الذي وُلد فيه ثَرْوَت لا بد أنه يسمى «الضيم»، أو يسمى «القذارة»!

«هممم...» تَمْتَمَتُ كأني غير مكترث دون أن أُبعد نظري عن التِّلال، لكن رعشة تسللتْ إلى صوتي ولم أستطع منعها، نظرتُ أمامي وانغلقتْ مشاعري، شَعَرْتُ أن هذه المعلومة صحيحة بالطبع، لا لشيء إلا لأن الْعَمّ سُلَيْمان جَدَّهَا صديق الْمُعَلِّم، ولأنه الشخص الوحيد في القرية الذي يبيع أطنانًا من البندق وله معاش تقاعدي، ولأن معرفة الاتجاهات كلها دفعة واحدة لا تحتاج لأن يكون الإنسان مثقفًا، بل أن يكون ثَرِيًّا، أما بالنسبة لمن يقومون بزراعة المراعي لكسب لقمة العيش، هؤلاء الذين يمكنهم في الأيام المشمسة النادرة تجفيف حصيلة جهدهم طَوَالَ العام، لا يوجد لديهم سوى اتجاهين في هذه الحياة، الشمال والجنوب، فالزراعة تتحدد وَفْقًا للتعليمات الدقيقة لهذين الاتجاهين.

هنا الأرض في الشمال تغفو والفقر يضجع فيها، بعيدة عن الشمس والمراعي داخل الضَّبَاب، كانت أمي مع أحمال الْعُشْب الضخمة التي هلكتْ تحتها تعيش بين هذين الاتجاهين، على اعتبار أننا كنا نعيش أو هكذا ظننا، بخلاف غُربة أبي، وكانت رحلات أمي التي لا تنتهي مُلكنا الوحيد، تُخرج أحمال الْعُشْب الضخمة في قلب الضَّبَاب وتحملها لشهور من الشَّمَال إلى الجنوب، وكان صَمْغُ الصنوبر الخام المعقود يعلق على طرف منديلها؛ أما الجنوب فله حضور قليل، هو بوابة الخبز الوحيدة، يُجفف، ويضيء، ويوضح الطريق، الجنوب ينظر مستخفًا من بعيد إلى بختنا الرَّطْب المتعفن الأليف الأعمى بنوع من الشفقة، إنه يسطع من بعيد على مصيرنا الذي انبسط منذ القِدَم، والحياة ليست سوى كناية عن هذين الاتجاهين، أما معرفة الاتجاهين الآخرين فهو نوع من الغرور والعيب.

«حسنًا، هل الشامل يعني في الواقع الشمال؟»

سارعتْ للقول على الفور متحذلقة:

«لا يوجد شيء اسمه الشامل! اِسأل ثَرْوَت... لا يوجد شيء اسمه الشامل!»
شدَّدتْ على كلمة «الشامل» باشمئزاز، بل بصقتْها كأنها شيء قذر وقع على طرف لسانها، نقرتْ بأحد الأحجار عنق الحذاء المطاط ذي الخيوط الحمراء السميكة عند حافته التي حاكتها الْجَدَّة سَكِينَة كي لا يُسرق.
«الشامل! الْمُعَلِّمَة أَشْجَان قالت: إن كلمة «الشامل» خاطئة، ثَرْوَت يعرف بدوره أنها غير صحيحة!»

* * *

عرفنا أننا وصلنا إلى سفح هَضْبَة سالوروت عند الظهر، من دويّ ثلاث رصاصات، رصاصات الْعَمّ سُلَيْمَان، فتح صوت الراديو الذي «رأى أوروبا» على آخره، ورويدًا رويدًا وصلنا نحن بعده مع بقية القافلة إلى الثغر، الغابة الخافتة قد أعمتنا، والآن الضوء ينقضُّ علينا.
وهكذا ستكون الحال حتى آخر الصَّيْف، نترك أرض الأشجار والغابات المظلمة، وكل ما نراه الآن هو الجبال العارية والتِّلَال المترامية الأطراف، لاحظنا متأخرين قليلًا من زغللة أعيننا، أن القافلة قد تجمعت في ممر صخري.

* * *

بعد قليل وجدنا أنفسنا وجهًا لوجه أمام عربات الجيب الخاصة بكتائب الجيش والجنود، عندها أُسكتَ صوت الراديو الذي كان يميز المجموعة التي سبقتِ القافلة. فجأة بدت قافلتنا مبهمة ومن الصعب تمييز أفرادها، النساء والرجال والأطفال صاروا كأنهم كُتْلَة واحدة، حتى الْعَمّ سُلَيْمَان لم يسهل تمييزه، الجميع صمت دون استثناء، والوجوه عَبَسَتْ، ورجع عَمِّي بَدِيهِيًّا نحو أبي بسرعة، سمعته يهمس له بحِدَّة:

«تحرك يا بني آدم!»

هب أبي ووصل إلى راديو الْعَمّ سُلَيْمَان، لقد كان معلقًا من مَقْبِضه المطاطي على سَرْج أحد الخيول، وقام بتشغيل صوت الرئيس كنان إيفرين:

«المواطنون... المحترمون...».

وفي تلك الأثناء انتبهت أنه بخفة يده، أخرج مسدسه ووضعه في نطاق إحدى العجائز، وبادر عَمِّي والكبار الآخرون إلى فعل الأمر نفسه، إن شحن الأسلحة بهذه الطريقة الغريبة كنتُ أشاهدها للمرة الأولى وقد استغرقتْ بضع دقائق وانتهت، لكن الْعَمّ سُلَيْمَان في مقدمة القافلة لم يتصرف بالسرعة ذاتها بحكم سنِّه.

وفقًا للعادات عند عبور سالوروت يجب إطلاق ثلاث رصاصات للإعلان عن الخروج باتجاه الْهَضْبَة واللحاق بفصل الصَّيْف، ويتم تشريف الأكبر سنًا في القافلة بهذا الدور؛ إذ يقوم هو بهذا الإعلان، تُترك له هذه الوظيفة من وازع الاحترام والتقدير، لكن الامتنان الذي شَعَرَ به هذا الشقي القديم الذي «رأى أوروبا» حيال الصَّيْف وعاداته تباطأ ولم يكتمل، فمن المستحيل إخفاء سلاحه بعد الآن، قد أصبحت عينا الْعَمّ سُلَيْمَان الرَّطْبتان والغاضبتان دائمًا مثل نبع يتدفق منه الماء، وكاد العجوز يعوي ويتوسل.

«بحق الله وقرآنه يا سادة! سلاح الجندي لا يُمسّ، لقد عشتُ في أوروبا، هل تفهمون! ماذا يفترض بي أن أفعل في هذه الجبال بلا سلاح؟»

* * *

توسله هذا لم يكن مجديًا.

بصق الرقيب الأول التَّبْغ جانبًا، وانحنى نحو الدليل بلا مبالاة، قطَّب جبينه من شدة التركيز، ودفع قبعته فوق رأسه المتعرق إلى الخلف، واستمر

بالكتابة. بدأتْ سَلْوَى في البكاء، ومع أن الْجَدَّة سَكِينَة حاولت تهدئتها، فإذا بها تنخرط في البكاء وتبدأ في ضرب ركبتيها وتندب. لم يكن الْعَمّ سُلَيْمَان قادرًا على رؤيتهما، ولم يكن هناك أمل ولا حيلة، «برابنلي الأوسط» الذي كان يحكي بفخر عن بقائه من أيام احتلال الروس وعن إصابته الحاسمة للأهداف، سيذهب هباءً في مواجهة قوات الدَّرَك، وسيغرق بيته الفخم في الْهَضْبَة -ويا له من بيت!- في الحزن عليه.

لم يَنْبِس أحد ببنت شَفَة عن السلاح في بيت الْهَضْبَة لفترة من الزمن؛ ولأن «الأمانة» لم تكن موجودة عند خاصرته، انزوى الْعَمّ سُلَيْمَان في ركن البيت مثل طفل هارب من الناس، وكتم حزنه داخله لأسابيع في صمت، وكان يسند ظهره إلى جدار الجامع الوحيد عند مشارف الْهَضْبَة حتى حلول الظلام، ثم انقطع إلى العبادة وإلى أخبار الراديو، وتحدث مع الجدران، فقد صار معروفًا أن غروره لا يُمسّ ويرفرف عاليًا كراية مرفوعة لكنه انكسر قليلًا، وكأن الألم قد أصاب الْعَلَم التُّرْكِي المتباهي فوق سطح بيته العالي، وما عاد يخفق مَزْهُوًّا كالعادة.

في بعض الليالي كان شيوخ الْهَضْبَة يتربعون على الدَّكَّة المتفككة المفروشة بِبُسُط الكليم تحت ضوء المصباح، يواسون الْعَمّ سُلَيْمَان، لكنه بدلًا من أن يجد عزاءً في ذلك أصابه الضَّجَر مع تحول ساحة بيته إلى صالة مآتم، وفي النهار كان يذهب بمفرده إلى منطقة مقابر «الضريح الواحد» عند أطراف جبل قاربوغرا للتحدث مع الضريح، وفي الليل كان الرعاة الذين خرجوا للبحث عن الْمَعْز والجواميس الضائعة يجدونه داخل المقبرة على ضوء مصابيحهم الساهرة، ولظنهم أن الضريح قد سكنه الجن، أقدموا على وضع الشحم على الأرضي متقهقرين، وهكذا اقتنعت الْهَضْبَة كلها أن القبر صار له صاحب.

مرتِ الشهور على هذه الحال، وذات يوم قبيل مساء مشمس، وبعد انتهاء «المقابلة» مع الضريح، أخرج قطع القماش الصغيرة الملونة، ولفائف أوراق الجرائد، والأشياء البالية وغيرها التي حُشرتْ حول أخشاب المقبرة وفي زواياها وفي ثقوب جدرانها، وكومها كلها فوق الضريح، ثم ركض هنا وهناك كالمجنون وجمع الأعشاب ونبات المولين الأسود والقَتَاد، وغذَّى بها الكَوْمَة، ثم أخرج من جيب معطفه زجاجة الكيروسين وصبه عليها، وقدح ولاعته...

رأيتُه من أحد التِّلَال البعيدة عندما وقفتُ لقراءة الجريدة بالقرب من النهر بعد انتهاء تعب اليوم، التهمتِ النيرانُ سقف الضريح المجمع من أشجار الصنوبر وجذوع الأشجار الجافَّة والعوارض، وصَعِدَ الدُّخَان مباشرةً إلى السماء في دقائق.

وقبل مُضي وقت طويل صار أهالي الْهَضْبَة يصرخون من الدهشة، ولاحظتُ اندفاعهم كالزواحف الضخمة متجهين إلى هناك، ووقعتْ أحداث أخرى كثيرة.

على أية حال.

***

الكل في صمتٍ تام، الناس تذهب وتجيء وهم ما يزالون مذهولين من جراء الكارثة التي حَلَّتْ، ثم جلسنا جميعنا مُتَكَوِّمِين في صمت، النساء بكين، وحتى سَلْوَى بكت.

تحرك الْعَمّ سُلَيْمَان ونهض بصعوبة من مكانه، وحملته قدمه الخشبية إلى الغابة- وأخذت تغرز وتطفو في الطين الْعُشْبي الرَّطْب من ذوبان الثَّلْج، بادر بعض الأشخاص لمساعدته، لكنه أوقفهم وهو يشير إليهم بحسم، وغمز

عَمِّي لهم بعينه، فعادوا أدراجهم وتركوه، ذهب بمفرده، ربما قضى حاجته، لكنه وجد مكانًا عند حَافَّة الغابة تحت أشجار الصنوبر، ثم انهار.

استطعنا تمييز خياله المترنح من على بعد، هواء غريب أحاط الجميع، وأولئك الذين أخرجوا المؤنِ مستغلين الفرصة، توقفوا عن الأكل؛ هذا الرجل المتين المُنعم، لحق به الدمار في خلال نصف ساعة، لطالما سمعت عن ذُعْر الناس وعن فجعة قوات الدَّرَك لكني رأيتها بأم عيني للمرة الأولى، فتسللتُ نحو جَدَّتِي من الخوف.

هَلَعٌ خفيٌّ اجتاحني مثل ذلك الهلع الذي شَعَرْتُ به وأنا أشاهد التَّجْرِبَة الغريبة التي أجراها الْمُعَلِّم، لكن هذه المرة لم تتحول الزجاجة المليئة بالكحول إلى كُرَة من اللَّهَب ولم تنفجر، نحن نعاين الآن تَجْرِبَة الرقيب الأول القاسي الظالم، إنها تَجْرِبَة قوات الدَّرَك التي تقيس ما إذا كان في استطاعة الْعَمّ سُلَيْمَان أن يواصل حياته أم لا بعد أن تؤخذ منه القطع المعدنية الْمُهِمَّة ويتم تفكيكها، عيوني راحت تبحث عن سَلْوَى التي شَوَّشَتْها هذه التَّجْرِبَة وهزت كِيَانَها، لقد تَكَوَّمَت في حِضْن الْجَدَّة سَكِينَة، لم أقْوَ على النظر إليها، فعيناها قد تورمتا واحمرتا من البكاء.

بعد برهة لاحظتُ عَمِّي وأحد الشبان قد سارا نحو الْعَمّ سُلَيْمَان مباشرةً متوسلين ومتذللين، وكلنا في صمت تام نشاهده وهو بين ذراعيهما يحاول السير نحونا، كان يقف بين الْفَيْنَة والأخرى ويَتَكَوَّم على نفسه. أما هما فلم يتركا ذراعيه، وأخيرًا عادا به، ومع اقترابه من السهل حيث مكثنا، كان يحاول إخفاء وجهه الطويل القاسي الملامح وذقنه البارز في صدره، كان خجله من احمرار أذنيه مفهومًا، وكانت زوجته، الْجَدَّة سَكِينَة، تهرب بعينيها من جَدَّتِي، وقد لاحظ الكل عدم قدرته على النظر نحونا، أحضروه وأجلسوه على حَجَر قرب طاولتنا. التصقتُ بجَدَّتِي واحتميتُ بعينيها، رفعتْ وجهها الذي ابيضَّ

وصار بلون حجر الجير، وسرحتْ ملامحه هاربة نحو السُفُوح المقابلة، تفحصتها جَيِّدًا من مكاني الحصين حين سمعتُ تنهيداتها.

لم أستطع القطع ما إذا كان الْعَمّ سُلَيْمَان-الذي سيصبح من الآن فصاعدًا شبح مُسِنّ- قد أتى من الجنة أم هو ذاهب إلى جهنم أم بُعث من جديد أم أنه على وَشْك الموت؟!

الفصل الثامن

واحد من الحشد المنتظر في الظلام تأوه بحماس. الناس ينظرون بصمت نحو تلك الجهة، لاحظنا أن ضوءًا صغيرًا قد بدأ يخدش الأُفُق بعمق، لقد برزت الشاحنة على قمة جبل الهانغا، الكل نهض من مكانه، حركة بدأت في الظلام، وداع ومحادثات أخيرة عما سيتم عمله في القرية طَوَالَ الصَّيْف، الأمور التي يجب الانتباه لها، والأشياء التي يجب ألا تُنسى، ابتسامات تخللت المحادثات، والحديث يعيد نفسه، هكذا يجري تناول الموضوعات نفسها مرارًا وتكرارًا داخل العربة وطَوَالَ الرحلة.

يد جَدَّتِي ترتاح على خَاصِرَتها، والأخرى تُرَبِّتْ على معطف والدي، سرنا من وسط الحشد إلى الجهة المقابلة، أخذني عَمِّي جانبًا، وشرح لي تعليماته الأخيرة، استمعتُ طويلًا إلى نصائحه وما تتضمنه من ذكر للذئاب والماشية والعواصف والصواعق والتِّلَال والسيول والأرانب العربية، ولكن بدا لي أنه يتوجب عليَّ أن أكون أكثر حذرًا من ذلك «الماكر المسمى الأرنب العربي» في هذه الجبال، إنه شيطان أعمى، كائن بحجم كف اليد. فَرَدَ عَمِّي كفيه وضعهما على صدري- ارْتَعَدتُ لكني لم أُبيِّن له- وبمحاكاة للأمر قال:

«إنه كائن بهذا الحجم لكن ما إن يلتصق بثدي المواشي حتى ينتهي الأمر».

سَعَل، ثم لَفَّ سيجارة وتابع:

«فيما يحلب العرب لبن المواشي يكون السم يتجول بالفعل في بطونها، حينها يكون أمر المواشي قد انتهى، وعلى الله العوض».

أشعل سيجارته، وحتى يؤكد على أهمية الأمر يكرر:

«على الله العوض!».

إنني أعرف مدى علمه بالأرنب العربي، لكنه حكى لي عنه في قلب الظلام بصرامة جعلتني أشعر أن هذا الكائن الماكر سيخرج فجأة من جوف الأرض ويتشبث بي، أصابتني القشعريرة، وحاولتُ جاهدًا إخفاء مشاعري لكنه لاحظ خوفي، فحوَّل الأمر إلى دُعَابَة؛ وقال وهو يُقَهْقِه:

«انتبهْ لنفسك واحمِ حياتك...».

حينها استمددتُ منه الشجاعة وحشرتُ نفسي تحت ذقنه ونسيتُ الأرنب وغيره.

قمت بمحاولة أخيرة معه كي يُقنِع أبي بذهابي إلى المدرسة الداخلية الإعدادية حين نصل إلى القرية، أخبرتُه عما تعلمتُه من هنا وهناك، وأخبرته أن هناك مدرسة مجانية بالكامل في المدينة، ولا تتقاضى أية رسوم، وأضفتُ إلى نبرة صوتي لمسة حزن قدر الإمكان محاولًا الضغط على نقاط ضعفه حتى أُقنعه. توهجتْ سيجارته كثقبٍ أحمر في الظلام، زَفَرَ مُطَوَّلًا، وصمتَ بُرْهَة ثم قال:

«ليس هناك بَسْمَلَة يا بُني».

فقلت له بأن هناك بَسْمَلَة، لكنه صمم على عدم وجودها، فأجبتُ أنه إذا أردنا سنجدها، أشرتُ إلى الْعَمّ سُلَيْمَان كشاهد وأنا أذكره بأنني قد أصير مُتَنَوِّرًا، لم أذكر نِهَائِيًّا موضوع أني سأصير كاتبًا، شرحتُ له أن بإمكاننا أن نقرأ ما نريد من كتب. ثبت نظره على الأرض واستمع لفترة، ثم قال وكأنه يُبعد رأسه:

«فلتصلوا إلى القرية سالمين أولًا، وليحلَّ الشِّتَاءُ ثم لْنَرَ».

أمسكت زر صُدْريَّته وقلت:

- «سأكون رجلًا مُتعَلِّمًا».

ابتسم، وتجلى الثقب الْأَحْمَر مرة أخرى في الظلام ثم انطفأ، حينها بالكاد لاحظتُ وجود نور مقلق قد ملأ وجهه:

«عودوا سالمين أولًا بإذن الله».

أدركتُ حينها أنهم لن يمنحوني الإذن، لا أدري أهذه دُوغْمَائِيَّة بيني وبين عَمِّي؟

***

بعض الأشخاص تسلقوا على عجلات السَّيَّارَة كي يتمكنوا من وضع حمولتنا على سطحها، وما تبقى منها وضعوه داخل الصندوق، الكل يعمل لاهثًا في قلب الظلام، سيكون موعد الوصول إلى القرية في الصباح، وعليه رُصَّتْ حمولات الساكنين في الأحياء الأقرب إلى النهر بعد غيرها كي يتم إنزالها بسهولة. انتهت عملية التحميل ووقف من ساعد فيها لأداء تحية الوداع، وكان هؤلاء ينتقلون من سيارة إلى أخرى، ومن صندوق إلى صندوق للتوضيب والتحميل، وبعد وقت قليل لَمْ يَبْقَ لنا إلا الْهَضْبَة؛ أي الْعَمّ سُلَيْمَان، والرعاة، والعجائز، ولَمْ يَبْقَ أحد من عُمري، حتى حسن غادر هو الآخر، ولم يكن هنا طَوَالَ الصَّيْف، لكن سَلْوَى كانت موجودة! حين أتذكر ذلك أشعر بلَهَبٍ يَسْتَعِر في قَعْرِ مَعِدَتِي.

***

جَفَلَ الكل عند سماع خَرْخَرَة شاحنة البيدفورد، وانتشرتْ في اللَّحْظَة ذاتِها رائحة المازوت الغريبة المنبعثة منها عند الْهَضْبَة، غصَّتِ الشاحنة كأنها تتذَمَّر، فلوَّحتْ جماعة الْعَمّ سُلَيْمَان للحشد المعتم الوجوه عبر ضوء أطلق

من نافذتها، تحركتِ الشاحنة، واهتز الصندوق الضخم المُكَدَّس اهتزازًا خفيفًا إلى الجانبين، وابتلع الليل الشاحنة والمسافرين الذين لن نراهم قبل أربعة أشهر، انتظرنا الشاحنة حتى اجتازتِ الوديان وغابتْ ثم برزتْ مرة أخرى على قمم جبل الهانغا.

الفصل التاسع

الشمس الناعسة رفعتْ حُجُب السماء من فوق التِّلال البعيدة، وأطلَّتْ مترنحة.

حاولتْ جَدَّتِي الوقوف عند عتبة الحظيرة حيث جلستْ متربعة، وتمسكتْ بخاصرتيها، إنه ألم المفاصل اللَّعِين، ييبس الجسد عندما يجلس الإنسان على الأرض لفترة طويلة، ها هي تحاول الوقوف باستقامة، ثم صاحتْ باكية إلى أن انفرد جذعها بصعوبة، استندتْ إلى حاجب الباب والتقطتْ أنفاسها، وما أن استعادتْ قوتها حتى لعقتْ إصبعها ورفعته ليلتقط نسيم الصباح، أغلقتْ عينيها وانتظرت، إن سبابتها المبللة بلعابها ستعطيها تقريرًا ذا معلومات دقيقة عن الطقس، وتقريرها اليومي هذا لا يمكن أن يخطئ أبدًا، إن سبابة جَدَّتِي تلتقط الإشارات أفضل من مذياع الْعَمّ سُلَيْمَان الذي يشهق ويزفر أنفاسه عبثًا، كل الْهَضْبَة تعرف ذلك، فلم تخطئ تلك السَّبَابَة مطلقًا.

* * *

أسندتْ أذنها إلى عارضة في الهواء غير مرئية، وأبقت إصبعها في الهواء وهي تنصت في صمت... فتحتْ عينيها، وتهلل وجهها أخيرًا إثر السِّرّ الذي انكشف لها، تهادتْ متقدمة حتى آخر السهل الموجود أمام الحظيرة، شُرَّابَات مئزرها ضربت بقدميها المنحنيتين، شَهَقَتْ وزَفَرَتْ بعمق كالإمام الذي يستعد لرفع الأذان، ثم ضمت كفيها كالبُوق حول فمها، وصاحت ليصل صوتها إلى الميدان في الجهة الأخرى مباشرةً، معلنة الشفرة اليومية:

«إشيكلاس، إشيكلاااااااس...! هوهووووو... إشيكلاس...!»

أهالي حي سَلْوَى سيوجهون ماشيتهم حيثما توجه جَدَّتِي ماشيتها، الْجَدَّة سَكِينَة صَعِدَتْ على تَلَّة الجَلَّة، وكررتِ النداء بصوت عالٍ بضع مرات، مضيفة تعليقاتها الخاصة:

«إشيكلاااااااس...! السموات..! إشيكلاااااااس...!»

إن مجموعة البيوت المطلية تعلو كلمتها فيما يتعلق بالمأكولات والألبسة والآداب؛ يبدو أن أحدًا لم يستطع الاعتراض في هذا الأمر، فتلك هزيمة قُبلت وهُضمت، لكن كأن شيئًا ما لم يتسامحوا معه ويتقبلوه، واجتمعوا عليه ضدنا، وإن كان هناك مذهب لا يأمر الأكثر ثراءً بإعطاء الصدقات، فإنه في الغالب هنا، وقد ظهر في حي عائلة الْعَمّ سُلَيْمَان. إنهم من هذا الجنس الذي طلى بيوته المنتفخة المختالة مثل الطاووس المزهو بنفسه، وزاد في أُبَّهَتِها بحشو أسقفها بالْعُشْب وأكشاك حدائق القتاد وبهذا وذاك. على أية حال لا يهم، ابتسمتُ وأنا أحل الأبقار، وهمستُ سِرًّا شفرة مذهبي السعيد، أُكرر اسمها والسعادة لا تسعني: «سلوووى...! سلوووى...! سلوووى...!»

***

بعد برهة، على مدى أيام مشمسة، توجهتْ قُطْعَان الأبقار والثيران والعجول الواحدة تِلْوَ الأخرى بانسياب من الحظيرة إلى الروابي؛ أي روابي سانت، وصوغانلي، وباراقوس، ومع اقتراب الظَّهِيرَة إذا سخن الهواء أكثر توجهها نحو الروابي العالية من جهة نوف ولوري وإشيكلاس[1].

استغرق عبورنا للنهر والجبال ووصولنا إلى المراعي العالية بين ساعة ونصف وساعتين، آشقار سارت في المقدمة، وخلفها زهرة، ثم أعقبتهما جلبهار، وفي الخلف زيتونة وعجلان آخران وأنا، بدأنا بتسلق الطريق الملتفّ

---

(1) أسماء الروابي في مناطق الهضاب نواحي البحر الأسود في تركيا.

في التِّلَال عند مشارف الْهَضْبَة مثل خرز المسبحة المرصوص، اجتزنا رفات ماعز في وسط التَّلَة، وأكواخ عائلة عَلِيّ الطَّعَان بأسقف الصفيح، ثم ملنا إلى الشمال مع صعود خفيف من ناحية إشكيلاس، واتجهنا نحو تلال النبع النائم عائدين إلى الْوِهَاد. حملتُ على كتفي الْجَعْبَة التي قَصَّتْ جَدَّتِي شُرَّابَاتِها حتى لا أجرجرها على الأرض، وحوتْ خبز الفرن الصفيح الذي ما زال ساخنًا يدفئني، وزبدة وجبنًا فلاحيًّا وقشدة ودهنًا ومطواة ومرآة على شكل ديك، وجرابًا من قماش وأكياسًا ودفتر رسم، وقلم رصاص، وحفنة دقيق أبيض في كيس نايلون، وكيسًا آخر فيه قطعة فطير وبعض قطع الخبز، مع الحلاوة الطحينية التي أعطتني إياها الْجَدَّة سَكِينَة، ولم تنتبه للورقة التي تغلفها والمأخوذة من رواية جنيد آركين، عنوانها: «حلية البطل» المصورة الساحرة.

ذات مساء وجدت عجلًا سارحًا، فأحضرته هدية للجَدَّة سَكِينَة، كانت عجلة أنثى واسمها البندقة الصغيرة قد سرحتْ ذات مساء للعب أو الرعي وانتهتْ إلى أطراف كيليوس، فأخذتها وسلمتها لها وحَصَلْتُ مقابلها على رواية جنيد آركين المصورة، وعلى فطيرة وبعض الحلاوة الطحينية، إنه كتاب عظيم في مقابل عِجْل.

تعقبت آثار أصابع سَلْوَى غير المرئية على الرواية المصورة وأنا أرتعش، وقرأتُ ما خطته من سطور وحاولتُ أن أفهمه وأن أتبيَّن الحالة المزاجية الخفية في الصفحات التي كتبتْ عليها اسمها... لا أستطيع أن أصف الأمر.

* * *

في بحر الضَّبَاب الذي تجمع في بقاع الوادي هناك، أمكنني تمييز هضبتِنا وأسقف أكواخها البارزة، إنها تقع في الأسفل مباشرةً. وكأنها هَبَطَتْ أكثر إلى قاع الوادي ودُفنتْ هناك بكل دردشاتها السعيدة وأصواتها وتلامز العجائز

والشابّات بالكلام الخفي، ودردشاتهن وضحكهن تحت الضَّبَاب، كأنها آتية من تحت الماء، أستمع لكل ذلك وأنا أعبر التل. تطول الاحتفالات التي تعجل بقدوم اليوم الجديد، تنتشر أصوات العجائز السعيدة اللاتي اجتمعن مع جاراتهن وجلسن على بُسُط الكليم المفروشة في باحات الأكواخ، بعد أن انسلختْ قُطْعَان الماشية من بحر الضَّبَاب. إنهن راضيات ممتنات من أعمال الصباح والخبيز، والآلام والحوادث الشيقة، ومن الحزن الناعس بسبب غربة أبنائهن، ومن أنهن قادرات على التعامل مع حزنهن بوصفه مرتكزًا للسعادة، كم هن متفائلات ومتحمسات على الرغم من كل همومهن، وكم هن سعيدات في الوادي السِّرّي الحاضن لمحنهن اليومية المتجددة.

أجمل دُوغْمَائِيَّات الْهَضْبَة.

***

عند أعلى قمة تل إشكيلاس، يقع كهف النبع النائم وهو ملجأ الرعاة، إنه الحامي من الطيور الجارحة، والذئاب المفترسة، شاهدت من هنا قمة قوندلوت على مدى ساعات، وبدت لي من بعيد وسط سلسلة الجبال المصطفَّة وهالة الضَّبَاب الدائمة عند قمتها، كأنها تتمايل مثل رئيس فرقة رقص هورون وهو يلوِّح بالْمِنْدِيل، أما حدودها فقد ذابت وبدت مثل بُقْعَة تحت الشمس المرتعشة على سفوحها والمنتشرة هنا وهناك، وانبسطت براريها اللامتناهية من خلفها مثلما يظهر الموت للإنسان الوحيد، وترنحت مثلما يترنح الإنسان حين ينظر طويلًا داخل فجوة عميقة في الأرض؛ هكذا أدركت الرؤية الشاردة، كيف أوجه نظري إلى ذاتي، تعلمتُ النسيان المتعمد، والتذكر بلا قصد، وفيما تاهتْ عيناي في اللانهائية الوحشية، تذكرتُ سَلْوَى وتعلمتُ أن أستنشقها بخشوع حتى النُّخَاع.

إن هذا الوادي الصخري هو مُعَلِّمِي الصامت.

* * *

كأن الارتفاع الذي جعل كل مكان وكل شيء آخر دونه، والذي يصيب الرأس بالدوران، لم يكن كافيًا، فإذا بمرتفع صخري آخر فوق المغارة، كأنه بمثابة سطح واضح لها.

كان عَلَيَّ أن أنتظر الرياح القوية بعد الظهر للصعود إلى السطح، فالمرح له وقته، والاستناد في هذه الأنحاء على الرياح هو ضربٌ من الجنون، وقد يكون سببًا للإصابات وللموت كما قيل قديمًا، أقصد إن فَرْدَ الأجنحة في تلك الساعات والاستناد على الرياح تَمَامًا مثل تلك النسور التي تبقى بلا حَرَاك في الهواء ربما لتنام، هو أكثر الأمور جنونًا وإثارة في أيام إشكيلاس المشمسة، لعبة جريئة باقية منذ القدم؛ فالرياح تأتي من طرف هضاب سانتا، وتشتد عند وَهْدَة هِضَاب عنق الجمل، ثم تنفجر بعد انحباسها مثل بركان غير مرئي، وتصطدم بقمة الوادي الصخري للنبع النائم وتهب مرتفعة حتى السماء، لا توجد مشكلة في الاستناد إلى هذا الشيء غير المرئي، لكن التيار الخطير قد ينقطع أَحْيَانًا فجأة، حينها يكون من السهل جِدًّا ملاقاة مصير هؤلاء الرعاة المؤسف الذي يُحكى عنهم، لا مزاح في الأمر، إذا توقفت الرياح فجأة فإنها تتحول إلى لعبة يهدد فيها الموتُ الشجاعة.

لم أُفكر أبدًا في الذَّهَاب إلى نهاية الصخرة المعروفة باسم «أنف الهوة»، لا سيما حين أكون وحدي، والمنطقة التي تسبق «أنف الهوة» تفيد في الاتكاء إلى الهواء، وتمنح الإثارة نفسها.

هناك أفتح ذراعيَّ، وأنحني مباشرةً أمام الرياح بمعطفي الكبير كأنه أجنحة، أبقى هكذا لفترة، ويمكنني أن أنسى سَلْوَى حين أُغمض عينيَّ؛ الموت

والشجاعة، كلاهما يجتاح جسدي في الوقت ذاته، أصمد لفترة قصيرة، أو بالأحرى للحظة واحدة فقط، ولكن فليكن، أشعر تَمَامًا بتلك الإثارة.

* * *

بعد الظَّهِيرَة بدأت الرياح في الهجوم، تسلقتُ السطح وأنا متمسك بحذر، وصلت إلى المكان الذي يسبق «أنف الهوة» بعد محاولات عدة، بدا لي أن الأمر قد يُفلح... انتابني الشعور بالطيران، ليس قدميَّ وحدهما، بل ذهني سيقلع عن الأرض وأطير، وحين أدركت ذلك قررت أن أتقدم حتى نهاية الوادي الصخري، ليس الآن ولكن لاحقًا حين تضيق بي السبل بسبب سَلْوَى؛ أي ذات يوم إما أن أطير أو أموت، حينها سأجرب ذلك، وَعَدتُّ بذلك نفسي.

رأيت النسور الذهبية في أسفل الهوة، إنها تزن شمس الزوال، تتأرجح على أجنحتها العملاقة التي انفردت على طولها، وتُحَلِّق راسمة منحنيات تهديد في السماء، وفيما أعود سائرًا من الطريق الضيق تتشبث أصابعي التي تقلصتْ من الانتباه والخوف مثل المخالب، أتقدم وأقف، أقتطع بعض الفطر من بين الصخور وأتناوله، تمر أشياء في خاطري، وأتذكر أشياء أتركها لي وحدي.

وحين أتذكرها، أغيِّر رأيي، أستعيد شجاعتي، وأبتعد عن الصخور وأنا أتمسك جَيِّدًا.

* * *

الآن سأتمدد وأطير! انحنيتُ وتمسكتُ بطرف صخرة ودققت النظر، الفراغ اللامتناهي في الأسفل أصاب جسدي بالقشعريرة، أرعبني، بل

استفحل هذا الفراغ المشؤوم المفتوح مثل أفواه التنانين العملاقة التي تفوح منها رائحة الزعتر، ولا حيلة، أنا عاجز عن التراجع والعودة، رياح قوية تضرب الصخور، وتدفعني هذه المرة من الخلف، رَبَضْتُ كي لا تطيح بي، تشبثتُ بالحجارة وبجذور القَتَاد، صرتُ أَتَلَوَّى عبر مسار ضيق يتسع لشخص واحد فقط، واجتزت معبرًا خطرًا للغاية، ووصلت إلى البرج، وظلتِ الرياح تعصف في الخارج.

فتحتُ باب البرج، لا شيء في الداخل سوى قصاصات من الورق تدور في الهواء، وبعض أعقاب السجائر، وأكياس من البلاستيك ممزقة. الرياح تضرب باطِّرَاد جدران البرج المستدير الذي علا بنيانه برصٍّ صفوف الحجارة المسطحة الكبيرة، جميع القمم الصخرية لديها مثل تلك الأبراج الحجرية، لا بد أن الرعاة قد اتخذوها ملاجئ لهم خوفًا من أن يهلكوا وسط الصمت طَوَالَ الصَّيْف والْخَرِيف، أو أن يفقدوا عقولهم في هذا المنفى، لكنها موجودة منذ زمن سحيق، فبداخلها علامات قديمة تركها العشاق على حسب ما قالته جَدَّتِي، كانت توجد هنا أحجار الأمنيات مكتوبًا عليها أسماء، حتى أنهم كانوا يجدون أسماء ناس مكتوبة بالحروف القديمة. طالما شاهدنا تلك الحجارة حتى وقت قريب، وكنا نلتقطها كأشياء لها حرمتها، ونقبِّلها ثلاث مرات ثم نضعها على رؤوسنا، ونرفعها عاليًا، لم نكن نعرف حينها رموزًا ولا شفرات ولا غير ذلك.

أدركتُ أن كل واحدة منها كانت بمثابة رسالة «حُبّ» مشفرة، نعم إنها كذلك، وإلا كيف كانت تسير أمور الحُبّ في الأزمان التي ساد فيها الاعتقاد أن قول أربعين كلمة هو سحر، وفي العصور التي كانت فيها الجبال ممتلئة بأناس كثيرين كالرَّمَاد!

***

عندما نظرت بعيدًا من البرج، بدت لي الجبال مثل الأهرامات المصرية في كتاب معارف الحياة، عصرتُ خيالي واستطعتُ أن أتخيل تلك التماثيل العملاقة، من باب التسلية والشعور بالخوف المثير، شبهت الْحَافَّة الصخرية قرب البرج مع كثافة الضَّبَاب عليها، بأبي الهول الذي بالكاد حفظتُ اسمه في غضون أسبوع، لكن الحوافّ والأبراج ليست كلها مثل الأهرامات؛ أي إنها لا تسوَّى لكي توضع عليها رموز الخلود أو السرمدية، فقد قرر رعاتنا من قبل أن ما تحويه الكتب عنها بمثابة سُلْوَان فارغ، وَعَمِّي بدوره يظن ذلك، مع أنه كلما نظر مَلِيًّا إلى الصفحة التي فيها رسوم الأهرامات، يقرر أن المكتوب يشبه الْبَسْمَلَة إلى حد ما، لكن ذلك لا يغير شيئًا.

بالعودة إلى موضوعنا، فهذه الأبنية تصحب رعاة الماعز في الْخَرِيف لبضعة أشهر أخرى بعد انسحاب هجرات الماشية، خلال هذا المَوْسِم يتم تخزين حصص الخبز والقتاد المجفف المعد للحرق، ويخبأ التَّبْغ المهرب والمسدسات والرَّصَاص خوفًا من غارات قوات الدَّرَك، وتخبأ المعاطف المعدة لأحوال الطقس السيئة وغيرها، ولأن المسافة بين الأحجار ضيقة، وبوابة البرج قد أُعِدَّتْ من أحجار مسطحة كبيرة، فالطيور الجارحة والذئاب لا تقترب من المكان، وكل شيء ملفوف بالنايلون، حتى الرقع المكتوبة والرسائل، يمكن أن تصمد لأشهر، وستكون لي أمانات تُحفظ هنا بين هؤلاء في وقت لاحق.

أكتشفُ لاحقًا أن سَلْوَى أخذتْ الرسائل وخبأتها في عبِّها.

***

يتسع البرج لشخص واحد، استطعت أن أجلس متربعًا، لاحظتُ أن الرياح ليس لها مسرب إلى الداخل؛ إذ كان الرعاة يستخدمون الأبراج للاحتماء من العواصف في القمم الخالية من أي كهف أو مأوى، وكي يراقبوا ملكهم دون

أن يصيبهم البرد في تلك المرتفعات الشاهقة، لكن صوت الرياح في الأماكن المفتوحة غريب، أنصتُّ... الصفير يصعق الإنسان، كأني داخل ناي، وبعد الإنصات لاحظت أن رأسي يدور، وغَشِيَ بصري، فهببت ناهضًا، وأدرتُ مِزْلَاج الباب الحجري الكبير بصعوبة مع ثِقْل وزنه ودفعتُه، انغلق البرج، وحَصَلْتُ على قِسْط من الراحة، ثم هبطتُ متشبثًا بالحواف الصخرية. شَعَرْتُ وأنا أدخل الكهف أن الطنين لم يترك أذنيَّ، وأن رأسي يَخْفِق، كأن النبع النائم يملأ تجاويف الصخور بصوت صامت غريب، يُقال عن ملجأ إشكسيلاس الشهير الذي صمد عبر عصور سحيقة هو «النبع النائم» بسبب نبع المياه الصغير ذاك، برودة مياهه حَادَّة كشفرة حلاقة؛ لدرجة أن أسنان الإنسان قد تسقط بسببها، الماء ينبع ويتدفق من صدع صغير مختبئ في زوايا الجدران الصخرية المغطاة بالطحالب وأعشاب الزوان، ويتراكم الماء المتسرب إلى أسفل في مجرى صغير نحته الرعاة فوق دَكَّة حجرية، فيملأ العين أمام الكهف، إنه يتدفق بغزارة من بين الصخور الصُّلْبَة المتصدعة طَوَالَ فصل الصَّيْف والْخَرِيف، وإن كان يقل في فصل الْخَرِيف، أما صوته فيدوِّي باطِّرَاد بين جدران المغارة المليئة بالحروف والإشارات التي نقشتها مَطاوي الرُّعَاة.

حاولتُ تمييز الحروف إذ بدا بعضها مألوفًا، رأيت الأعشاب البحرية مثبَّتَة في بعض الأماكن، على أن هذه الطحالب لا تدل بالضرورة على أن الأمنيات لم تتحقق، أليس كذلك؟ حسنًا، ولكن حتى لو تحققت، ألا يبدو ربط الأمنية بأعشاب بحرية دُوغْمَائِيًّا؟

على أية حال.

***

مَرَّغْتُ غَمُوسِي جَيِّدًا على الخبز ثم ثنيتُه، شَعَرْتُ بِثِقْلٍ بعد تناول طعامي، هل عليَّ أن آخذ قيلولة من قيولات الشِّتَاء العميقة تلك التي يحكي عنها عَمِّي؟

لكن هناك سَلْوَى مع الفتيات! أراهُنَّ معهن في قاع الخور الذي كونه الماء النازل من النبع النائم بانتظام، كأنهن يلعبن الحصى، أشاهد أَحْيَانًا مطارداتهن، وأسمع صراخهن، وأرى فساتينهن التي تنتفخ وهن يركضن هنا وهناك.

عندها أخرجت النايلون، من خِزَانَتِي؛ أي من جَعْبَتِي، وفتحت الأكياس الورقية وسحبتها بحرص، قرأت جريدتي اليومية، وبعدها بدأت بقص الصور الْمُهِمَّة، قصصتها بعناية من صفحات جريدتي القومية والحرية التي لم تفسدها بقايا الفواكه والخضروات أو السكر أو الدقيق، بعضها صور أخبار سياسية، وبعضها الآخر صور مجلات، وصور رياضة كتبتُ تحتها تعليقات، أما صفحة «أبلة جوزين» فلها مكانة خاصة عندي.

***

ألصق الصور الرياضية في الجزء الخلفي من دفتري أي الجزء الأقل أهمية، أما في الجزء الأمامي فألصق صور الفنانين، ومشاهد من القصص المصورة التي جمعتُها منذ بداية الصَّيْف، معظمها على شكل مربعات متقابلة تحوي صورًا من قصص جنيد آركين، ومن قصة «حلية البطل» بالطبع، أَرَدتُّ أن ألصقها بالصَّمْغ وليس بالدقيق. هذه القصص المصورة كنزٌ لا يوصف -لا يوجد صور غير مُهِمَّة على الأرجح- كتابتها تُقرأ بسهولة، أقصُّها كلَّها تقريبًا، وألصقها في الدفتر.

لكن في النهاية، هل كل هذا المجهود بلا جَدْوَى؟

ربما صفحات الصور الأقل أهمية تضخم الدفتر للغاية، فقد انتفخ الدفتر المسكين وتحول إلى ما يشبه الْكَعْكَة، أفكر أَحْيَانًا بالتوقف عن ذلك، لكنني في الحقيقة أجد نفسي عاجزًا؛ فعندما أقصُّ تلك الصور وألصقها في دفتري، تصبح نوعًا ما ملكي...

***

العمل بعكس اتجاه الرياح أمر صعب، رصصتُ الصور التي قصصتها بعناية على الدَّكَّة، ووضعت فوقها حَجَرًا، ثم رحتُ ألصقها تِبَاعًا في دفتري. مرتْ أسابيع على نفاد الصَّمْغ، و أَرَدتُّ أن أتفحص أَرْفُف الْعَمّ بخيت المتربة، وعرفتُ أن حصولي على مبتغاي يقاس بقدر عدد البيض الذي وضعتْه دجاجاتنا الحمراء، هل ما سرقتُه وجمعتُه خلف العُش قد يَفْسَد قبل اكتمال العدد المطلوب؟ هل أحضر له بعضها دون أن تلاحظ جَدَّتِي؟ لكن ماذا لو قال لي بعد أن يهز البيض قُرب أذنه:

«ارمه، لقد فسد...!»

إنه عمل مرهق، على أية حال، حسبما أتذكر إنها ثلاث بيضات حتى الآن، فليفسد البيض أو ليتحول إلى أفراخ، سأتدبر أمري حينئذٍ، سأستخدم الدقيق الأبيض بدلًا من الصَّمْغ.

ملأت فردة حذائي المطاطي بالماء من النبع حتى نصفه، ووضعت فيها حَفْنَة من دقيق ثم مزجته بعود، وعندما صار قوامه باللزوجة المطلوبة، صِرْتُ أغرف منه بحجر مستوٍ وأمدده على الصفحة، ثم أضع الصورة فوقه وأضغط، بعد ذلك تركته ليجف، عملت بضع ساعات حتى صارت الصور التي تروق لي ملكي، عملت بالساعات في أثناء تمدد الماشية وتخييم الصمت الناعس على المكان في وقت الظَّهِيرَة، مرآتي ذات رأس الديك بذلتْ ما بوسعها لتجعلني أصدق ما أعيشه في خيالي في تلك الساعات الطويلة، لكنني لم أستطع أن أكون متيقنًا من ذلك.

سقتُ الماشية إلى الْهَضْبَة في أوقات الأصيل وفتحت دفتري، نظرت فيه ثم نظرت إلى نفسي في مرآة الديك، وصارت نظراتي تروح وتجيء بين صورتي في المرآة وصورة جنيد آركين، العصا بيدي ودفتري تحت إبطي، ألححتُ على نفسي لأقنعها بأنني أشبه جنيد آركين، نظرتُ وأطلتُ النظر إلى أن مَلِلْتُ، سرتُ وأنا أحدث نفسي وأحاول تشجيعها، فتحتُ دفتري وألقيتُ

نظرة على الصور مرة أخرى، حاولت حفظ المكتوب تحتها، واختلقتُ جُمَلًا وصورًا ذهنية جديدة عن سَلْوَى وعن جنيد آركين؛ وهكذا على طول الطريق لمدة ساعتين أو ثلاث ساعات... كانت أوقات الأصيل تمر على هذا المنوال، غير أن أسوأ ما في الأمر أنني كنتُ أنهمك مُضْطَرًّا لساعات طويلة، مثل هذا المساء تَمَامًا، وأَحْيَانًا كنتُ أحدث نفسي حتى أصل إلى حد أشعر فيه بأنني قد أفقد عقلي أو أُجَنُّ، وأَحْيَانًا أخرى أصدق حَقًّا أن سَلْوَى التي تسير أمامي متعقبة الأبقار وتهشها بعصاها هي «حلية البطل».

لم أكن أتخيل أن الحياة الفنية صعبة إلى هذا الحَدِّ!

***

انتبهتُ أنني وصلت إلى البيت حين سمعتُ سؤال جَدَّتِي المباغت:

«أين زيتونة يا ولد؟»

يا له من سؤال!

أي سؤال هذا الذي يعود إلى العالم القروي المتأخر المتعفن؟

هبتْ شرارة غضب في أعماقي، أيّ مَن كان في موقعي كان سيشعر بالخجل، وأي إنسان يتم إيقاظه من أحلامه الحُلوة بهذا الأسلوب غير اللائق كان سيغضب.

«لماذا ياقتك مفتوحة على صدرك، وما هذه الحال وهذا الشَّعْر، ولماذا ساقاك عاريتان في هذا البرد؟ أين زيتونة يا ولد؟»

نظرتُ إلى جَدَّتِي نظرة جامدة بطرف عيني، ومررتُ يديَّ المغموستين بكريم أركو على شعري المائل إلى جنب.

ودون قصد على الإطلاق انفلت الكلام من فمي:

«لنتحدث بهذا الأمر لاحقًا؛ ما رأيك؟»

فتحتْ جَدَّتِي فمها الأُدْرَد تِلْقَائِيًّا.

أسندتْ خاصرتيها بيديها واعتدلتْ جَيِّدًا، في حين اصطفتِ الأبقار قرب الباب تشرب ماء اللبن المصفى، وتلحس عجين الذُّرَة بلهفة. فتحتْ فمها من الدهشة وارتعشتْ عيناها، ثم سترتْ عينها ناظرة من خلال أصابعها لتتأكد ما إذا كان الذي أمامها شخص آخر، ولكن الاحتمال الأكبر كان أنه أنا، فتعجبتْ أكثر.

لم تستطع تركيز انتباهها، والأبقار التي تألفها أخذتْ تنكزها من هنا وهناك، ثم ما انفكت تتناغش وتتبادل اللعق والشم والخوار المباح بين العجول، سحبت جلبهار لسانها الذي يبلغ طوله مترين من الْمِرْجَلِ ولحست وجه جَدَّتِي الجامد ولطخته باللبن، لكن تركيز جَدَّتِي التي حاولتْ كتم شتائمها ظل منصبًا عليَّ.

أحد العجول نادى والدته؛ زيتونة، فلم يشرب لبنه من دونها، لكن زيتونة لم تكن في الجوار، وآخر يريد الحك بين قرنيه الصغيرين بحجم إصبع صغير، ونطح ركبتي جَدَّتِي حيث تتركز فيهما آلام الروماتيزم.

أدركتْ حماسَه دون أن تُهمل النظر نحوي، وحكَّتْ له جبينه الأبلق مُطَوَّلًا، وكذلك أنفه المبتلّ وظهره، وهي تُبَرْطِم، إنها تحكّه مثلما كانت تحكُّني.

استعادتْ حيرتها التي ملأتْ رأسها، اقتربتْ مني قليلًا مُحَدِّقَة بحفيدها الذي كانت تدعوه «سليل الذئاب»، وكانت تحجبه عن عيون الحاسدين، والذي بدا لها غريبًا الآن.

حاولتْ عن طريق السِّبَاب فك لغز تلك الغرابة المفاجئة:

«يا ولد يا ماكر... يا قبيح، أين زهرة؟»

حاولتُ أن أجعلها تفهم أن ما فعلته غير لائق بالمرة وسألتُها:

«من أين تعلمتِ ذلك الكلام الجارح؟»

سبَّت مرة أخرى.

«لا تتفلسف عَلَيَّ يا ولد، أين زيتونة؟»

أصرَّتْ جَدَّتِي على تحقير جنيد آركين الذي يسيطر على ذهني الآن... فكرتُ برويَّة حتى أجد الجملة المناسبة:

«أظن أنها ستكون قريبة من هنا، هلا شربنا شيئًا؟»

رفعت جَدَّتِي حاجبيها مثل الثور الذي سينطح.

«هاااا؟ تريد أن تشرب شيئًا...؟»

لقد نفد صبرها، وعادتْ إلى وصلة التجريح، ورمت ما بيدها، ثم شدتْ أذني وأنزلت عصاها على جانبيَّ...

ما باليد حيلة، عُدتُّ إلى طبيعتي متخليًا عن حالي التي لن تفهمها العجوز الفلاحة.

وفي تلك الأثناء، نادتْ زيتونة العجول من بعيد، وظهرت آتيةً بسرعة وهي تخور وتتَّقد بنزق وبطنها يرتجُّ مثل المِمْخَضَة، لقد نجوتُ في الوقت الراهن.

***

عدلتُ ياقتي ومَسَّدْتُ شَعْرِي بأصابعي، عدلتُ سروالي، وأدخلتُ طرفيه داخل جواربي، عاد ذهني تَدْرِيجيًّا إلى عالمنا، على الأرجح أنه ذنبنا، لكن ليس دائمًا، فللدُّنيا نصيب في ذلك؛ لكن كيف لجَدَّتِي أن تفهم هذا، على أية حال، إنها أمور معقدة ولْيهْدِها الله!

إن دائرة الأصدقاء تؤثر بالإنسان شاء ذلك أم أبى، مثلما تؤثر تلك القِفَار والْعَدَم، قررتُ أن حياة الفن دُوغْمَائِيَّة تَمَامًا وأنزلتُ شراعي مستسلمًا.

***

سرحتُ بأفكاري وأنا جالس قرب الفرن، أنصتُ إلى الصفير الخارج من السقف.

اندفعتْ نحو الباب ووضعتِ المراجل التي حملتْها بصعوبة بكلتا يديها بجوار الأباريق، أخذتِ الكوز وأفرغته في مِمْخَضَة اللَّبن الآلية، يبدو أنها فكرتْ مَلِيًّا عندما كانت تحلب الأبقار في الحظيرة، وتبادر إلى ذهنها الدفتر الذي غيَّر الأحوال، وسألتني عنه:

«كل ذلك بسبب المجلات التي لا تعرف الْبَسْمَلَة، كله من ذلك الدفتر الخالي من الْبَسْمَلَة».

عبارة «خالٍ من الْبَسْمَلَة» تهَسْهَس بين أسنانها، وقالت بأن نور عيني سيذهب لأنني أتفرج عليها؛ وسألتني:

«هل هو كلام الله حتى تقرأه؟»

إن ذلك الدفتر يَسْلُب عقل حفيدها الماكر القبيح، ونظرت إلى الرَّمَاد بجوار الفرن في صمت!

تبادرت كلمتا: «فرن»، و»دفتر» إلى ذهني فجأة، ها هو الخطر! هذا الجزء من الموضوع انحفر في ذهني، وتابعتُ الإنصات إلى جَدَّتِي بصمت، وكانت كلما تحدثت شَعَرْتُ باختناق... و شَعَرْتُ بالجَزَع.

عندما امتلأتْ مِمْخَضَة اللَّبن، جلستْ على الكرسي خلفها، ولفَّتْ ذراع الماكينة وهي تنظر إليَّ بعينيها المثقلتين وكأن ستارًا يغشاهما، وتفحصتني بنظرات تائهة مليئة بالشفقة، كانت خليطًا من سعادة ويأس، وكأنني سببها الوحيد للعيش ولا معنى آخر لحياتها من دوني، فأنا كل ما في يديها من ثروة، ولهذا صار كل وجودها في خطر الآن. سمعنا خُوَار الأبقار ونُبَاح الكلاب من بعيد، ومع ذلك لا شيء قطع سكون المساء الغريب هذا.

*	*	*

شَوَّحَتْ جَدَّتِي الفطر، ولحم الماعز، وأعشاب الزوان على الصاج، بعد أن رفعت عنها الفوطة التي كانت تغطيها، حينئذ انتبهتُ إلى أنني جائع جوع ذئب. راقبتني وأنا آكل، ولكن كانت عيناها هذه المرة مفتوحتين وتلمعان من السرور، أكلت حتى الشِّبَع، وبعد ذلك عادتْ إلى أعمالها المسائية.

وضعتُ دفتري بهدوء في عبيِّ ولفة النايلون التي تحتوي بعض الدقيق، فقد حان الوقت للقطع في هذا الأمر. سرتُ مباشرةً نحو الجامع.

***

دفعتُ الباب المُوَارِب ودخلت.

ظن الإمام رحمي أن ما تحت إبطي دفتر حروف الهجاء، لكنه كان مخطئًا في تبسمه. كان جالسًا يتلو الْقُرْآن الكريم، وهو منحنٍ فوق كرسي المصحف واضعًا كلتا يديه على حِجْرِه، اقتربتُ منه وركعتُ على ركبتي في صمت أمامه، كان قد شارف على إنهاء تلاوته، أراد أن ينهي الجزء قبل صلاة المغرب، كان يرفع رأسه من حين إلى آخر، ويتأملني من دون تركيز وهو يُتَمْتِم متابعًا ما يقرأ. أغلق المصحف ووضع الكرسي جانبًا، هَزَّ رأسه وأذِن لي بالحديث، وضعتُ دفتري أمامه، كان يواصل التلاوة وشفاهه تُتَمْتِم، وقد باشر بتقليب صفحات الدفتر، ثم أغلقه ومسح وجهه بيديه، قرأ المزيد وهو يمسح وجهه، وحَدَّقَ بي، أحنيت رقبتي، وللحظة شَعَرْتُ بصعوبة الحديث عن كل شيء، فَهِمَ الأمر ونهض واقفًا على طوله، وقفتُ بدوري، صار الدفتر تحت إبطه، ثم خرجنا معًا، وجلسنا على مقعد مسند إلى حائط في الجهة التي تطل على الْهَضْبَة.

حكيت له... لم يصدق كل ما قلتُه؛ وجد أنني لم أحرز تقدمًا في تعلم حروف الهجاء مثلما أراد، والأكثر من ذلك أن رجلي قد انقطعت عن

الجامع تَمَامًا، حتى أني لم أعد أمر بالجامع بخلاف الأيام التي كنا نجتمع فيها ونتصت إلى المباريات عبر الراديو، والأدهى من ذلك أنني فكرت أن الْبَسْمَلَة لن تصل بي إلى مكان؛ أي أنه إذا لم يكن هناك ما يليها، فما فائدة من تعلمها وحدها. وهذا الدفتر، ماذا يكون وما خطبه؟ وهل سني وعقلي يستوعبان تلك الأشياء؟ هل للجَدَّة حواء خبر بكل ذلك...؟ بدا كأنه يشارك معي ذلك بلطف، وكأنه يسألني بغضب متعمد، ازداد أملي؛ لأن الإمام رحمي طيب النفْس في الحقيقة، وأنا أثق به أكثر في الأوقات التي يمزح بها معنا، ويلعب الكُرَة، وفي الأوقات التي نتبادل الوُدَّ فيها.

تذكرتُ فجأة أنني أعرف نقطة ضعفه واستطردتُ، وقلت له: إنني فعلت ذلك لتحسين قراءتي فقط؛ إذ إن كتابات سيف الدين عمر، وكمال الدين طوغجي التي تحفزُنا على قراءتها دائمًا صعبة، وعليَّ أولًا أن أُحسن قراءتي بكتابات أبسط، ثم وَعَدتُه بأنني سأضع دفتري جانبًا، وسأنشغل بأمور أكثر فائدة. وقف وحَدَّقَ بي وهو يحكُّ لحيته، بدا مترددًا، ثم حَكَّ مؤخرة رأسه، حيرتُه واضحة، كأنه قد أجهز عَلَيَّ.

«جيد، ولكن ما الذي يمكن تعلمه مع الْبَسْمَلَة... وما أدراني؟»

سألته، وقلت إنني سأبدأ، والباقي سيأتي، وسأمضي قُدُمًا بهذا العمل. استسلم ليس عن قناعة؛ بل لأن وقت صلاة الجماعة قد حان، ذهب وأحضر قلمًا من الداخل، قطع ورقة فرغة من صفحات الدفتر وطواها عند المنتصف، وضع الدفتر بدقة فوق ركبته، وكتب الْبَسْمَلَة بخط جميل، واتسعتِ الورقة لبَسْمَلَة أخرى. وبينما بدأ شيوخ الحي المقابل والرعاة في التوافد واحدًا تِلْوَ الآخر، فأمسك الدفتر ودَسَّ الورقة فيه.

* * *

جلست على حَجَر مسطح قرب الْكُوخ في فناء الجامع، وأخرجتُ الدفتر، وبللت غلافه من الجهتين قليلًا، وجهزتُ العجين، وبعد أن قطعت البسملتين وضعتهما فوق الْعُشْب، ودهنتهما بالعجين من الخلف بواسطة ورقة نبات البُوصِير الجافة، ثم ألصقتهما جَيِّدًا على صفحتي الغلاف من كلا الجانبين؛ أول الدفتر وآخره. بعد ذلك وضعت الدفتر بين لوحين من الخشب وثقَّلته بحَجَر وانتظرت، وحين تأكد لي أنهما التصقتا تَمَامًا فتحتُ الدفتر وتصفحتُه.

* * *

أيقظني الضوء المنعكس على مِرْجَلٍ من المَرَاجِل الألومنيوم أمام الباب. كانت جَدَّتِي تتجول في البيت وتحدث نفسها، إنها تنوي تسريح الماشية بعد قليل؛ لذا كانت تُعد الأغراض، وتجمع الأواني وترتبها، ثم نقلت وعاء العجين إلى جوار الفرن. في هذه الأثناء، أمسكتُ جَعْبَتِي وقلبتُها رأسًا على عقب قبل أن تضع فيها مؤنة الطعام، وأفرغتُ كل ما فيها على الطَّبْلِية، التقطتِ الدفتر وقلَّبته وهي تُبَرْطِم كعادتها، ثم أغلقته، وعادت لتراه بوضوح تحت الضوء القادم من الباب، أعادته إلى الطَّبْلِية، وفتحته من الخلف، لا بد أنها رأت الْبَسْمَلَة، شفاهها تَمْتَمَتْ وابتسمتْ ابتسامة خفية ذابت في ملامح وجهها، فكلما قرأت ينفرج ثغرها من الانبساط، ويتعدل مزاجها نحو الأحسن. أغلقتْ الدفتر بهدوء واحترام وكأنه شيء قابل للكسر، ثم وقفتْ على الكرسي ووضعتِ الدفتر بترتيب على الرَّفِّ العلوي إلى جوار كتيب الهجاء، والْقُرْآن الكريم ذي الجراب الجلدي.

* * *

كان عليَّ إيجاد تدبير لهذه الفاجعة، وللأسف أدركتُ أنني لم أفكر في ذلك قَطُّ، وكي أفكر بما يمكنني فعله، استدرتُ دون أن أجعلها تشعر بحركتي

وتواريت كأنني نائم، عيناي علقتهما على الحائط، وشغلت ذهني في البحث عن حلّ، وبينما بدا الأمر لي كأنه قابل للحلّ، وجدتُ نفسي في مَأْزِق.

تنصتُّ على الأصوات، نزلتْ عن الكرسي وهي تَبَرْطِم، لكن بَرْطَمتها هذه المرة لم تكن حَادَّة، وكأنَّ فرحًا خفيًّا يسري في تلك الْهَمْهَمات الصباحية المعتادة، نادتني بصوت نشيط فيه بهجة الصباح، لم أستطع سماع كل ما صدر عنها، استدرتُ وفتحتُ عيني، نظرتْ إليَّ بصمت حنون وبنظرات مليئة بالتصديق، ثغرها رسمته السعادة لأنني صِرْتُ مثل جرو ذئب مهذب وطائع مثلما أرادت، وبدتْ مستمتعة بهذا المغنم.

***

أخرجتْ صحن الجبن المطبوخ من الفرن ووضعتْه أمامي مع نصف رغيف من الخبز القروي، فتناولتُه. في تلك الأثناء نزلتْ متهادية إلى الحظيرة، تردد بصوت مسموع ما تحتاجه الأبقار، ثم عادتْ إلى البسطة أمام الحظيرة، وهي على يقين أن الهواء عند الْهَضْبَة غير موثوق به اليوم في حال ذهبتِ الماشية إلى نواحي مانغا وبايناق.

شاهدتُ استيقاظ الأصوات عند الْهَضْبَة من نافذة بيتنا بزجاجها المغلّف بالمُشَمَّع، النافذة الضيقة التي تتسع لرأس واحد. وعلى عَجَل، تُكرر الْجَدَّة سَكِينَة إعلانها:

«مانغااااا...! بايناااق...! كيلوووووس...!»

تأهب الجميع مع مواشيهم للذَّهاب إلى المراعي. سارعتْ جَدَّتِي وهي تلهث ولكن بمزاج جَيِّد، وأحضرت جَعْبَتِي وعلقتها على ظهري وناولتني العصا، وماذا عن الدفتر؟ احتمال الحصول عليه منعدم! لن ينزل عن الرَّفّ! مهما أحاول أن أخدعها، لن أُفلح.

قطبتْ حاجبيها، بمعنى ألَّا آتي على ذكره!

«هل تُحمل الْبَسْمَلَة مع باقي الأغراض هكذا يا ولد! أتريد أن يحل بنا البلاء! ستحل بنا المصائب دفعة واحدة، كأن تسقط الحجارة على رؤوسنا، أو تحلّ صاعقة بالماشية، أو تصاب العجول بالديدان، ستحل بنا المصائب!»

كلما ألححتُ كانت تستشيط غضبًا، وكأن الدفتر اتخذ فجأة مكانة مقدسة لم تعد في صالحي. هددتُ بأنني سأترك كل شيء وأهرب، لكن بلا جَدْوَى. جلستُ أمام الباب ومكثتُ، فلم تكترث في البداية، ثم أتتْ وجلستْ إلى جواري، حينئذ أخبرتها عن الحلّ الذي تبادر إلى ذهني، أقسمتُ لها أنني سأبقي الدفتر تحت إبطي، ولن أضعه في جَعْبَتِي، فنظرتْ إلى عينيَّ بِشَكٍّ.

«حَقًّا؟»

«حَقًّا! أُقسم لك».

«حسنًا، هل أمنحك ثقتي على أن تعيده سليمًا دون أن يتمزق؟»

ارتميتُ بحِضْنها وقَبَّلتُ يديها:

«هل جننتُ يا جَدَّتِي، بالطبع... أعِدُك بذلك!»

* * *

الْجَعْبَة على ظهري، ودفتر الرسم المسكين المختوم بالطابع «المقدس» تحت إبطي، هبطتُ نحو جداول بايناق خلف زهرة والعجول... شَعَرْتُ كأنني وسَلْوَى نتبادل الحديث بشكلٍ ما... سنتحدث، أنا على يقين من هذا الْحَدْس الذي وُلِدَ في داخلي فجأة، فَارْتَعَدتُّ من الخوف.

الفصل العاشر

أن تتحدث مع أزيز الرياح الصادر من السقف أو النافذة، وأن تفتح موضوعًا ما وتتحدث فيه مع نفسها بعد أن تضع الصِّغَار في فرشهم للنوم، وأن تخمد الموقد وترفع الأباريق من الفرن، هي أمور قد اعتدتُ عليها.

أسمعها تتحدث إلى لوح الخياطة وهي تخيط بالخيط والإبرة، وتذكر ما في رأسها من مهام كحبل أفكار متسلسل وراسخ، ثم تبدأ في تصنيف تلك الأفكار من جديد، كأنها تخرجها من رأسها وتنسقها على بسطة الماضي، تُتَمْتِم... وتُتَمْتِم... وتسأل الروماتيزم عن رأيه أَحْيَانًا، وتنهره لما يسببه لها من آلام.

ولأنني لم أتقدم مليمترًا واحدًا في تجهيز مواضيع الأبلة جوزين في جريدة الحرية التي حاولت إنجازها خلال أيام بسبب ركضي هنا وهناك، تعكَّر مزاجي، فسحبت اللِّحَاف فوق رأسي وأنصت لأزيز الرياح في النافذة الصغيرة الذي صِرْتُ أنا وهو شيئًا واحدًا، وانتظرت النوم.

***

ستكون قد استنبطت شيئًا ما.

إن الأزيز الذي ملأ رأسي جعل ذهني شاردًا بموضوع ما، وكأنه اصطدم بشيء وهو عابر، فانفتح ذلك الشيء من تِلْقَاء نفسه، ثم زرع فكرة في رأسي الأحمق كأنها قد تصير ممكنة إن جد جديد في المستقبل.

لا أدري كيف يمكنها أن تفهم قصدي، يبدو عليها أنها كشفتْ أمري بِرُمَّتِه.

قالت:

«ذلك الحيوان البري...»

وشَهَقَتْ أنفاسها وأولت اهتَمَامًا بإضافة نغمة إلى صوتها ليبدو الكلام موضوعًا لا أمل منه.

«...ذلك الحيوان البري لن يأخذ تلك الفتاة اليتيمة دون أن يحصل على قدر كبير من المال مقدمًا... الكل يعرف ذلك...».

أضافت، وشرد ذهنها نحو الأزمان القديمة، عندما كان مهر الفتاة يقدر بحقول، أو حِمْل حِمَار من الزيت، أو أسلحة. لم أكن نائمًا. ثخن صوتها بنغمة تنبئ بعاقبة وخيمة حتى تُسمعني الكلام، على حسب تنبيهاتها عليَّ أن أعرف جَيِّدًا ذلك الحيوان وأفهم مقاصده جَيِّدًا، ذلك الشقي الذي لا يتورع عن فعل أي شيء في سبيل مصلحته، ولا يُسْدِي معروفًا لأحد إن لم يكن له منفعة في ذلك، يا له من حيوان متوحش!

«إن لم يأكل مهر اليتيمة، فسيأكل بعضه ذلك المشؤوم، سيضيعها تَمَامًا مثل أختها، أليس هو من أحرق الضريح المبارك من أجل مسدس؟ ألم يبعثر ويخرب كل شيء؟ لقد تخفَّى مثل الثعلب ثم فجر مناحة في الأرجاء، ولم يكن على لسانه إلا أَلْمَانْيَا، لقد ضيع سَكِينَة السيدة الجميلة، صغيرتي معدومة الحظ، آه لو تعرفه عن قرب... آه لو تعرف مدى غرقه في غَوَايَة الشيطان... الحقير، لو كان جَدَّكَ على قيد الحياة، لحكى بنفسه؛ لقد حكى لي كيف ترك ذلك الشقي حرب العصابات، ثم اختفى وهرب سيرًا على الأقدام عندما وقع بالمحن، ورغم ذلك تراه دائم التباهي بأَلْمَانْيَا، فليحكِ للناس كيف استدان الْبِزَّة وهو راحل وممَّن، وكيف أنكر وادعى النسيان بعد عودته من أَلْمَانْيَا تلك، شيطان حقير!» .

* * *

أغمضتُ عيني تحت اللِّحَاف وحاولتُ فك الشفرة التي فجرتْها جَدَّتِي فجأة، تلك الشفرة التي تحتوى على حكاية، وبارود، وعشق، وسلاح، وخيانة... وبينما غلب النُّعَاس عينيَّ، تبادرت أشياء إلى ذهني أو بالأحرى بعض الإشارات، ترجمت لغة جَدَّتِي المشفرة وَفْقَ منطقي الخاص، حولتها إلى جمل قصيرة يمكنني فهمها واستخدامها بسهولة عندما أحتاج إليها؛ بادئ ذي بدء أترجم قصدها بذلك الرجل عديم الرحمة، إنه الْعَمّ سُلَيْمَان، ويريد بيع سَلْوَى لأنه يملكها، ولن يعطيها لنا؛ لأنه لا يريد سوى المال في المقابل؛ أي لا فرق بينه وبين أهالي الْهَضْبَة الآخرين الذين يُرَبُّون العجول ثم يذبحونها في العيد. أما قصة أَلْمَانْيَا، وبأنه قد رأى أوروبا وما إلى ذلك فكله هُرَاء، إنه شيخ خبيث، خان جَدِّي وكسب غنيمة، وغيَّر ملكية عدد من الْحُقُول في القرية، وبقينا نحن في فقر عندما خسر جَدِّي أرضه، استطعت أن أُكمل هذا الجزء من ذهني بمعلوماتي المحدودة؛ ورغم خيانته إلا أن علاقته مع عائلتنا لم تنقطع، وعلى قدر ما فهمت أصبحتِ الكراهية رابطًا غير قابل للكسر بيننا، هذا غير ممكن في القرابة؛ كونها ليست صلة يمكن قطعها، لكنني استأت من جَدَّتِي قليلًا، فاحتمال وقوفه عائقًا في قضيتنا أنا وسَلْوَى يُرْعِبُنِي.

إذًا بيننا أمور أعمق، حكايات وروابط لها ماضٍ!

اتسعتْ عيناي ومكثتُ بلا حَرَاك تحت اللِّحَاف. كأنني مقبوض عليَّ، وصِرْتُ أبحث عن مخرج في ذهني، يجب أن أخرج من تلك المتاهات، يجب أن أجد لذلك سبيلًا..

وَعَدتُّ نفسي بأن أتعرف الْعَمّ سُلَيْمَان من كَثَب قدر الإمكان، وبأن أحاول أن أنال إعجابه، قد يكون المال أعمى عينيه، لكنني سأجد أشياء أخرى لها قيمة عنده، وسأثبت ذلك لجَدَّتِي. نعم... نعم، هذا هو السبيل الأفضل.

* * *

مع ذلك، يبدو من المستحيل التعرف عليه، ناهيك عن نيل إعجاب ذلك الشقي القديم الذي لم يمرَّ عامان على عودته من الخارج، وكأن أمر «أوروبا» الذي يسيطر على حياته تَمَامًا، لا يزيل تعقيد الأمور بل يزيدها تعقيدًا. من ناحية أخرى، يبدو من الاستحالة بمكان الدنو منه، ليس بسبب تقدمه في العمر أو بحكم قسوته، بل بسبب غطرسته الفارغة، ولأنه كان مسؤولًا عن ماكينة كل تلك الأعوام، وأراد أن يُعلم القرية كل شيء، لم يكن لديه أدنى شك في أن معرفته شاملة، مع العلم أن إمام المسجد كان قد ضربه كثيرًا في صغره؛ لأنه لم يستطع أن يحفظ التسبيح، على حسب رواية جَدَّتِي.

هرب النومُ من عيني؛ لأنني أُمعن في البحث في ذهني عن تفاصيل ذلك المُسِنّ... رحت أفكر مثلًا بتقاعده من أَلْمَانْيَا الذي صار بمثابة أسطورة تتناقلها ألسن الناس، وبتجاعيد وجهه نتيجة غروره الزائد، حتى إذا قال أحدهم: إنه قد وُلِد مع تلك التجعيد سيصدقه الناس، ولكن مهما يكن، فإن سبيلي أو بالأحرى أمر زواجي من سَلْوَى لا يمر ولا يتحقق إلا برضا ذلك الحيوان البريّ الهَرِم، هذا بالطبع وَفْقًا لحساباتي، ألا يعني شيئًا كوني مُتَنَوِّرًا أو كاتبًا أو أن أكون ذا مكانة تروق له! لا يجب أن أواصل خداع نفسي بالكلمات البراقة، عليَّ أولًا أن أنال إعجاب الْعَمّ سُلَيْمَان، هذا أمر ضروري، يا لها من عقدة غريبة، قررتُ أن أفكَّ هذه العقدة مجبرًا؛ أي الْعَمّ سُلَيْمَان، أو بتعبير أدق أن أعرف حقيقته من كَثَبٍ أولًا وأفهمه.

مثلما يرد في الأخبار التي أقرؤها فأنا صار لي دولة معادية الآن: أَلْمَانْيَا، وممثلها الوحيد في هَضْبَتِنَا هو الْعَمّ سُلَيْمَان، فقبل أن أصير خطيب سَلْوَى أو أصير كاتبًا أو غيره فأنا وزير نفسي للشؤون الخارجية وفي الوقت ذاته جاسوس ذاتي السِّرِّي، من الآن يجب أن أكون هكذا مُضْطَرًّا، فهذا وضع زُجَّ بي فيه دون إرادة مني.

***

قررت أن أتعرف على حقيقة ذلك الهَرِم جَيِّدًا مثلما ندقق بأمور الشخصيات التاريخية الْمُهِمَّة التي ندرس عنها في المدرسة، واستمررت في البحث حيث أرقد، ودونت سجلَ معلوماتٍ تفصيليًّا في ذهني قدر الإمكان، وسرعان ما بدأتْ كل التفاصيل المتعلقة به، وكل المواقف التي تخصه في التدفق أمام عيني.

وجدتُ أن عليَّ أن أبدأ في التدقيق بما يختلف هذا الرجل عنا؛ لأن حياته اليومية لا تشبه طريقة عيشنا، فعلى سبيل المثال، إن منفضة السجائر الخاصة به والتي يحملها في حقيبته، لا تبدو كأنها من الأشياء التي نعرفها، وعُلْبَة أوراق التَّبْغ خاصته كذلك، خصوصًا أنها تحمل رسم العَلَم الْأَلْمَانِيّ.

يقال إن عُلْبَة أوراق التَّبْغ الفضية تلك، صنعت له خصيصًا في مدينة كولن في أَلْمَانْيَا، وكلما ضغط على زرها وانفتح الغطاء ينبثق منها ضوء خافت ينعكس على وجهه. أما قدمه اليسرى الخشبية فلقيت بعد عودته منذ عامين الاحترام في المجالس كأنها ضيف له وزنه. ويقول عَمِّي من وقت إلى آخر: إن تلك الساق تدل على ثراء الْعَمّ سُلَيْمَان، لم أفهم ماذا يعني ذلك تحديدًا، لقد رأينا ساقه المشهورة هذه عن قرب للمرة الأولى منذ نحو عام، وعلى حد تعبير عَمِّي فإن ساقه الخشبية بمثابة إعلان للصديق وللعدو عن علاقته بأوروبا... فقد صُنعت له هناك، إنها بمثابة هوية رسمية له، أو محدد لشخصه؛ لذلك يتهرب الكبار من النظر إليه احترامًا، أو ربما لغيرتهم منه بعض الشيء.

حين يدخل إلى الجامع ويترك ساقه خارجًا أَحْيَانًا، نوقف مباراتنا تِلْقَائِيًّا ونلتف حولها، وكنا نرتعد عندما نلمس تلك الساق الخشبية ذات الأربطة الغريبة، وبدن صاحبها الضخم ليس فوقها، ولكننا في الوقت ذاته لا نتركها، الكل يظن أننا في الخارج نلعب الكرة، لكن في الحقيقة كنا نتحلق حول ذلك

الشيء الغريب مثل نمل قد التصق بالسكر، وإذا كان من شيء أكثر رعبًا من رجل ليس له ساق، فهي الساق الوحيدة دون إنسان مزروع فيها.

***

تبدو الساق كأنها خائفة منّا فأسندت ظهرها إلى الحائط بلا حَرَاك، ومع غرابة منظرها ووضعها، نتحسسها ثم ننسحب، ثم يهزمنا فضولنا مرة أخرى فنعيد الكَرَّة، أحزمتُها مثل المِنْجَل، إنها أشرطة تربط الساق بأرداف الْعَمّ سُلَيْمَان الضخمة، لكنني حتى تلك اللَّحْظَة لم أكن قد رأيته وهو يرتديها، إنها ليست كالسَّرْج أو غيره. كنا نختبئ خلف بعضنا بعضًا، ونصرخ معًا «بوو!»، ونخيف بعضنا، وندفع أحدنا نحوها فجأة، عندئذ يدبّ فينا رعبٌ قاطع للأنفاس ممزوج بشيء من المتعة، ومع مرور الوقت تزيد شجاعتنا، فنلتف حولها من جديد ونحاول فكّ ألغاز علاماتها وخطافاتها الحديدية وأربطتها والخدوش المحفورة عليها، ونناقش فائدة كل منها، نلمسها بأطراف أصابعنا ونجري مبتعدين، وكأنها ستخرج عن السيطرة لأن صاحبها بعيد عنها، وستنهض بمفردها وتلاحقنا بحذائها المطاطي في نهايتها. وكأن ذلك لا يكفي، فهناك زجاجة شراب داخل الحذاء؛ أي أنها ساق مكتملة تَمَامًا، فالحذاء المهترئ المغمَّس بالطين بمثابة دليل على أن الساق بإمكانها السير والركض أَحْيَانًا إن تطلب الأمر ذلك، ولكن كيف يكون ركض الساق وحدها؟ الفكرة بحد ذاتها جعلتني أرتعد تحت اللِّحَاف.

هذه الساق لطالما أيقظتْ فيَّ مشاعر الفضول والدهشة والإشفاق على التوالي.

***

يُقال: إن تلك الساق الخشبية شوهدت وهي تسير في بعض الليالي المقمرة، وقد خرجت وحدها من بيت الْعَمّ سُلَيْمَان، وعبرت الْهَضْبَة، واجتازت جدول نهر قيصر، ثم جبل حاجي ولي، ومنه إلى الضريح، ثم توجهت إلى التَّلَة. وها هي جَدَّتِي تستمر في الحكي دون أن تتخلى عن براعتها في الأداء، وتستمتع عند رؤية فمي وقد انفتح من الخوف، وعيناي قد اتَّقَدَتَا، ومع الصمت الذي يخيم فجأة على المكان، تكمل الحكاية هذه المرة على مَهَل وقد استحوذت عليَّ تَمَامًا.

وبعد أن طاردتِ السَّاق الحيوانات المتوحشة في الجبال، والتَنانين في جداول الأنهار، وأخافت قوافل الغجر التي زُعِمَ عنها أنها تطبخ الناس في الأفران الأرضية، وتأكل الأطفال بين شطائر الخبز، تجاوزتْ مجددًا قمم الجبال واقتربتْ في اتجاه الْهَضْبَة تحت ضوء القمر مع اقتراب الصباح، وهكذا جعلني حديث جَدَّتِي أرى تلك القدم الخشبية المهجورة المشؤومة وهي عائدة تعرج وحدها، أراها وهي تنحني وتشرب من مِزْرَاب مياه الآغا الحجري، أنسى جَدَّتِي تَمَامًا، ولا أرى ولا أسمع سوى دَعَسَاتِ الساق الخشبية لا غير، فَيَخْفِق قلبي، وأغلق فمي بكفي، وأُحَدِّق.

حسنًا، هل هناك ما هو غير مفهوم بالنسبة لي؛ ما جعلني أضيق بعطف جَدَّتِي الدافئ غير المحدود في غياب والدي وأمي، فرحتُ أجوب المنزل بدلًا من أن أنام؟ أعني هل هناك سبب يمنع الساق الخشبية من سماع الضوضاء في منزلنا عند مرورها من أمامه وهي عائدة من جانب كارابوغرا؟ إن حدث ذلك فلا يسعني حينها إلا الاختباء تحت اللِّحَاف وأنا في غاية الدهشة والارتياب. ومع أني كبير الآن إلا أنني بالكاد أستطيع حبس بولي، لا سيما وهي تتجول مع ذلك الصفير الغريب في ليلة عَاصِفَة فوق بيتنا المسقوف بجذوع الأشجار، أبحث عن أي شيء يمكنه أن يحميني من تلك الساق الخشبية.

على أية حال، تسألون ماذا حدث بعد ذلك؟ حتى جَدَّتِي المِسْكِينَة التي انحنت تحت زخم الأعمال اليومية، وأصابتِ الضوضاء رأسها بالدوار، ألَمَّ بها الحزن كونها أثارتْ مخاوفي، توقفتْ عن الكلام فجأة، وشخصتْ بعينيها المتأهبتين، وأنصتت جَيِّدًا وإصبعها كهلال فوق شفتيها، وتلك الحركة تعني أن الساق الخشبية العائدة من كارابوغرا قد وصلتْ إلى أطراف الْهَضْبَة -على الأقل في ذهني، فليبتلها الله- بل وصلت بالقرب من نواحي بيتنا وقد بلغتِ الباب وطرقته: طاخ! طاخ! يا سبحانك يا الله! إما أن تكون الساق الخشبية من يطرق الباب، أو أن يد جَدَّتِي تقرع على ألواح الدَّكَّة الخشبية من دون أن أراها، ووسط دهشتي وعدم ثقتي بما أعيه إلا أنني كنت مُتَأَكِّدًا أن الساق الخشبية أمام الباب، عقلي على وَشْك أن يُصاب بالجنون، وجَدَّتِي قد تخدرت من الخوف، ولو لم تكن قد أمسكت برأسي الأصلع ودسته في مئزرها ذي رائحة السُّخَام؛ لكانت أنفاسي قد انقطعت من الخوف.

وحتى طلوع الصباح، بقيتُ مذعورًا مثلما كانتْ حالي في الليل، وحتى بعد أن قالتْ لي جَدَّتِي: إن ما ورد في بالي لا يمكن أن يحدث، وأقنعتني بذلك تَمَامًا، إلا أن الشك استمر في سيطرته عَلَيَّ.

* * *

لا تنحصر أمور الْعَمّ سُلَيْمَان بمسألة التقاعد وحدها، بل إن معرفة ذلك الهَرِم واسعة، وآراؤه قاطعة بفضل الخبرة التي استقاها من أوروبا، ومن الواضح أن والد ثَرْوَت جنى الخبرة ذاتها؛ الأمر الذي يضخم موقع ثَرْوَت في نظري، لكن ما العمل؟ ربما مع الوقت والاستزادة من القراءة، وربما حين أصير كاتبًا، سأتمكن من تخطي ذلك، ويسكن خاطري قليلًا.

بالنظر إلى الاحترام الفائض عن الحد الذي يحظى به الْعَمّ سُلَيْمَان، يظهر

جَلِيًّا أن الفضل في ذلك يعود إلى مدينة كولن، وأكاد أجزم بذلك، تُرى هل الذَّهَاب إلى أَلْمَانْيَا قد يفيد في أن يصبح المرء كاتبًا؟ هذا أمر لاحق.

فعلى سبيل المثال، بإمكانه اكتشاف الأمراض في أظلاف الأبقار وفكوكها حتى قبل الرعاة أنفسهم، أو قد لا يكون اكتشافه في الحقيقة، لكن الرعاة يصدقون بأنه يعرف. لكن ما أستغربه ويدعوني للتساؤل: لماذا رجال الجبل أصحاب الإرادة الفولاذية الذين لا يرهبهم شيء ولا يبالون بشيء، أجدهم يحرصون على تصديق الْعَمّ سُلَيْمَان إلى أبعد الحدود؟ لقد رأيت ذلك بأم عيني، فذات يوم كان الفلاحون صامتين بينما الْعَمّ سُلَيْمَان يضغط على جرح العنزة النازف، وهو يُؤَرْجِح تبغه المهرب في فمه، ومثلما يفعل في مثل تلك الحالات، ألقى خطابًا رنانًا بنبرة فنية ظهرت في صوته، وكان الكل يصدق بأن الْعَمّ الهَرِم يعرف أفضل من أي شخص آخر ما إذا كان زيت الأعشاب أو المبيد الحشري هو الأفضل لعلاج الديدان في مؤخرة الأغنام، حتى الرعاة الذين لا يحبونه مطلقًا، كانوا يميلون إلى الصمت في مثل تلك المواقف. وإذا كان لا بد من قول شيء ما، فإنهم يتهامسون فيما بينهم قائلين: «لقد رأى أوروبا»، ويتنحون جانبًا... عند التيقُّن من أمر ما، فإن اليقين يجر وراءه يقينًا آخر، شيء من هذا القبيل.

العم سُلَيْمَان لديه معرفة بسموم فطر المستنقعات المرقط بالْأَحْمَر أفضل من الجميع، وطريقة التبول على الجرح بعد الإصابة بضربة من المِنْجَل، واشتباكات الحدود القديمة في منطقة سهل صاغيردارا. جَدَّتِي تحكي لنا عنها كلها، وعن معرفته بأركان الصلاة، ولماذا يعدُّ كنان أفرين رجلًا أعظم من أتاتورك، إنه يعرف حكاية الشهيد الراقد في المقبرة على تَلَّة الضَّرِيح الباقي من أيام احتلال الروس، ويعرف أصله وفصله ونسبه. في الحقيقة لا أعلم ما إذا كنت قد ذكرت ذلك من قبل أم لا، لكنه هو نفسه مَنْ أحرق سقف المقبرة في

لحظة من الجنون، وبعدها لم يتحدث سكان الْهَضْبَة معه شهرًا كاملًا تقريبًا، حتى أن الْجَدَّة سَكِينَة بدت كأنها هي الأخرى لم تتحدث معه، ولم يستطع الذَّهَاب إلى الجامع في تلك الأثناء، الرجل الكبير الذي انحصر دوره في الذَّهَاب إلى الجامع قد انقطعت رجله عن الجامع، حتى أن والد رومانيغا، الْعَمّ حمدي الأحدب، انشغل كي يحصل على دور لنفسه في هذه القصة:

«إذا كنت أنا من مشجعي فريق بشيكتاش، فماذا حدث لك كي تُقْدِم على إحراق الضريح المبارك في وضح النهار، يا سيد...!»

وظل يردد ذلك لفترة هنا وهناك. على أية حال، تلك قصة أخرى.

العم سُلَيْمَان صاحب الغلبة دَوْمًا، ولكن هل كان لقوله أن يكون مسموعًا لو كان كاتبًا؟ لا شيء يفوق رؤية أوروبا! على سبيل المثال، كان يتنبأ باتجاه العَاصِفَة القادمة وشدتها، ويعرف أن السُّحُب القابعة في سماء وادي طورنوس الآتية من خلف جبال الهانغا بعد اجتيازها التِّلَال هي السبب في تغير الطقس، وفي كل مرة تظهر فيها السُّحُب هناك، يهمس كما لو أنه يفكُّ رموزًا سرية آتية من السماء:

«لقد تغير الطقس! لن تُمطر... هذا دخان جافّ؛ أي أن الهواء سيجف...».

إنه يعرف ما إذا كانت السُّحُب اللاهية فوق تلال قارابوغرا ستجلب بَرَدًا أو عَاصِفَة ثَلْجِيَّة، إن المرء لا يتخيل كاتبًا قد يفعل كل ذلك وحده! إنه يراقب تدافع الذُّبَاب الكبير على الماشية، ويتنبأ بغزارة السيول من أعلى الجبل المطل على هَضْبَتِنَا:

«يجب أن تخاف من جرف السيول عندما ترفع الماشية ذيلها على كتفها، هل فهمت...؟»

إنه قادر على التنبؤ عن بُعْد بمقدار الوحل الغاضب الذي سيتقيؤه السيل الجاري عبر التِّلَال، ومتى يتعين على النساء نقل دجاجاتهن وأكوام الرَّوَث إلى الحظائر لحمايتها من أفواه الفيضان، وهذا كافٍ لإثارة الاحترام.

الجميع يرى شاحنة البيدفورد للعم هَارُون وثَرْوَت الْوَغْد، والتي تظهر كبُقْعَة على التِّلَال البعيدة وهي آتية نحو الْهَضْبَة مرة في الأسبوع، وتمكث حتى فصل الْخَرِيف أي أربعة أشهر؛ لا يمكن لأي سيارة أخرى أن تأتي إلى الجبال، ومع ذلك فإن تصديق الْعَمّ سُلَيْمَان عند تصريحه عن تلك المعلومات مطلوب؛ كي تستقر في أذهان أهل الْهَضْبَة، إنه أمر لا يكتسب بالقراءة والكتابة، وعلى المرء كي يعرفها أن يكون قد رأى أوروبا.

وبعد أن يُحَدِّق نحو التِّلَال، وتضيق عيناه كالأرانب التي تحتجب تحت الملفوف، ويحرك شاربيه الطويلين الكثيفين، يقول:

«إنها الشاحنة، إنها شاحنة ثَرْوَت البيدفورد، أتفهم...».

من يسمعه يصدق حَقًّا أن تلك البُقْعَة التي تتحرك هناك هي شاحنة، وأنها آتية نحو الْهَضْبَة، وبالفعل يصل تنين عائلة ثَرْوَت الخبيث المتقعد بعد نحو ساعة تقريبًا، وصندوق شاحنته متخم مخلفًا وراءه سحابة من الْغُبَار، وبطريقة ما تضاف معلومة الشاحنة تلك إلى خبرة الْعَمّ سُلَيْمَان الحياتية، وإلى خانة رصيد أَلْمَانْيَا. إن طريقته الغريبة في اكتشاف ما هو معروف بالفعل، تضاف إلى رصيد معارفه بالفعل، ولا يوجد أحد في الْهَضْبَة كلِّها لا يشارك في تأييده؛ لأن الجميع يصدق أنه رأى أوروبا.

غاصتْ جَدَّتِي في النوم، واختلط شخيرها الممزوج بأزيز الرياح المحيطة بالنافذة. عيناي مستيقظتان، وبحثي مستمر لفهم الْعَمّ سُلَيْمَان.

* * *

يقتصر عمل الْعَمّ سُلَيْمَان الوحيد تقريبًا على المشي في ظل الجامع الوحيد المنعزل والذي يبعد قليلًا عن الْهَضْبَة، وقضاء المساء هناك.

لا أعلم القدر الكبير عن حياة الكبار، لكن الْعَمّ سُلَيْمَان مثله مثل قطعة قراءة للأطفال الذين يتعلمون درس القراءة والكتابة من الْمُعَلِّم، أولئك الذين ينهون درسهم ويغادرون المسجد ويمكنهم تلقي درس آخر عن الحياة منه، إذا أرادوا ذلك. أقصد إن أغلبهم يتلقون بالفعل ذلك الدرس حتى إن لم يريدوا ذلك، وكأن ذلك العجوز الغريب لديه ساعات دوام يمضيها؛ إذ يترك أرض الْهَضْبَة مبتعدًا عن هَرْج حياتها اليومية وعن بيوتها المستندة إلى بعضها بعضًا، بأسقفها ذات الصفيح والجذوع المتدافعة، وجَلَبَة السلفات والكَنَّات، ومقالب القُمَامَة وبعوضها المتكاثر، وصُراخ الأطفال المختلط بنُبَاح الكلاب، وعلف الماشية المتبقي من المراعي. يخلف وراءه كل تلك الجَلَبَة وصخب الحياة اليومية، ويأتي كل يوم إلى الجامع متبخترًا مع عصاه، ويلقي بنفسه على مَهَل أسفل الجدار، يلتقط أنفاسه ويُخرج قطعة الكليم القديمة ويفرشها على الْعُشْب.

مع طول تواجده هناك، حول المكان الذي يفترشه يَوْمِيًّا إلى ما يشبه المجلس الخارجي بالنسبة لسكان الْهَضْبَة بمن فيهم الْعَمّ حمدي الأحدب؛ هناك يستضيء بنور النهار، ورغم توتر أعصابه، إلا أنهم كانوا يعدونه شخصًا جَيِّدًا لأنه رأى أوروبا، يتربع رافعًا قدمه إلى حِضْنِه ويبقى جالسًا هكذا، ثم يُخرج مذياعه وزاده، وجراب سلاحه الخالي من السلاح، رغم أنه يبدو ممتلئًا، ويُخرج عُلْبَة أوراق البافرا ومنفضة السجائر، ويلفّ التَّبْغ يدير الزر المعدني الكبير لمذياعه الصغير ماركة ITT المغطى بالمُشَمَّع المثقوب عند السماعات، ويستمع إلى الأخبار. لا يفوت خطابًا للرئيس كنان آفرين، ويقلب الكتب التركية القديمة، إنه على علم بكل نواحي الجامع، وبمخلفات المدافئ، وتجارة عشب القنب الجاف المعد للاستخدام كوقود، وإن كان هناك نقص في الأخبار، فإنه يغطيه بطريقة ما، يُدَرْدِش مع أول الآتين إلى

صلاة الجماعة. ومن بعيد، يُلقي التحية على الرعاة السائرين مساءً في تمايل من التعب والإنهاك. وجوده هناك يمنحه ويمنح الرعاة أَيْضًا فخرًا متعمدًا. يقال: إن إرث العائلة القيم جِدًّا الذي لا يمكن المساس به يبقى معلقًا في مكان عالٍ في البيت، هكذا تَمَامًا يبدو تواجد الْعَمّ سُلَيْمَان هناك، إنه يمنح للرعاة شعورًا بالسرور أو ما يشبه الفخر، حتى لو لم يعد لديه سلاح بعد الآن، وحتى لو استغرق حزنه على سلاحه وقتًا أطول مما كان يظن الجميع، وحتى إن تحول الأمر إلى عقدة غامضة تربعتْ ودُفنتْ في أعماقه بصمت. وإن ظلّ الرعاة بأفواههم الممتلئة بالسِّبَاب وتصرفاتهم المشحونة بالنَّعَرَات ينظرون إليه من بعيد، متكئين على ضلوعهم المتعبة، وسارحين بكسل وقد غاصتْ ظهورهم في أحاديث السَّمَر، ينظرون إليه كأنهم ينظرون إلى كَنْز من كنوز الْهَضْبَة لا يمكن لأحد الْعُثُور عليه، أو إلى ما يُشْبِه النُّصُب التَّذْكَارِي، بنظرات لئيمة مليئة بالحسد والتباهي، وهم في الخفاء سعداء لأنه رأى أوروبا.

***

أما مباريات أَلْمَانْيَا والأرجنتين التي نلعبها ونتنازع في شأنها أمام الجامع، فنلعبها تحت إشرافه شئنا أم أبينا. يجلس على مرأى منا وينقر ساقه الخشبية من وقت إلى آخر بالسكين التي يستخدمه لتقشير تفاحته وأكلها، إن ذلك التباهي نادرًا ما يظهره، ويُشَوِّش عقلنا بعض الشيء طبعًا، وهذا ما يريده، عندئذ نوقف المباراة وننظر إلى ذلك المنظر العجيب! نشعر بأنه يريد أن يُخيفنا ويبقينا على حذر إذا هربتِ الكُرَة إلى جواره في أثناء المباريات، فتتوقفِ الجَلَبَة والصَّخَب؛ حتى كُرَتُنا الصفراء البلاستيكية والتي بَلِيَتْ وانفجر نصفها، تتباطأ وهي تتدحرج من أمامه، وكأنها تتباطأ احترامًا له؛ حتى رومينغا أكثر أولاد الْهَضْبَة مُشَاكَسَةً، قد صدَّق أن الكُرَة تتباطأ أمامه أكثر من

العادة، قبل أن تصل إلى يده، فهو غير قادر أصلًا على النهوض من مكانه لأخذها لو أراد ذلك، لكنَّ الأولاد ذوي القلوب الجريئة التي لا تهاب شيئًا، لا تتخطى جرأتهم طلب الكُرَة بعيونهم، وينتظرونه حتى يحرك رأسه بمعنى «خذوها» بعدم اكتراث، ودون أن يرفع رأسه، بل يظل مستغرقًا بما يقوم به، ويقشر التفاحة بشكل حلزوني. رومينغا الذي يشجع والده فريق «بشيكتاش»، يثبت عينيه على الْعَمّ سُلَيْمَان، ويتقدم كراعٍ يريد استعادة ماشيته التي سرحت بالخطأ إلى جانب العدو، حتى المتوحش رومينغا يصبح وديعًا، وبطء خطواته يحاكي بطء الكُرَة، وتختبئ القهقهة داخلنا؛ لأننا نعلم جميعًا أنه يَسُبُّ الْعَمّ سُلَيْمَان في سرِّه، ولأن الْعَمّ سُلَيْمَان يعرف ذلك، فيتوقف عن التقشير وعيناه على التفاحة في حالة تأهب، منتظرًا إياه حتى يرتكب أي خطأ... لكن هذا رومينغا! لا يمكن ضمانه، فحين يكون على وَشْك أن يأخذ الكرة يَحِيد عن الطريق الصحيح، ويعمد إلى تقليد الْعَمّ سُلَيْمَان بسخرية بعد أن تجتاحه موجة من الجرأة العمياء ظَنًّا منه أن الهَرِم لا يراه، فالأمر أشبه بتقليد نَسْر أعمى يُرَفْرِف بجَنَاحَيْه، وفي تلك اللَّحْظَة تَمَامًا يرفع الْعَمّ سُلَيْمَان رأسه! يقفز ويبدأ بالركض وهو يعرج، وفي يديه شيء يصعب تمييزه، ولأنه من المستحيل أن يجاري رومينغا بسرعته، نراه يقذفه بما في يده، ولا يُفْلِت الفتى منه... طاخ! وحين ينفجر المقذوف على قفاه ويتبعثر، ندرك أنه قذفه بقطعة ضخمة من الرَّوَث، وننفجر من الضَّحِك، حينئذ يفور غضب الْعَمّ سُلَيْمَان:

«يا لك من كلب... حيوان!»

أضحكُ تحتَ لحافي، فتُتَمْتِم جَدَّتِي وتعود لنومها.

يعود رومينغا وهو منحنٍ يمسك قفاه صامتًا وخنوعًا، فيناديني الْعَمّ سُلَيْمَان عند عودته؛ ما أعده بمثابة هدية بالنسبة لي، فأن يكون المرء مقبولًا يمنحه فخرًا:

«تعالَ يا كابتن مارادونا! تعالَ خذ هذه اللعنة!»

أبحث عن عينيه وأنا أركض وألتقط الكُرَة، إن الْعَمّ سُلَيْمَان لا يكترث؛ أي إنه لم يمنحني امتيازًا، بل كان سينادي أي شخص يعبر أمامه، ولكن صادف أنني أنا من كنتُ أمامه؛ أي أن الأمر ليس له علاقة بامتهان الكتابة، أو سَلْوَى مثلما أَمَلْتُ.

وجدتُها! إن الْعَمّ سُلَيْمَان لديه هوس خاص تجاه رومينغا، أو بالأحرى ثأر من والده، فمنذ اليوم الذي أصبح فيه الْعَمّ حمدي الأحدب مشجعًا لفريق «بشيكتاش» حين كانا معًا في مركز طرابزون الرياضي، لم يسامحه الْعَمّ سُلَيْمَان أبدًا، وكأن الرجل قد غير دينه، وشملت الخصومة العائلة كلها فورِثَها رومينغا، خصومة معروفة ومتلاحقة من طرف الْعَمّ سُلَيْمَان.

العم سُلَيْمَان يعود ويجلس مرة أخرى وهو يُبَرْطِم، يأخذ عُلْبَة ورق البافرا في يده، ومع أول ركلة نبدأ من جديد.

لقد رأى أوروبا.

* * *

يقضي يومه حتى المساء في ظل المسجد، وبعد أن يفرغ الجامع، يجمع مفروشاته، ويعلق الحقيبة بمَقْبِض عكازه وينصرف.

أمام إحدى الحظائر التي يمر بها هناك طفلٌ عارٍ، وأمام حظيرة أخرى سيدات قد ضقن ذرعًا بعلف الماشية، والجميع يدخر احترامه اليومي له، إنه أعلى من مهنة الكاتب التي أحلمُ بها، هذا أمر مؤكد، لقد رأى أوروبا واستحق كل هذا الاحترام.

على مدى أربعة أشهر يظل الأب الروحي لأي حدث أو رأي في الْهَضْبَة، ولما كان يجتاز الْهَضْبَة كلها من أولها إلى آخرها ويسير مع صوت

ساقه الخشبية مُحْنِيًا رأسه للمشاعر والأفكار العالقة في الأماكن التي يمر بها، ينفجر ضجيج الأطفال نصف العراة ببطونهم الجائعة على عتبة الحظيرة في انتظار اللبن الساخن الذي ستحلبه أمهاتهم، وجَلَبَة النساء والفتيات وهن يراقبن مروره بعيون يثيرها الفضول، فالكل يخافه:

«إنه قادم! سُلَيْمَان قادم!»

... طاق! طاق! طاق!

تمر الساق الخشبية مساءً فيأوي كلٌّ في مكانه، تهذب مع مرورها ضجيج الحياة اليومية التي تعكِّر بحر السكون، كأنها مِنْجَل يُهَذِّب أطراف الْعُشْب، قبل أن تضع الشمس تلك القُبْلَة الحمراء على تلال قارابوغرا وتغرب. وبعد أن يمر الْعَمّ سُلَيْمَان من ميدان الْهَضْبَة إلى بيته مباشرةً وهو يُطَقْطِق بساقه الخشبية، جَدَّتِي تتَذَمَّر وتسبُّ في نومها.

الفصل الحادي عشر

استمرت علاقتي بالعم سُلَيْمَان وإن كانت من طرف واحد، ومن ناحية أخرى واصلت تطوير نفسي، صِرْتُ أقرأ طَوَالَ الوقت أي شيء يقع بين يدي، فنلتُ إعجاب الْعَمّ سُلَيْمَان، وصارتْ عيناه تراقبانني، لقد فهمت هذا، جعل الله عاقبة ذلك خيرًا؛ ما دفعني إلى فعل ما يروق له بإصرار، كطرف خيط يقودني إلى الكنز.

* * *

يومًا بعد يوم، نفد أرشيف مجلاتي المخزَّن في الحظيرة، ومثلما كانت جَدَّتِي تقول دائمًا:

«ليس من السهل ملء مكان من يرحل».

كنتُ أفكر بمصدر آخر مهمومًا، إلى أن اكتشفتُ مصدرًا جديدًا...

كنت أنتظر حلول الظلام ورحيل الجميع من الجامع، فأدخله من أجل الحصول على الجرائد، هناك بعض الأكياس الورقية بين حطب المِدْفَأة، يستخدمونها لإشعال الْحَطَب، كنتُ أصادرها، وفي اليوم التالي في أوقات الرعي أفتحها وأفرد صفحاتها على ركبتي بحذر، ينشرح صدري وأبدأ في تمرير ما أقرؤه على مرحلة التصديق، أقوم بإثراء نوعية قراءاتي التي أخمِّن أنها ستلقى إعجابه، مثلما أفعل تَمَامًا تجاه سَلْوَى عبر تقديم هدية لها، أو منحها بهجة، ولا أقصِّر في ذلك نِهَائِيًّا.

في المساء، عند مروري من أمام الجامع بين الأبقار ذات البطون المنتفخة من الجانبين كمِمْخَضَة لبن؛ أُخرج من جيوبي الفطر البري وأضعه أمام الْعَمّ

سُلَيْمَان، وفي تلك الأثناء أُدَرْدِش معه قليلًا نِدًّا لِنِدٍّ، إن حكمه عليَّ سيكون بمثابة قناعة قد تغير حياتي أو تُنهيها، يبدو كأنه يمنحني بعض موافقته، حتى وإن كان ذلك مجرد إيماءات أو ابتسامات صغيرة بخيلة، أخجل منه وفي الوقت نفسه أشعر بالإعجاب تجاهه؛ حياة الْعَمّ سُلَيْمَان وأفكاره تسحر عقلي بل وتشل تفكيري، رُوحِيًّا إن لم يكن جَسَدِيًّا، أنا الآن في طريقي إلى حياة المؤلف، وإلى سَلْوَى، أو بمعنى أدق أؤمن أنني قد وجدتُ الطريق الصحيح، ليس لَدَيَّ أدنى شك، وفي هذا الطريق، أشعر بالامتنان للعم سُلَيْمَان الذي صار بالنسبة لي -ولو بطريقة غير مباشرة- بمثابة خدمة ثقافية.

* * *

بدلًا من الأكياس الورقية القديمة المجلوبة من البيوت لإشعال الْحَطَب، اعتاد الجامع والجماعة على الْكِيرُوسِين الذي لا يَنْضُب أبدًا، ومع مرور الوقت أصبحت جرائد المسجد لا تكفيني، فأنا أريد تحسين قراءتي، وأريد تنويعها، وعلى الكاتب أن يثقف نفسه في مجالات مختلفة، أليس كذلك؟ وأن يقرأ كثيرًا. هكذا صار عندي مسؤوليتان؛ في النهار أحاول أن ألاحق أخبار المجلات وأقرؤها من أجل سَلْوَى، وفي المساء أقرأ أخبار كنان آفرين من أجل الْعَمّ سُلَيْمَان.

خَطَرَتْ ببالي فكرة، ومن دون لفت الانتباه، عاينتُ موقع السائق وخزنة البيدفورد الخاصة بثَرْوَت الأحمق التي تأتي مرة واحدة في الأسبوع، كأنني أنظر كغيري بلا اكتراث، ومثلما توقعت، لم أَجْنِ سوى حصيلة قليلة، بل قليلة جِدًّا؛ لذلك بدأتُ في تعقب الأكياس الورقية التي تؤخذ من البيدفورد وتوزع على المنازل، ووضعتُ إشارات في ذهني على المنازل بالترتيب، وفي النهاية باشرتُ بِطَرْق أبواب جيراني بنفسي.

* * *

جعلتُ جمع الجرائد مُهِمَّتِي الأولى عند العودة من الرعي

أخطط خلال اليوم، وأقرر إلى مَن سأذهب، وممن سأطلب وكيف، وهذا يبقيني مشغولًا جِدًّا، فلكل بيت قصة، ويجب أن أكشف الحقائق لكل بيت على حِدَة، وأن أجمع لجرائد دون أن ألفت انتباه أحد. صِرْتُ أجمع لبعضهم أكياس النايلون، وعند بعض الجارات من الْجَدَّات صعبات المِرَاس أستغل خاطر جَدَّتِي لديهن وأتحجج مُضْطَرًّا بتوصيل سلامها لهن، وليفهم من يفهم، فلكل عمل نصيبه من الخطورة، أليس كذلك؟

ولتحقيق مقايضات أسهل كنتُ أعرض في المقابل الفطر الذي أجمعه طَوَالَ اليوم، والذي يَسْلُب عقل المرء بلذته عندما يُطْهَى فوق جَمْر الفرن، وهكذا وضعت نظامًا جديدًا من أجل الحصول على الجريدة. ودون أن أشعر، اتضح لي أن ازدحامًا صَحَفِيًّا يربط عَفْوِيًّا بيتي وبين الْعَمّ سُلَيْمَان وسَلْوَى، وبدا أنه يعمل بلا عقبات.

سمحتُ لأيامي الجميلة المستقبلية متعمدًا، أن تجعلني أؤمن بأنها ستأتي حَقًّا.

***

إنه مجرد حادث صغير قليل الأهمية تقريبًا، وإن كان من الأفضل ألا يحدث، لكن لا بأس.

«أيها الثرثار السمين!»

لقد غسل شعره ودهنه، ولبس ملابسه الجديدة.

«على من تتفاخر في الْهَضْبَة؟ وغدا! إنك في الثالثة عشر من عمرك ويبلغ وزنك مائة كيلوغرام، كيف ستنفع نفسك؟ إن أفرغوا تلك الْبِزَّة منك، ستكون مثل الرُّفَات، فما نفعها وإن كانت جديدة؟ وإن كان والدك صديق الْمُعَلِّم،

فماذا سيحدث؟ بالطبع، ستنتهي هذه المدرسة يومًا ما، ولا تنسَ أنك أمام كاتب».

***

هل أخبرتكم من قبل كم يكون الكُتّاب عاطفيين؟ على أنني لم أحظَ تَمامًا بهذا الذنب اللطيف، فَلْنُسَمِّهِ سوء تفاهم، أتحدث عما حدث أثناء الزيارة الأخيرة للبيدفورد، وما مررتُ به مع ذلك الْوَغْد المسمى ثَرْوَت.

***

منذ ذلك المساء، ترسَّخ لَدَيَّ شعور بالذنب ظلَّ يزعجني، لم أستطع نسيانه، ورافقتني آلام فكي من شدة الكَزِّ على أَسْنَانِي على مدى أيام، آه لو كان بإمكاني أن أنسى! ما زال شاخصًا أمام عيني، لكنني أعترف بأن استغراقي في الأمر ربما يعود إلى أنني سأصبح كاتبًا. لكن عدم دفنه في الماضي نِهَائِيًا، وشخوصه أمام عيني وهو ذاهب، ليس ذنبي وحدي، ألا يمكننا رؤية هذا الأمر منفصلًا عن كينونتي وكرامتي؟ إني أسأل ليس لأنني كاتبٌ؛ بل لأنني أظن ذلك، وأعترف بأن بعض اللَّوْم يقع على المؤلف، ولكن بعضه يقع عَلَيَّ، أعترف، ولكن ماذا عساي أن أفعل؟ فليبتلك الله!

أتمنى لو أنني ما كنتُ شاردًا، بل أكثر من ذلك، أتمنى لو أني مِتُّ ولم آخذ كيس الورق السميك من يد ذلك الْوَغْد، كل همي كان الجريدة، لكن كيف له أن يعرف أنني أخذت ما كان داخل الكيس؟ إن عَرَفَ أو لم يَعْرِف، هل كانت ستتغير النتيجة؟ لن تتغير! بعيدًا عن كل شيء، كان عَلَيَّ أن أتحكم بنفسي، وهذه المسألة تحديدًا تثقل عَلَيَّ؛ ما كان يجب أن آخذ من يده الكيس الورقي ظَنًّا مني أنها جريدة، أو على الأقل كان عَلَيَّ أن

أضبط نفسي وألا آكل هاتين الْخَوْخَتَيْن المهروستين الموجودتين فيه، الْوَغْد اللَّعِين! ولكني لم أتحكم بنفسي، هل عَلَيَّ أن أموت الآن! إنهما كالسُّم في جوفي، أشعر بالْغَثَيَان كلما تذكرتهما، في ذلك اليوم احترتُ ماذا آكل، وأكلت الْخَوْخَتَيْن في النهاية، ولكن إن طاوعتني مَعِدَتِي وتقيأت، رغم مرور ستة أيام، هل سأتقيهما؟

صِرْتُ أؤمن بذلك قطعًا، على الكاتب أن ينتبه لما يأكل دائمًا، فالحياة مليئة بالفِخَاخ، وقبول فاكهة وصحيفة من شخص قذِر هَدِيَّةً؛ لـفوز بصحيفة جديدة، خُصُوصًا أمام أهم قارئ لديك؛ أمام عيني سَلْوَى! أمر لا يُغتفر.

الفصل الثاني عشر

تلك البيوت اللَّعِينة تفوح منها روائح الماشية والملابس التحتية الكريهة عند المساء، ومع أنني لم أرَ أوروبا إلا أنني كنت أستطيع تمييز الرائحة، وأقول هذا ليس بصفتي الشخصية، بل بصفتي كاتبًا.

على أية حال بدأت بترتيب زياراتي إلى المنازل ذات الأسقف المقوسة فوق الجدران، المغطاة بفروع شجر الصنوبر التي يسيل صمغها، وأبوابها الشبيهة بأفواه الْجَدَّات الخبيثات القبيحات في الْهَضْبَة.

سحبتُ كيسًا من بَكَرَة الأكياس البلاستيكية وناولته للمرأة، وطلبتُ في المقابل كيسًا وَرَقِيًّا. الْجَدَّة حليمة زوجة الْعَمّ بكير صاحب قطيع الماعز، فتحت فمها مثل باب المنزل، وتجمدت من الدهشة بسبب تلك المقايضة التي لم تصادفها من قبل...

بدا كأنها تبحث عن أصل هذا الفعل، وراحتْ تتفحصني من رأسي حتى أَخْمَص قدمي، ثم ركزتْ عينيها على الكيس البلاستيكي بمسكتيه الصغيرتين الذي أنبسط أمامها، ثم التفتتْ نحو طفل الجيران الذي يجر أطراف جَعْبَتِه الملتفة حول عنقه على الأرض، كمن يطلب المساعدة ليفهم، نسيتْ فمها مفتوحًا، وازداد اتساع عينيها، وخلا وجهها من أي تعبير مثل طبقٍ فارغ، حَصَلَ كل ذلك الإرباك في لَخْمَة المساء، في وقت تختلط فيه أصوات البقر والماعز مع ضجيج الأطفال، ولديها ما لديها من مهامّ؛ حلب الماشية القادمة واحدة تِلْوَ الأخرى من الجبال التي تعرفها كمعرفتها بأسماء أهل المنزل، والاهتمام براعي البيت الذي نزل من الجبل ووصل جائعًا. ثم استدارت

بهِمَّة قليلة، ممسكة خَاصِرَتها التي تؤلمها دون أن تتكلم، وجثتْ عند الزاوية كأنها تبحث عن شيء ما... في النهاية اعتدلتْ في وقفتها وهي تئن كمفاصل الباب الخشبي الصدئة التي تنتظر تزييتها، ثم سارتْ نحوي بعينين مليئتين بالسأم والعطف. حفيد الْجَدَّة حواء، لا يصحّ أن يغادر فارغ الوِفَاض، ويداها ملطختان بالحليب حتى مرفقيها، بعد أن شاكستْها البقرة وهي تحلبها. ووسط زحمة مهامها، سارتْ مُنْحَنِيَة ويداها على خَاصِرَتيها، ألمها حَادٌّ ومألوف، وتوقفتْ حين أعاقها عن الحركة، ثم نظرتْ إليَّ كأنها تذكرتْ أمرًا ما، وقفتْ في الظلام كالعُجُول التي فقدتْ وجهتها، وكأنها تتساءل:

حسنًا؛ ما قصة هذه المقايضة الغريبة؟ ما الذي يسعى خلْفَه هذا الفتى؟ ثم جالتْ بعينيها في الفضاء، وقد تَشَوَّشَ عقلها. ولكن رغم كل شيء دخلتْ إلى البيت، وعادتْ ببعض الفاكهة غير المغسولة، فلا يصحّ أن تُحزن صغير الْجَدَّة حواء المُهذب هذا.

«لا».

اعترضتْ على استحياء، وحاولتُ إقناعها كي تصدق بأنني حَقًّا أريد أكياسها الورقية الفارغة، وحكيتُ لها سبب مقايضتي بكيس النايلون، استسلمتْ في النهاية ليس لأنها فهمتْ مقصدي؛ بل لأنها سئمت من الموقف برُمَّتِهِ.

ولجتْ عَتَمَة المكان من جديد، وعادتْ حاملة كيسين ورقيين آخرين.

* * *

تملكتني السعادة لحصولي على هذا الكنز.

جرعة الشجاعة التي نلتُها سهَّلتْ عليَّ أن أقصد باب البيت المبهرج إلى الأمام قليلًا، ومنه إلى بيت آخر على الطريق، وهكذا كنتُ بكامل استعدادي للانتقال إلى كل بيت يقع عليه الدور، وأطلب طلبي البريء.

شرحتُ الأمر للجَدَّة سَكِينَة... وبعد تمهل متشكك، دخلتْ إلى منزلها وعادتْ وهي تعدل هندامها، ثم سألتني عن جَدَّتِي:

«ألَمْ يَبْقَ لدى الْجَدَّة حواء ما تُشعل به النار، يا بُنيَّ؟»

« ليس للأمر علاقة بجَدَّتِي، بل طلبي يخصني وحدي. من أجل القراءة يا جَدَّة سَكِينَة».

نطقت كلمة «القراءة» بصوت عالٍ بما يكفي حتى تسمع سَلْوَى إن كانت موجودة. أرهفتِ الْجَدَّة سَكِينَة سمعها أكثر، وثبتتْ عينيها الرَّمَاديتين اللامعتين المليئتين بالشكِّ عَلَيَّ لفترة وهي تفكر، ابتسمتُ لها ابتسامة مودَّة، وكنتُ على ثقة بأنها لم تفهم شيئًا.

لم أنتبه لوجود الْعَمّ سُلَيْمَان في الداخل، ولو كنتُ عَرَفْتُ بوجوده لما اقتربت إلى هذا الحد، سمعتُه ينادي... لكن الْجَدَّة سَكِينَة لا تسمع وكأنها قد أُصيبت بالصمم من شدة فضولها، لقد أثار نداءه فضولي، ولعب الفأر في عبيِّ، ثم ألحَّ الصوت المنادي من الداخل، وسأل:

«من عند الباب؟»

أتتْ سَلْوَى مستطلعة بعد سماعها سؤال جَدِّهَا! اتسعت عيناها؛ فَشَهَقَتْ:

«آآآآه..!»

لم أستطع وصف صوتها المنغَّم الهامس!

شَعَرْتُ بسخونة في دماغي في تلك اللَّحْظَة، وأخذتْ مَعِدَتِي تتلوَّى، وصار صوتها يتكرر في داخلي، ثم أجبتُها في سرِّي:

«أنا، هذا أنا يا سَلْوَى!»

* * *

أعادني تَنَحْنُحُ الْعَمّ سُلَيْمَان إلى رُشْدِي:

«دعوه يدخل...».

مسحتُ حذائي بالأرض، وتمنيتُ ألا أدخل، وأن تبقى سَلْوَى أمامي، وأن تتوقف الدُّنْيَا عن الدوران، ويرحل الجميع ما عدانا.

تراجعتْ سَلْوَى على الفور، ولم تستطع أن تتمهل، فالسؤال المتكرر: ألا تخجلين؟ يلاحق الفتيات في مرحلة البلوغ، كأنه المرشد الوحيد الواضح لهن، إنه واقع طبيعي حادٌّ وقاطع بقدر تلك الصخور الصُّلْبَة التي تحيط بهَضْبَتِنَا، ولا جدال بشأنه.

«دعوه يدخل، لِنَرَى ما الأمر؟»

دخلتُ مستسلمًا تقودني قِلَّةُ حِيلَتِي...

* * *

اقتربت من الْعَمّ سُلَيْمَان وقد كان مستندًا إلى طَرَفِ الدَّكَّة يحتسي الشاي. جلستُ فوق اللُّبَاد، فراح يسأل، ورحتُ أشرح له، وكنتُ أُخفي جَيِّدًا في زحمة الكلام كل ما يتعلق بسَلْوَى، وحاولت أن أستشف من إنصاته الصامت ما إذا كان الأمر سيُختتم بمكافأة أم بمصيبة.

وجهه الذي لم أستطع أن أميزه على ضوء المصباح، كان يرتخي كلما شرحتُ له أكثر، أدركتُ ذلك بوضوح مع مرور الوقت:

«لقد قلتَ ونحن في القرية بأنني سأكون مُتَنَوِّرًا وكاتبًا أَيْضًا».

حدثتُه عن المدرسة وعن الْمُعَلِّم، وأخبرتُه بأن المدرسة صعبة جِدًّا، وأن الْمُعَلِّم يُعَنِّفنا، حادثتُه كأنني كاتب على الأقل، وفضفضتُ عما في داخلي قليلًا.

وكنتُ كلما لاحظتُ أنه ينصتُ إليَّ وبأنه بدأ يفهمني أُفصح أكثر، لكن أمر سَلْوَى لا يلبث أن يعود ليرهق ذهني، فأتمالك نفسي حتى لا أغفل ويزل لساني بأي كلمة في غير محلِّها، وأخنق نصف كلامي تحسبًا للعواقب. ثم

لاحظتُ أن بطن الْعَمّ سُلَيْمَان الكبير يتحرك تحت الضوء الخافت، فاستمددت الشجاعة. كنتُ على يقين أن الإنصات للأحاديث بمثابة متعة صغيرة بالنسبة له في فترة بقائه في الْهَضْبَة الرتيبة برتابة السهول الممتدة اللامتناهية؛ لذلك كان ينصت باهتمام، وقد يكون ممتنًّا لأن رؤيته لأوروبا قد أَجْدَتْ نفعًا حَقِيقِيًّا، فسأل وابتسم، ثم قال:

«أنت محقٌّ، لا يكفي أن تكون مُتَنَوِّرًا! كن كاتبًا».

توجه لي بالكلام! حدثني مباشرةً! أدركتُ بأن رجلًا «أَلْمَانْيَا» يرشدني إلى الطريق كأنه يمسك بيدي ويسحبني، ويخرجني بعيدًا عن المحن! تملكتْني سعادة كبيرة حتى أن سَلْوَى ظلَّت في خلفية أفكاري للحظة. لكن قلبي لم يطاوعني أن أبقيها في الخلفية، فباشرتُ في ترتيب أفكاري سريعًا. وفي تلك الأثناء كان الْعَمّ سُلَيْمَان يحكي من دون أن أسمع، بل كنتُ أومئ برأسي منعًا للإحراج؛ وسمعتُه يقول:

«... نعم هكذا.. ما دام لديك الشغف بأن تكون كاتبًا؛ إذًا كن كاتبًا يا ولد.. ستكون نافعًا لوطنك».

في تلك اللَّحْظَة، في تلك اللَّحْظَة بالذات، آمنتُ من صميم قلبي أنني سأصير كاتبًا! وأقسمتُ أنني سأفعل كل ما يلزم لتحقيق ذلك، لقد وَعَدتُّ نفسي.

***

صار في حوزتي أكثر من كتاب ورواية فكاهية، بالإضافة إلى الأكياس الورقية. كنت أفتحها في الطريق وأتشمم رائحتها... رائحة سَلْوَى! أمسح عليها بيدي وأنا أضعها في عبِّي، أسير وجرائدي تحت إبطي، وكأني أطيرِ من الفرحة، فرح يطن في أذنيَّ، وفمي يُصِفِّر.

سرتُ نحو بيتنا عند الجهة المقابلة، ووقفتُ قرب الساحة الصغيرة الفاصلة بين الجهتين، واستمعتُ إلى خرير الماء، جلستُ عند المجرى بقرار حاسم، كأنني لستُ أنا من توقف بل شخص آخر، أو كأن شيئًا ما أوقفني، انحنيتُ في الظلام وأنصتُ إلى الماء، وفي تلك اللَّحْظَة كنتُ أشعر بالمتعة من هذا الفعل مهما يَبْدُ سخيفًا، كل شيء يتحول إلى أغنية شعبية جميلة في ذهني. شَعَرْتُ بتدفق المياه الذي يخترق الظلام حتى النُّخاع، انحنيتُ وهَمَسْتُ للماء:

«سَلْوَى... سَلْوَى!»

سيقبلون بي زوجًا لسَلْوَى! سيسقط ثَرْوَت من عين الْعَمّ سُلَيْمَان، الدب الْوَغْد السمين! حتى وإن كنتُ أظن العكس حتى الآن، سأحاول أن أصدق الأمر من الآن وصاعدًا، ماذا عساي أن أفعل إن كنتُ قد صدقتُ حتى الآن أن سَلْوَى لن تتزوج بي؟ في النهاية ألا يمكن للحوادث الطبيعية أن تتغير حين يتطلب الأمر ذلك؟ يا له من تغيير! فالعم سُلَيْمَان رجل قد رأى أوروبا، لن أعرف أفضل منه! أليس كذلك؟

* * *

إن نوبة الحنان تلك غير المتوقعة من الْعَمّ سُلَيْمَان جعلتني شخصًا سعيدًا.

بدأتُ أستجمع قواي العقلية، مع عدم التخلي عن الاحتياط والحذر؛ لذلك فكَّرت بحيادية قدْر الإمكان، وراجعت علامات الخطر والإمكانات.

«لكن لا، النهاية السعيدة لا تتغير».

استأت من نفسي لأنني لم أجرؤ على تحمل تلك السعادة التي انبثقت فجأة، وتساءلت لماذا يُشغل ذلك المُسِنُّ نفسه بأموري إلى هذا الحدّ؟ راجعت التفاصيل الأخرى لربما كنت قد نسيتُ شيئًا، لماذا دَسَّ

ذلك الكتاب تحت إبطي؟ أخذتُ أترجم لنفسي التنبيه الآتي من عمق تفكيري؛ ربما أراد أن يختبرني ويكلفني بواجب، أو ربما يمنحني فرصة، لأجله، لأجل سَلْوَى! حتى وإن كان الْعَمّ هَارُون غَنِيًّا وله علاقة بأَلْمَانْيَا، وإن كان ثَرْوَت الْوَغْد يتفوق عَلَيَّ في بعض الجوانب، فهو لا يأتي إلى الْهَضْبَة سيرًا على الأقدام مثلنا بل يصل بسيارته البيدفورد متباهيًا كأنه خلق تلك الجبال الصغيرة، ويوزع الفاكهة على أطفال الْهَضْبَة. لا بأس، صار لَدَيَّ فرصتي الآن.

***

يا الله! لِم لا أصدق بأنني كاتبٌ!

أنا كاتب منذ الآن، نعم، أنا من كتب في دفتر الرسم، وما المشكلة إن كنتُ قد كتبتُ بعضه نقلًا وتقليدًا؟ أنا كاتب، حتى وإن كنتُ لا أدري كيف يجب أن يعيش الكاتب، وماذا عليه أن ينتبه، وممن يجب أن يقبل الهدايا أو لا يقبلها، وماذا عليه أن يرتدي؟ فكل ذلك لا يغير النتيجة. أنا كاتب، بحسب رأي الْعَمّ سُلَيْمَان.

صار بإمكاني تلمُّس أحلامي... أنا أتغير؛ أي أنني سأعيش ليس بصفتي جنيد أركين بل بوصفي كاتبًا، لماذا لا تكون خربشاتي في دفتر الرسم بمثابة ملاحظات دونها المؤلف؟ ألم يَصِرْ عمر سيف الدين، وكمال الدين طوغجي اللذان درسنا عن حياتيهما كاتبين، ألم يصيرا كاتبين بطريقةً ما؟ هذا ما قاله لنا الْمُعَلِّم في الصَّفّ.

عَلَيَّ الاجتهاد في الدراسة، وذلك شرط مهمٌّ، ثم عَلَيَّ المداومة بانضباط، أما الموهبة فتأتي بعد ذلك، والموهبة موجودة لَدَيَّ. فحصتُ ما في جَعْبَتِي، ربما لم تَصِرْ تدويناتي كتابًا بعد، ولكن ملاحظاتي ستصير كتابًا في المستقبل.

ألقى الْعَمّ سُلَيْمَان ضوءًا جديدًا كلَّ الْجِدَّة على حياتي، أنار ذهني، وجعلني أستقبل نتيجة تلك المصادفة السعيدة فاتحًا ذراعيَّ ومُرَحِبًّا! يا لتدبير الله! رجل مُسِنّ، علاوة على أنه فاقد لساقه، وتقاعد بعد عودته من أَلْمَانْيَا. ها هو قد عاد إلى الجبال لينقذ حياتي. فليحيا الْعَمّ سُلَيْمَان! فليحيا بختي السعيد! أن يولد المرء محظوظًا هل يجعله ماهرًا؟

إن مهمتي الآن أن أواكب نفسي الحالمة الجديدة، وأن أعيش مثل كاتب شريف، وأحول دون إفساد الأمور. كل شيء سيكون أسهل عند العودة إلى القرية، أما في المدرسة فلم يعد من الجائز تلقي الضرب، فهناك شاحنة من الكتب كلها من أجلي وفي خدمتي، رضي الله عمن جاؤوا بها ووضعوها هناك، سيكون ذلك كل ما يشغلني، أما الوقت الباقي سأكرسه لواجبي المنزلي، سأعمل على التصديق، وأفعل كل ما بوسعي لأجله، فكل ما يشغل الكاتب هو تنشئة نفسه تحت الظروف الصعبة، مثله مثل الكُتَّاب الكبار الآخرين.

* * *

عَلَيَّ أن أضيف تفصيلًا آخر، إن تصرُّف الْعَمّ سُلَيْمَان حِيَالي والذي أثار دهشتي، لن يصيبني بالاختيال والتراخِي، بل على العكس، سأستمد الجدية من ذلك التعامل المذهل.

صِرْتُ أتكئ على موقف الْعَمّ سُلَيْمَان بجدية كاتب، أصبحتُ أمر كل مساء على البيوت بإصرار... لا أحد في الْهَضْبَة يشعر بشيء على ما يبدو، لا أحد ينتبه لما أُحِيكُه في الخفاء، أواصل عملي دون أن أُشعِر العجائز، مستودعات القيل والقال، بنواياي. يا لها من أسئلة! كأنها أسئلة الحساب الأخير! جهزتُ نفسي للإجابة في الجبل وعند الرَّبْوَة طَوَالَ الوقت:

«هل تريد جدتك الأكياس الورقية لإشعال التَّنُّور؟ يا لك من لحوح!»

«لا؛ الأمر لا يتعلق بجمعها لإشعالها أبدًا».

أضحك من أعماقي من الْجَدَّات المسكينات، لكن وجهي يبدو جادًّا دائمًا، أتطلع لإنهاء تلك الْمُهِمَّة بأسرع وقت، هل أُهْدِر كل الصور المذهلة والألغاز وكتابات الأبلة جوزين من أجل إشعال النار؟ هل هذه سذاجة أم ماذا؟

وهكذا انتقلت إلى البيت التالي وأنا أطوي تلك الكنوز باعتناء وأضعها بين كسرات الخبز في جَعْبَتِي.

لقد قسمتُ الْهَضْبَة ذات الثمانية وأربعين جزءًا في ذهني إلى أقسام، ووضعت قائمة ببعض البيوت في جَعْبَتِي.

حتى النساء اللاتي قرأتُ لهن شعر ناظم حِكْمت منحنني إذنًا للبحث عن ذاتي، وهكذا خمنت بسعادة أنني سأتلقى منهن صُحُفًا للقراءة حتى نهاية الصَّيْف، بل ستزيد كميتها ويبقى منها للصيف القادم.

وعلى هذا المنوال قصدتُ البيوت النائمة بهدوء في أحضان الضَّجَّة اليومية المتباعدة.

كنتُ أنقب في زوايا الصحف عن الأخبار الملوَّنة التي ليس لها علاقة من قريب أو من بعيد بكتبنا المدرسية، وعن الحكايات النابضة بالمشاعر، وصفحات الأبلة جوزين، وصور الحفلات الموسيقية، وعن المقالات، وصور الفنانين، وأتحول وأنا أجمع كل ذلك إلى فأر شرعي في الْهَضْبَة.

* * *

أفتح أكياس الورق التي جمعتُها بعناية كبيرة، وأفردها على ركبتي. إنها صحف الحرية والقومية التي تسجل تقريبًا كل حدث ارتبط بمن عاش قبل شهور أو أعوام وما زال يستحق العيش، تسجله وتحفظه بكل توهجه.

لم يستغرق تَحَمُّلِي لنوبات غضب جَدَّتِي طويلًا بسبب رفضي استخدام مخزون الجرائد في الفرن، كنتُ ألفها بالنايلون وأرصها بدقة في إحدى زاويا كوخنا البعيد قليلًا عن البيت، حيث نجمع الْعُشْب الجافّ. وكنتُ أغطيها بألواح خشبية صغيرة ثم أثقّلها بحجر.

ينشغل ذهني دائمًا بالجرائد حين أكون في البيت أو في الجبال، وعندما أعود من الرعي مساءً أستغل فرصة انهماك جَدَّتِي في حلب الأبقار وأقصد الْكُوخ بسرعة، أتفقد كنزي... أرشيفي.

أخرج بحُجة التبول قبل أن أغمض عينيَّ المثقلتين بالنُّعَاس، أذهب خُفْيَةً عن جَدَّتِي على ضوء الولاعة، وأرفع الحجر وآخذ لفة النايلون في حِضْني، أتحسسها وأفتحها وأسحب من المجموعة جريدة عشوائية، أخبئها في عِبِّي وأعود إلى البيت وأدسها في جَعْبَة طعامي، وفي النهار حين أبدأ أنا والأبقار رحلتنا نحو الجبال، وقبل أن نأخذ موضعنا في الْمُرُوج عند النهر، أخرجها وأُحَدِّق بها، أقرأ العناوين الكبيرة، وأنظر إلى بعض الصور، أما في فسحة الظَّهِيرَة بعد انتشار الماشية للرعي هنا وهناك، ألتهم كل الأخبار بدءًا من الغلاف، وأخبار الدول الأوروبية، ورؤساء الدول، وتصريحات كنان إيفرين، والأعلام، والمباريات... كلها، وأترك الجزء الممتع إلى فترة ما بعد الظهر، وهو حل الكلمات المتقاطعة التي تحتوي على صور الفنانين، أترك ذلك إلى الساعات الأخيرة، حين تُنْهِي سَلْوَى اللعب واللهو مع الفتيات، سَلْوَى قارئتي الوحيدة، التي تبدأ بالتحديق بي بعينيها الجميلتين إلى حدّ يفوق الوصف. في تلك الأمسيات يتوقف ضَجَر الرُّوح عن الاصطدام بالأوقات الرتيبة المُمِلَّة، تلك الأوقات المقفرة والفريدة والساحقة والوهمية.

***

بمناسبة ذكر ضَجَر الرُّوح... مثلما تقول سَلْوَى دائمًا، هل عدم شعورها بالملل يعود إلى ما أقرأه لها من كتاباتي، هل يعني ذلك أنني سأنجح بأن أكون كاتبًا؟ لا أعرف. هل عَلَيَّ أن أهتم؟ حتى ذلك لا أعرفه.

في الوقت ذاته، أنتشي من الشعور بكل تلك الأمور ونحن وحدنا، وبتعبير أدق، ونحن وحدنا تقريبًا.

ففي الأيام التي لا يأتي فيها ثَرْوَت بالشاحنة، نكون وحدنا.

الفصل الثالث عشر

احمرار الغروب يصبغ الطبيعة، ويُغرق التِّلَال البعيدة بدمائها. جلسنا معًا عند صخرة نراقب هجوم الأبقار باشتهاء على الْعُشْب الرَّطْب المبلل بندى العَشِيَّة، كل شيء هادئ وساكن، حتى الماء بدا راكدًا ويختال متمددًا على طول الوادي، أما الْمُرُوج فقد تلوَّنتْ بالْأَحْمَر مع اختلاطها بأشعة الغروب، وبحار الأقحوان قد اصطبغ بياض زهره بحُمْرة الغروب.

ظَلَّتِ الْوِهَاد خالية كأنها في حالة ذهول بعد انسحاب قُطْعَان الماشية، وسكون غوغاء الناس عند غروب الشمس. الأمن عَمَّ المكان كأننا في أمان لا يتزعزع، كأننا في دنيا غير الدُّنْيَا، وكأن المزيد آتٍ.

* * *

أخرجتُ دفتري من كيس النايلون، توهجتْ عينا سَلْوَى، حاولتُ أن أحكي لها عما تكدس فيه من أحداث طَوَالَ اليوم، شَعَرْتُ بدهشتها وشغفها ما إن فتحتْه، أَرَدتُّ أولًا أن أُشَوِّش عقلها؛ كي تُظهر ولو لمرة مكنوناتها، وتمتنع الدُّنْيَا عن تشتيت انتباهها، حينئذ تتعرَّف عَلَيَّ بعقلها. أريد لخطابات العشق غير الممهورة بتوقيعي أن تجذب اهتمامها، وأن تصلها نداءاتي باسمها التي حشرتُها في ثقوب الجدران ولففتُها بالنايلون بإحكام، بعد أن صدحت من الأبراج وعبرت التِّلَال.

ألا يقولون: إن الإلحاح كالسِّحر؛ لماذا لا تصل صوت تمائمي إلى سَلْوَى إذًا؟ لماذا لا ينتهي عذابي؟ أريدها أن تقرأ كل ما كتبتُه لها طَوَالَ الصَّيْف،

وأن تُدرك أنها تتراسل مع الأبراج الحجريَّة، أريدها أن تُدرك مقدار السِّحْر الذي ينتظر أيامًا داخل أبراج إشكيلاس، وباونيق، وقاندولوت، وقارابوغرا.

وعلى ذكر السِّحْر... إنه لا يبذل قُصَارَى جهده مثلي، لقد مضى أسبوع تقريبًا، فلِم لم يفعل مفعوله ويُنهي الأمور، لقد جثوتُ على ركبتي وحكيتُ كل ما حكيتُه، إنني أرغب في جعل سَلْوَى مدركة لأحكامها الخاطئة بخصوصي، قد تدرك لاحقًا -ربما- لكنني أريدها أن تدرك. تلك الموجة المتخبطة في قاع الحياة، الموجة التي لا ينحني معصمها، أريدها أن تغير اتجاهها، وأن يتدفق كل ما تحمله على ظهرها في اتجاه آخر، أريد أن ينفتح قلب تلك الفتاة من تِلْقَاء نفسه مثل حقيبة الهدايا.

إذا كان السِّحْر موجودًا حَقًّا، ورسائلي الأربعون المنتظرة في ثقوب جدران البرج منذ ستة أيام بالضبط، فليكن ذلك من أجل مستقبلنا، ولتتخذ رسائلي القرار؛ عليها ألا تدع الوقت يمر دون جَدْوَى، فليحمني سحر رسائلي من قَدَرِي.

***

«سَلْوَى، أتعرفين أن السِّحْر يغير كل شيء في حياتك، إن أَرَدتِّ؟»

«...».

عيناها المتوهجتان تتبدى بين سطور كلماتي من دون دعوة، كتاباتي التي يحترق قلبي عليها! على أية حال، كلامي يلفُّ ويدور مع قليل من التزيين والمبالغة طبعًا، وكأن السِّحْر موجود بين صفحات الصحف والقصص الفكاهية تلك. يصيبني الزَّهْو حين أقصها وأستخرجها من مجموعة الصور الملونة. تركتْ سَلْوَى يدها فوق يدي بتِلْقَائِيَّة وسهولة فأدخلني ذلك إلى عالم ملون، الرائحة التي فاحت من قميصها والقرط المتدلي من أذنيها، بل كل

شيء فيها جعلني أفقد وُجهتي، إنها تسمع خَفَقَانَ قلبي لا محالة، كنتُ من حين إلى آخر أتعلل بمشاهدة غروب الشمس كي أصمت وأتنفس.

لم تفارقني الدهشة من كثرة ما يمكن لغروب الشمس أن يقوله في لحظة واحدة، ولفترة من الوقت بقيت متأملًا هذه القصة التي يصعب تعريفها، ومتأملًا غروب الشمس، والصمت الذي يخرقه صوت الأبقار في المرعى.

لا تنشر الصحف القصص التي تنتهي بلم الشمل والوصل على عكس ما تظنه سَلْوَى، وأيًّا كان تاريخ صدورها فإنها لم تصدر كي تمنح سَلْوَى بعضًا من السلام، وكي تجعل نظراتها سارحة حالمة. ما أدراني، لكنني بالطبع أنا موجود لأجلها، أفعل كل ما بوسعي كي أزُجَّ سِحْرًا مُجْدِيًا بين جنبات تلك القصص.

تتقلص المسافة بيني وبين سَلْوَى مع أكثر جزء مؤثر في الحكاية، مقدار صغير إضافي من الشجاعة جعل كتفها تستند على كتفي... إن الحزن الكبير أو الفاجعة المشحونة بالعواطف في الحكاية، قربني منه وفتح لي ممرًا نحوها لا يبعدني عنها أكثر من شبر تقريبًا، استمتاعي السِّرِّي بهذا القرب جعلني ثَمِلًا، ابتلعتُ ريقي دون أن أدعها تَشْعُر، واستجمعتُ شجاعتي لأحكي لها حكاية جديدة.

***

حكاية أخرى...

صمتتْ سَلْوَى في نشوة، لا، لم تصمت، بل بدا لي أنها تتأنى حتى تترك لصوتي المجال كي يُفصح. كانتْ تهمس ببعض كلمات غير مكترثة، وفي عينيها بريقٌ.. ثم قالت بكلام متسلل:

«هل هذه أنا مثلًا؟»

هززتُ رأسي مؤكدًا بجديَّة، ثم باشرتُ في تغيير تفاصيل الحكاية مستعينًا بالجريدة، وحوَّلت كلينا إلى بطلين في مغامرات خيالية...

ها نحن ننظر إلى غروب الشمس من المكان ذاته، عيوننا تنظر ولا ترى، مدَّني ذلك بالشجاعة، حتى أني دعوتها لتضع رأسها على كتفي. وما دمتُ أنا من يحلم ويتخيل كل التفاصيل، كانت تزج بأسئلتها فتُخجلني فتجعلني أتخيلها في حكاية برَّاقة.

وأخيرًا يفعل السِّحْر مفعوله! وتقول:

«حسنًا، أين أنا في تلك اللَّحْظَة!»

لقد سُمِحَ لبريقٍ صغير خفي بأن يغمر وجهها وينير بالقدر الكافي ما يخصنا من السؤال، حينها وجدتُ الشجاعة وانتبهتُ لفكرة تدور برأسي عنَّا، صِرْتُ ألف وأدور بالكلام وأجعل الموضوع عنَّا.

سَخَنَتْ أُذناي وجفَّ حَلْقِي، ابتلعتُ ريقي الناشف مجددًا دون وعي منِّي، وكنتُ كلما أطلتُ الحديث فقد الموضوع أهميته؛ لأنه ما إن يصير كل شيء متعلقًا بكلينا، حتى يتحدد الأمر ولا يكون هناك موضوع سوى النار التي تتوهج داخلنا. بدتْ سَلْوَى كأنها لا تمانع ذلك، لاحظتُ عدم شعور جسدها وعدم مبالاته، فازداد يأسي، وصِرْتُ غير قادر على قول أي شيء لن يتحقق عنا حتى في مستقبلنا.

حتى الباب الذي لن يفتح، وإن كان مواربًا، أو كان بابًا من أبواب الشغف، فشهوة قرعِه لا توصف! إنها لذة مجيدة لليأس! عندها فقط أدركتُ أن سَلْوَى تنظر من فوق كتفي إلى نقطة بعيدة، بعيدة جِدًّا، حيث يوجد ثَرْوَت! وشَعَرْتُ مقهورًا بأنها سعيدة من أعماقها...

بلعت ريقي علنًا وبشجاعة، فلم يعد يهمني أن تفهم.

حتى وإن كنتُ أتحدث عن أشياءَ مختلفة، إلا أنني في النهاية أقصد

تلك النشوة التي حَصَلَتْ تِلْقَائِيًّا وبعَفْوِيَّة، تَمَامًا مثلما يهيمن البدر على تلك الْهَضْبَة المنعزلة في بعض الليالي، ومثلما يحتضن ضوؤه تلك الجبال وتكون سَلْوَى بعيدة.

طلاء الموت.

* * *

واحدة من النجوم التي بدأت في الظهور للتوِّ في الهواء النقي خطفتْ أعيننا وسحبتنا من الأرض إلى السماء معًا، سَلْوَى تمنت أمنية على الفور، وأنا لم أستطع الاعتراف لنفسي بما يتبادر إلى ذهني بالطبع، فبالنسبة لي حَالِيًّا، أمنيتي كبيرة وتحقيقها غير وارد، ولكن حين أكون بمفردي سأقرر ما إذا كنت سأصدق بذلك أم لا.

* * *

لقد حل المساء دون أن نشعر، قد تكون أصوات الماشية في المراعي تزنُّ في آذاننا، مع أنها انسحبت وسارت باتجاه حظيرتها منذ فترة. ننظر حولنا عبثًا كأننا استيقظنا للتوِّ من نومنا، لقد بَزَغَتِ الشمس، وظلت حمرة طفيفة تخيِّم على هَضْبَة إشكيلاس.

* * *

مر وقت قليل، فانتبهنا لظلالٍ ثلاثة أتت متعقبة دربنا من جانب الْهَضْبَة في اتجاهنا مباشرةً، لاحظنا في دهشة أن أحد الظلال ينحني ويقف كما لو أنه يلتقط شيئًا ما من الأرض في كل خطوة، ثم تناهى إلى سمعنا غضبه المسعور المحمول مع الريح، إنه الْعَمّ سُلَيْمَان!

الفصل الرابع عشر

بدأتُ بجمع الأوراق التي تركتها في البرج، حتى تلك التي وضعتها في أماكن أكثر وضوحًا وبقيتْ منتظرة دون أن يمسها أحد، أدركتُ أنه لا غضب الْعَمّ سُلَيْمَان المدوِّي مثل صواعق السماء، ولا شتائمه، ولا حقيقة أن سَلْوَى مرتبطة بعهد الزواج، ولا أي شيء يمكن أن يُحزن الكاتب بقدر ما يحزنه أنه عاجز عن التحكم بسحره الخاص.

أتجول في كل التِّلال... ليس لَدَيَّ خيار سوى أن أستعيد سحري، أسحب التمائم الصغيرة المحفوظة في النايلون من الجدران الحجرية وأجمعها، أغسلها جَيِّدًا في مغارة النبع النائم، وأزيل عنها التراب العالق بها.

* * *

لم أعد أعرف كيف سيكون وضع مهنتي ككاتب، لم أرَ سَلْوَى لأيام، لأيام طويلة جِدًّا، غيابها ملأ الجبال، لم تعد الأبراج تصلي ولا تُخفي السِّحْر بعد ذلك، بل فقدتْ تلك الأماكن معانيها بالنسبة لي.

حاولتُ ألا أفكر بالجوانب السلبية، وما إذا كان الْعَمّ سُلَيْمَان سيطوِّر الأمور ويصل بها إلى حد المساس بالشرف؟ هل سيقيم الدُّنْيَا ويقعدها؟ لم أستطع أن أحدد.

فكرت مُطَوَّلًا وأنا عائد إلى الْهَضْبَة ليلًا، لم أفهم، كانت الأفكار تنهشني.

* * *

استجمعت أفكاري المشوشة في النهاية، وأوجدتُ لنفسي وجهةً معقولة... تحدثتُ إلى نفسي، مثلما يحصل في نصوص القراءة في المدرسة؛ أي مثل الناس المتحضرين...

«هل أنا كاتب؟»

«نعم».

«هل لَدَيَّ عملي الخاص؟»

«نعم».

أتنازع مع نفسي:

«هل أنت أحمق يا بُني؟»

وكي أمنح نفسي بعضًا من الشجاعة أخاطب نفسي بالقول:

«... أيعقل أن تكون أحمقَ؟»

أجزم بأنني لست أحمقَ وأصدق ذلك. أضع هذا الْهُرَاء جانبًا؛ لأنني لا أريد أن أصاب بالجنون، فعلى الكاتب أولًا أن يحمي صحته العقلية.

* * *

لكنني من ناحية أخرى سلكتُ هذا الطريق، ليس لأنهم على حقٍّ بل لأنه ليس أمامي حلّ آخر، فإذا كان الوضع كذلك، عَلَيَّ السير قُدُمًا، وعَلَيَّ أن أقدم النصح لنفسي، وأن أساندها.

وأقول لنفسي:

«قد ينتهي الأمر مع سَلْوَى أو من دونها، قد يُسْكِت ذلك غضب الْعَمّ سُلَيْمَان أو لا يُسكته، قد يُقنعه أو لا، لا يهم، المهم بالنسبة لي يكمن في السؤال: هل أنت كاتب حَقًّا؟»

نعم أنا كاتب، وسيكون لي صحف يومية لأقرأها، وكتب أَيْضًا، إن دفتري يحتاجني وسيصير كتابًا في المستقبل، من يدري كم من المواضيع والصور الملونة التي ما زلت أحتاج إلى لصقها على صفحات دفتري وأدوِّن تعليقاتي أسفلها، هل كل الكتب تتناول قصص الحُبّ أم لا؟! لا وهذا مؤكد... بلى، بعضها كذلك.

نعم أو لا؟

نعم ولا.

***

بدأتُ في التهام الجرائد بشهية غير مسبوقة! مثلما كان أصغرنا يلتهم ثدي أمي، ومن وقت إلى آخر يلتف نحونا وهو يرضع الحليب دون أن يُفلت ثديها، هكذا بدأ أرشيف صحفي بالنضوب في المتجر، لكنني بِتُّ أركز على الكتابة...

دونتُ الملاحظات، وبدأتُ في كتابة تعليقاتي تحت الصور، تعليقات تتضمن شتائمَ وخطايا، ورُوَيْدًا رُوَيْدًا بدأت في الاستمتاع بهذا العمل، صِرْتُ ألتهم صفحات مجلتي الحرية والقومية، ولم أعد أنظر إلى صفحة الأبلة جوزين في جريدة الحرية، بعد أن كانت هَوَسًا بالنسبة لي، كنتُ ألصق الصور في دفتري بواسطة خليط العجين اللاصق، أترك ما تبقى منه ليذهب مع الريح، كقشور البقوليات التي تُرْمَى بعد تفريغ أحشائها تَمَامًا.

***

إن تلك الكائنات البيضاء التي يزداد عددها بمرور الوقت في جبال الْهَضْبَة العارية من أية أشجار، يمكن تمييزها بعد مسيرة يوم، وإن مشاهدتها

من بعيد إلى أن تتوارى عن العيون، ومشاهدة كتلها البيضاء الساحرة تلك، التي أعرف فحواها وأملك أسرارها، تمنحني متعة غريبة، لكنها متعة ناقصة بعض الشيء؛

بسبب سَلْوَى.

* * *

ولكن للأسف، يظهر الجانب المُرْبِك من هذا العمل بين يوم وآخر، ففي الجبال الشاسعة، تظهر للمرة الأولى زهور القتاد البيضاء، والشقار الصخري، لكنها زهور تغير مكانها، وتفتُّحها يُرْبِك الحيوانات، بل يُرعبها.

تلك الكتل المستديرة البيضاء المتحركة لا تنفكّ تنجرف مع الرياح من تلّة إلى أخرى، فيجن جُنون القطيع من ذلك الذئب الأبيض المقترب، ويجن جُنون الرعاة الذين لا يقدِّرون فضيلة الكتابة، وتمزق كلاب القطيع الأرض من الغضب أَحْيَانًا كأنها قربان، ويلاحق بعضها وريقات الصحف عبر الجبال حتى منتصف الليل، ويجد تلك الْكُرَات بصعوبة، وهي تخترق مجموعة الماعز وتفرِّق تلك الحيوانات المِسْكِينَة شَذَرَ مَذَرَ، فتركض تلك الشياطين البيضاء أمامها مثل عِجْلٍ مُستميت.

* * *

بعد مرور أسبوع تقريبًا، بدأتِ الشكوك تراودني؛ فإما أن النبع النائم يطبع تلك الصحف، أو أن هناك شخصًا ما يجلبها ويضعها هناك.

لا الحيوانات ولا الناس على حد سواء يتقبلون الصحف مستمتعين كانوا أو خائفين، ولا يفكرون بالاعتراف بالعالم الملون الخفي الذي تعد به، حتى أنني لم أستطع أن أذكر جزئية الكتابة لأحد أبدًا، من أين لهم أن

يعرفوا أن حياة الكاتب تحظى بالاحترام؟ لا يعرفون مطلقًا، ولا يحاولون أن يفهموا؛ على سبيل المثال، لا تنفكّ جَدَّتِي تقول: إنني أهملت الماشية «بسبب النظر في أوراق الشيطان الملعونة تلك»، أُريها الْبَسْمَلَة في الصفحة الأولى من دفتري، لكنها لا تستطيع الربط بين الأمرين أَحْيَانًا، ففي تلك الجبال التي لا يطير فوقها طائر ولا تعبرها قافلة يكون الإنسان عدوَّ ما لا يفهمه؛ ما الجريدة؟ ولذلك لا أتحدث عن حلم الكتابة مطلقًا.

* * *

مع الوقت، يُعادي الرعاة والحيوانات في الجبال الجرائد ويعارضون وجودها، حتى أن هناك من يطلق الرَّصَاص على تلك الشياطين البيضاء لأنها تلاحق كُرَات الورق، فعلى سبيل المثال، يتحول الأمر لدى عَلِيّ الطَّعَان راعي الغنم إلى تسلية، فربما التصويب على هدف متحرك يحمل نوعًا من المتعة، وهذا يخيفني بعض الشيء.

على أية حال، يعمد الرعاة والسيدات وكذلك إمام المسجد الذين يشتكون من الجرائد، إلى شد أذني وتنبيهي عند عودتي إلى الْهَضْبَة، محاولين دفعي إلى الملل وكي يصرفوني عن ذلك، أُدرك أنه لم يعد بإمكاني الصمود في مواجهة ذلك الجدار الأصم، حتى المنازل التي كنتُ أطرق بابها قد نفد مخزونها بالفعل، وصِرْتُ أنتظر أيام الخميس التي تأتي فيها شاحنة البيدفورد، فأزحف خلف أكياس الورق المرسلة إلى المنازل مثل القطط التي تجري وراء طعامها، وسط حال من اليأس يوشك على الانتصار.

لم أجد المساعدة من الْعَمّ سُلَيْمَان بعد اليوم، لم يضربني أو يهينني، ولكن سلوكه الرحيم تبدد، لقد أدار عني عينيه الناعمتين اللتين كانتا تدعمان أمري في الخفاء، ورغبتي في أن أصير كاتبًا، وتحولتا إلى نظرات حَادَّة

لا تفارقان وجهه، إن مصير مهنتي في الكتابة على المحكِّ، وكنتُ أعزو ذلك إلى تغيير رأيه بخصوص سَلْوَى، لكن النتيجة لم تتغير.

هل ينصت الرعاة للعم سُلَيْمَان؟ مع ذلك يكون هذا أفضل احتمال؛ لأن ما يأخذه الرعاة بعين الاعتبار غير معروف؛ ولأن مسألتي اختلفت الآن. على أية حال صِرْتُ مُحَاطًا من كل الاتجاهات، وزادي من الصُّحُف على وَشْك النفاد، فجَعْبَتِي تخضع للتفتيش عند المساء أَحْيَانًا، ووجود جريدة تغلف شطيرتي أصبح ذنبًا بالإجماع، وكأن الحياة صارتْ تذبل تَدْرِيجِيًّا مع النباتات التي في الجبال، وصِرْتُ أنتظر وقت عودتنا، واجتيازنا الوادي في ثلاثة أيام؛ كي نصل إلى القرية.

***

كان الوضع على حاله، حتى ذلك اليوم الأسود حين هَبطتُ إلى الْهَضْبَة مساءً، كنتُ أجر قدمي خلف صف الأبقار المربوط بالحبل. لم أكن مذنبًا في ذلك اليوم، ولم يكن في حوزتي جريدة! من الصعب أن أصف لكم كم كان ذلك اليوم طويلًا، كنتُ أقتل وقت الفراغ الطويل بالنُّعَاس، وأسير بجوار الماشية مصطحبًا عصاي أنقلها بعيدًا عن جَلَبَة البنات الشرسة والغَنِجة، وأحرق القتاد المجفف بالقَدَّاحَة التي أخذتها خُفْيَةً من عَمِّي، وكنتُ أفتحها أَحْيَانًا وأشم رائحة غازها، وألبس حذائي المطاطي دافعًا الماء بقوة خارجه بعد أن أكون قد ملأتُ جوفه به، وأمضغ خبزي حَافًا دون غمُوس.

وحين مررتُ من أمام الجامع وقد تدلتْ كتفاي كمن عرف حدَّه، رأيت جريدة بين يدي الْعَمّ سُلَيْمَان، رفع رأسه ونظر إليَّ. لا بد أنه رغم كل شيء قد أحزنته حالي؛ إذ كنتُ أسيرُ متمهلًا، أنتظر، أراقب، أفهم من تعبير وجهه أنه يأذن لي بالاقتراب منه، دنوتُ منه وجلستُ قربه، وألقيتُ جَعْبَتِي وعصاي جانبًا.

إنها جريدة جديدة، لم يمرَّ عليها خمسة أو ستة أيام، بسط صفحاتها بيديه، لها رائحة لم أعهدها من قبل.

هل الْعَمّ سُلَيْمَان محرج أم ماذا؟ يدير نحوي جريدة القومية وهو يمسكها بحذر، الكلمات في سطرها الأول كُتبتْ بحروف كبيرة بالقدر الكافي؛ ما جعلني أقرأها دون معاناة.

قرأت بِصَمْتٍ:

إنجلترا: 1

الأرجنتين: 2

* * *

وضع الْعَمّ سُلَيْمَان الجريدة جانبًا، وحَدَّقَ بي مَلِيًّا، ووسط ذلك الهدوء المرعب وما قد يحمل معه من أخبار محتملة تثير الفزع، يصبح من غير الممكن النظر إلى هاتين العينين دون أن يفقد المرء عقله!

«يا ولد...؟!» التشديد على الكلمة يُغير الموضوع تِلْقَائِيًّا.

«يا ولد... هل كَبِرْتَ إلى هذا الحدِّ؟ يا كلب يا ابن الكلب، هل صِرْتَ تفهم!»

ابتلعت ريقي بدلًا من الرد.

«انظر إليَّ لأَرَى، انظر إليَّ!»

لم أستطع أن أتحرك أو أن أنظر إليه.

«انظر إليَّ!»

انقطع غوغاء المباراة أمامنا فجأة، الكل ينظر إلى ما يحدث معي، ولكن بعد ذلك مباشرة استعادوا ضجيجهم بعد تأكدهم من أنه ليس هناك ما يستحق تضييع الوقت من أجله.

تجرأتُ على ابتلاع ريقي، ثم نظرتُ إلى وجهه يحدوني بعض الأمل، كان ذقنه المنغلق يرتعش ثم انفتح ببطء وأطلق سراح ابتسامة مهمومة كشفتْ

عن أسنانه، ابتسامة تحنن لب المرء، لكنها ليست ابتسامة خبل. بل ابتسامة غالية لا يمكن حتى خدشها فكيف باختراقها؟ أجدني أفقد الأمل تَمَامًا مع تلك الابتسامة، وقلبي يتوقف.

لو كان هناك سلاحٌ مخبأ تحت الجريدة لما كان الوضع مخيفًا إلى هذا الحدّ، لكن ماذا لو كان هناك سلاحٌ بالفعل بيدي هذا المُسِنّ الماكر الذي رأى بلاد الخارج، وعلاوة على ذلك، لقد كان يفوح من هذا الرجل عطر مميز! ماذا لو صَبَغَ الغضبُ وجهه الحليق بدقة ونعومة بالأَحْمَر القاني، كالطماطم المقشرة؟

* * *

أشار إليَّ كي أغادر وقد فاض غضبه، بحركة من رأسه المتجمد دفعني كليًّا بعيدًا، وزأر من بين أسنانه:

«هيا اذهب!»

اسودتِ الدُّنْيَا في عينيَّ، التقطتُ جَعْبَتِي وعلقتُها على ظهري، أخذتُ عصاي ونهضتُ في صمت، ولاحظتُ أن العرق قد بلل ظهري.

قطعتُ السهل أمام الجامع، دون اكتراث منّي بالمباراة التي تحولت إلى كُتْلَة من الضجيج والصُّرَاخ.

حارس المرمى لاحظ وجودي، وصرخ متهللًا:

«تعالَ يا كابتن مارادونا! لقد أتى مارادونا يا أصدقاء، هيا تعالَ سريعًا! لقد سجلنا 6 أهداف مقابل صفر، هيا يا بُنَيَّ، تعالَ..! مارادونا! ماذا حدث لك يا بُنَيَّ..؟»

تظاهرت بأنني لم أسمع.

* * *

هَشَشْتُ ماشيتي بالعصا، ورأسي مدفون بين كتفيَّ، ومَعِدَتِي هائجة، وَعُدتُّ إلى البيت بوصفي كاتبًا يُجَرْجِر أذيال الخيبة!

استقبلتْني جَدَّتِي... لَمْ يَبْقَ على فقدان عقلها إلا رمقٌ! لفَّتْ حولي وأمطرتني بالأسئلة، كان الارتباك يقيد يديَّ وذراعيَّ، دائمًا على هذا المنوال، أنتبه وأصمت، قلت لها: إنني متعب فقط، لكنها كانت قلقة جِدًّا هذه المرة.

«ماذا حدث يا ولدي؟! هل هاجم ماشيتك حيوان بري؟ قل لي ماذا حدث لك يا ولدي؛ أيها الذئب الشجاع، ماذا حدث؟ فلأضع لك القشدة حتى تأكل وتشبع وتتحدث، ولِنَرَى..!»

«جَدَّتِي، أتعلمين؟ أنا كاتب».

تجمدتْ كأنها قد اصطدمتْ بزجاج دون أن تنتبه! المِسْكِينَة، واربتْ فمها الأدرم، واشتعل ارتباكها من اللغة التركية المنضبطة! حاولتُ معها لكن بلا جَدْوَى، وراحتْ تقرأ وتنفخ، وتقرأ وتنفخ... أخيرًا بانت فائدة ما قرأته، فهدأتُ قليلًا. أنهيتُ صحن الفطير المقطع مع القشدة، ثم آويتُ إلى فراشي دون أن أغير ملابسي. أحضرتْ جَدَّتِي قطعة قماش مبللة، وجلستْ عند رأسي، ووضعتها على جبهتي وبدأتْ في القراءة بهَمْهَمَة مرة أخرى، وأخذت تنفخ.. تقرأ وتنفخ.

غفوتُ.

* * *

لم أكن معتادًا على الأمر، ربما حدث معي ما حدث للمرة الأولى، استيقظتُ عند منتصف الليل، قفزتُ بهدوء من فوق شخير جَدَّتِي وصفيرها، وتجولتُ حول فرن التَّنُّور، واتجهتُ نحو الباب، رفعتُ مَقْبِضه برفق وسحبْتُه... أنعش هواء الليل القاسي جسدي، تنهدتُ وتنفستُ ملء رئتيَّ

وزفرتُ الهواء مُلقيًا ما ترسب داخلي من ثِقْل، استفقتُ تَمَامًا، وعبرتُ الجدار الحجري وتسلقتُ التَّل الصغير فوق المنزل.

المكان مهجور تَمَامًا، أقنعتُ نفسي بأنه لا يوجد فيه ما يخيف، ففككتُ أزرار سروالي، وظلتْ أذناي في حالة تأهُّب، أراقب ما حولي تسلقت التَّل صُعودًا، وجلستُ في قلب كَوْمَة الْبِرْسِيم الناعم والجاف أمام كوخ الْعُشْب، وغصتُ في الفتور المرعب لأسقف الصفيح ذات الجذوع المدفونة في سكون الْهَضْبَة المحاطة بقمم الجبال بخشوع، إنها منعشة كأنها ما زالت تَنْبِض بالحياة، وكأنها قد ماتت منذ زمن بعيد أَيْضًا .

نظرتُ نحو باب المنزل من بعيد، أدركتُ بحس فطن ولاذع ومُسكِر أنني خارجه، كأنني طُردتُ منه، شَعَرْتُ كأنني طُردتُ من كل شيء، وأنني استُبعدتُ عن الجرائد، وعن كل ما هو جميل، ونُفيت خارج عالم سَلْوَى، شَعَرْتُ أنني وحيد أكثر من أي وقت مضى، شَعَرْتُ بتوعك.

بابنا، باب منزلنا ذو خشب الصنوبر، وحلقة الحديد المألوفة كمنقار الغراب، كأنه أُغلق على يأسي وانطبق، ثم نُسيَ منغلقًا إلى الأبد، بيد أنني خرجت منه قبل دقيقتين، وسلكت دربًا من بضع خطوات، لكن يا له من إحساس ثقيل، لم أستطع التغلب عليه إلا بتجاهله.

تنفستُ بعمق، أدركتُ أنني غير قادر على سحب نَفَس واحد دون أن أتنهد، مسحتُ عينيَّ وتحققتُ من قَدَّاحَتِي، أخرجتُها ولاعبتها قليلًا، الفراغ سمع صوت القَدَّاحَة، فارتعدتُ، وصلني صوت فراخنا الحمر والكتاكيت من الداخل كأنني في حُلم، نَقَّ دجاجُنا الْأَحْمَر كأنه يُتَمْتِم لصغاره فانفرج همي، أغلقتُ القَدَّاحَة ببطء، ووضعتُها في جيبي، واستقررتُ في جلستي في الكَوْمَة واضعًا يدي تحت رأسي، سمعتُ أصوات الكلاب رتيبة من الطرف العُلوي للهَضْبَة حيث روث الخراف وأكواخ الرعاة، والقمر الذي بحجم

طبق كبير قد اقترب جِدًّا من دنيانا، وتوقف هناك فوق المناطق الصخرية، إنه كبير جِدًّا ولامع جِدًّا لدرجة أنه يشبه شمسًا ذابلة، فخلط المكان بإضاءة عاثرة. أما الْهَضْبَة فتمددتْ كلها داخل نعش الصمت، غارقة حتى قاع مياه الموت. والسماء الصافية كأنها قُطعتْ مثل يقطينة ضخمة، واستقرتْ بانتظام بين الوديان البعيدة وراء الجبال العارية. غُصْتُ أكثر في جلستي على كَوْمَة الْبِرْسِيم، وأسندتُ ظهري إلى جدران الْكُوخ الخشبي وواصلتُ التأمل بغياب سَلْوَى المباغت، كأنه لا يصيبني بالاختناق، وإنما يستخدم البدر لخنقي. يشعر الإنسان كأنه مذنب إذا استمر في العيش رغم فقده السبب الذي يعيش من أجله، كنتُ أعرف ذلك من والدي، وأنا الآن كذلك.

لا أعرف لماذا كان وجه سَلْوَى يُنير طريقي؟!

عندما رأيته للمرة الأخيرة.

في تلك العَشِيَّة...

***

ابتسمتْ... ابتسامتها أضاءت ابتسامتي بهدوء، ظَلِلْتُ محنطًا وفي يدي باقة زهور؛ ما زلت غير مستعدّ لعيش حكايات الجريدة التي نقرؤها، مع ما تحمله الصور من أخبار الحُبّ، أو بتعبير أدق، إن السرعة الفائقة للأحداث وإمكانية حدوثها معنا، لن يتحملها قلبي على ما يبدو...

اقتربتْ وكلما دنتْ مني كان قلبي يقفز من مكانه، لحسن الحظ شَعَرْتُ ببعض الارتياح، لكنني استطعتُ التمييز جَيِّدًا، إن الوضع مرعب بقدر ما هو جَيِّد أَيْضًا ؛ لأنني لاحظت ترددًا في تعبير وجهها، إنها تُخفي شيئًا، أو تستعد لشيء ما، إن اللَّحْظَة التي كنت أستعد لها خفية لأيام وبجرأة أكبر من سابقاتها، باتتْ على وَشْك الانفجار، وأخيرًا ستؤدي الأبراج الحجرية دورها

وتترفق بي، جال ألم بسيط في مَعِدَتِي، سَلْوَى اقتربتْ كثيرًا، لقد رأتْ على الأغلب صفحة الجريدة التي دسستُها في جَعْبَتِها بشجاعة مجنونة، ها هي تمسكها، لقد قبضتْ عليها، وها هي قبضة يدها تهتز وهي تمشي، ثم خبأتها، وعلى بعد خطوات قليلة أدركتُ مرارة الموقف من وجهها الأصفر والغضب الذي يعتريه والذي انعكس على عينيها، بدتْ لي شاحبة من دون أدنى شك، ليس لأنها تخشى أن يعرف أحد بما بيننا؛ بل لأنها تشعر بالاشمئزاز من شيء مقزز، إنها ترتعش من الغيظ، وهمستْ بصوت أجش ورقيق:

«خذ هذه! سأبلغ عنك جَدِّي، وسترى!»

انهرت في مكاني.

* * *

طَوَّحَتِ الورقة في وجهي فوقعتْ عند قدمي... عجزتُ عن الانحناء كي ألتقطها، لم أستطع، اسودتِ الدُّنْيَا في عينيَّ، ظَلِلْتُ واقفًا ومتخدرًا كالصَّنَم، عادتْ أدراجها غاضبةً، تعلَّقت عيناي بها، بظهرها. باقة الأزهار فاحت مثلما تفوح عندما ينظر المرء إلى ظهر من يأخذ كل ما يملكه وهو ذاهب، جسدي تخشب وتصلب وشَعَرْتُ بالإهانة، وحين عُدتُّ إلى رُشدي انحنيتُ والتقطتُ الورقة من بين الأحجار، فتحتُها وفردتُها على ركبتي لأرى الصورة، حَدَّقْتُ مجددًا بتلك الصورة التي أبقتني بلا نوم أيامًا، حروف اسم «سَلْوَى» التي كتبتها فوق كلمات «حلية البطل» باقية، لكن اسمي الذي كتبته فوق جنيد آركان بقي مكانه فارغًا، من المحتمل أنها قد أشعلتِ النار في الفراغ حيث كان يجب أن يُكتب اسمي... لقد أحرقتْه حتى الحوافّ.

* * *

أخرجتُ القَدَّاحَة من الكَوْمَة، وسحبتُ حُزْمَة بِرْسِيم جافّة، وأشعلتُها ورميتُها داخل الكَوْمَة، وما أن تذكرتُ الدجاج الأَحْمَر المندَفع إلى الداخل، حتى أطلقتْ سراحه مع أفراخه، ثم ابتعدتُ قليلًا، وجلستُ القُرْفُصَاء فوق صخرة. بدأ اللَّهَب في الارتفاع، ثم استعرتِ النيران بقوة، صار الصُّرَاخ يرتفع من أكواخ الرعاة البعيدة، وارتفعت أصوات الكلاب المختلطة بأصوات الناس. سمعتُ صراخ جَدَّتِي التي راحت تجري في كل اتجاه وتمر من الباب في عَجَل، بدأ الحشد في التدفق، وتوافد الناس لإطفاء النار والمَذار في أيديهم وأخذوا يسكبون التراب على النار وقطع الكليم القديمة. عَرَفْتُ كيف أستغل الارتباك والجَلَبَة، وتسللتُ إلى البيت من الباب المفتوح، أستمع من سريري إلى القيامة الحمراء، وقبل أن تنقضي تلك الليلة تمكنوا من إطفاء الحريق أي الجزء الذي تمكنوا من رؤيته... أما الجزء الصغير من تلك النيران فقد كان يَسْتَعِر في أعماقي.

الفصل الخامس عشر

تمددتُ ويداي تحت رأسي على اللِّحَاف المُكَوَّم فوق الدَّكَّة إلى جانب التَّنُّور، رحتُ أراقب أكياس تصفية الزبادي والبقول والذُّرَة والفطائر المعلقة على كلاليب حولتْها جَدَّتِي إلى معاليق، وحشرتْ أطرافها في ثقوب الجدار، وآلة الحلب وأوانيها التي غسلتها وتركتها لتجف. كنت كأنني أراها للمرة الأولى، إنها إحدى الطرق التي ألجأُ إليها بحثًا عن اللهو في مَوْسِم الْهَضْبَة حين لا يكون لَدَيَّ ما أفعله.

بَقِيَتْ حقيبة اللبن بحجم قبضة اليد في القاع، تتدلى من مسمار كبير، وأشبهها دائمًا بوجه الْعَمّ سُلَيْمَان؛ وكلما فكَّرتُ بالأمر أضحك في سِرِّي.

إنهم يحكون كيف صار مُوسَى مجنونًا، يقولون: إنه بدأ بالضَّحِك مع نفسه منذ زمن بعيد، ثم صار يضحك دائمًا. أعادتني الفكرة إلى رُشدي مع قليل من الذُّعْر. زَنّ الذُّبَاب ودار حول العلَّاقات، راقبتُ دورانه المرتعش وسمعتُ طَنينَه، فنال التعب من عينيَّ والملل أَيْضًا. حَدَّقْتُ بجذوع الأشجار الساندة للسقف ودققت بميلانها الحادّ واتكائها على الجدار، وعاينتُ الفراغات بينها، وسرحتُ برقعة السماء اللازوردية الظاهرة منها والمحاطة بما يشبه الدائرة من الجذوع غير المنتظمة المعوجة، السماء هادئة كما لو كانت في نوم أبدي، والرياح تسير ببطء كأنها نائمة كعادتها في الطقس المشمس تحول وتُطَنْطِن بصفير خفيف. تهبط أشعة الشمس من المدخنة مثل الرمح إلى داخل التَّنُّور، وترتعش ذرات الْغُبَار في الشُّعَاع، ويترنح الذُّبَاب الصغير باطِّرَاد في أحزمة الضوء التي توقظ النائمين، يهدأ العقل عند النظر إليها مُطَوَّلًا، وتصل من بعيد

أصوات الكلاب والناس والأبقار والماعز متوالية ورتيبة، كأنها غائرة داخل بئر. أما الْهَضْبَة في وقت الهاجرة فَتُهَدْهِد كل الأصوات بعد أن تلفَّها.

* * *

لم تكن جَدَّتِي على علم بذلك، أو بالأصح لم تَدْرِ بالعلاقة بين حريق كوخنا وسَلْوَى والعم سُلَيْمَان. سمعتُ حديثها عند الباب مع الْجَدَّة فاطمة من حيث أرقد:

«بارك الله في الجيران، لقد تكفلوا بالخشب والجدار وبأجرة العامل، وأعادوا بناء الْكُوخ، صار أفضل من ذي قبل، حفظه المولى لنا... ما عسانا أن نفعل، إنه طفل... فليحلَّ البلاء على الخبثاء، جِرَاء الذئاب! ... ولكن لا جَدْوَى، كان الأمر مقدرًا ومكتوبًا، علَّنا نجد الخير بما حدث، لا أراكِ المولى همًّا ولا كدَرًا، وليحفظ أولادنا... جميعهم إن شاء الله، وغير ذلك من المشكلات له حلّ...».

عندما توقف الحديث، سألتُ الْجَدَّة فاطمة كيف حدث الحريق؟ وبين النفخ والتعويذ، قالت جَدَّتِي إنها ذاهبة لإحضار الدواء من عند الْجَدَّة سَكِينَة، شَعَرْتُ بالفزع حين سمعتُ بأمر الدواء، لقد صَدَّقَتْ أنني مريض بالفعل، لم يعد الأمر مزَاحًا.

على أية حال ما حدث قد حدث، حتى وإن لم أعرف معنى ذلك، فهناك خير فيما حدث. دخلتْ من الباب وهي تنفخ وتردد تعويذاتها، فكَّت رباط كَوْمَة الخشب المخضرم، وهاجم ضوء النهار المنزل وغمر زواياه، وللباب صوت خاصٌّ، بل موسيقى خاصة، تشبه صوت مفاصل جَدَّتِي التي تتنبأ بالمطر والمستقبل، فلكليهما الصوت ذاته تقريبًا، لكن الباب يتألم مثل الألم البشع الذي يلفُّ خاصرة جَدَّتِي ويقعدها أرضًا؟

عَلَيَّ أن أصفِّي ذهني من ذلك الْهَذَيَان، وأن أسحبه بعيدًا.

جلستْ أمامي لترقيني، وعرضتْ عَلَيَّ الدواء التي أحضرتْه من عند الْجَدَّة سَكِينَة، على الأقل سيوقف صُداعي ويخفف حرارتي، لم تَتَوَانَ عن المرور بالجدة الْمُشَعْوِذَة وتُحضر حجابًا من عندها، تَعَوَّذَتْ وتَمْتَمَتْ، ولكن في النهاية أمسكتْ بي وفي عينيها بريق أمل.

***

اعتدلتُ في جلستي على الدَّكَّة الخشبية، وانغمستْ جَدَّتِي في عملها، حلَّتْ بدقة عُصابة عصيدة الذُّرَة التي لفتها حول رأسي ليلًا، وألقتْ بها جافة للدجاج، ثم جاءتني بكوب من الماء، وقبل أن تتوقف عن التَّمْتَمَة والنفخ، كسرتْ حبة الدواء التي أخرجتها من النايلون، ووضعت نصفها في الكوب، ثم قطعتِ الحجاب إلى قطع صغيرة وألقتْ بها في الكوب أَيْضًا، حركتِ الخليط دون أن تُهمل التلاوة من وقت إلى آخر، ودون أن تتوقف عن شتم الفطر الْأَحْمَر الذي أكلتُه، وبذور القنب المسمم التي قضمتُها ظَنًّا مني أنها نبات القشدة، وشتمتْ الجبال التي أنبتتْها، والأرض التي تَرَعْرَعَتْ فيها: «فلتجف جذورها».

أضحكتني وشَعَرْتُ بالامتنان لشرود عقل جَدَّتِي الذي حولني من مذنب خطير- مجرم شرف- إلى مريض عادي.

شَعَرْتُ أنني مدين لكل بذور نبات القشدة الخيالية تلك، وإلى جذور القنب البريئة في الجبال، وإلى الفطر الْأَحْمَر المرقَّط، وشَعَرْتُ كأنني تعديت على حقوقها، بالطبع لم أضحك منها، لكنني مليء بالامتنان.

أنهتْ تحضير دوائي أخيرًا، ثلاث غرز مع الْبَسْمَلَة، إنه دواء جَدَّتِي نصفه كيميائي ونصفه ديني، ومشكوك بجدواه، وأحرق حلقي قليلًا، هل أهتمُّ؟ في

النهاية أكسبني هذا الدواء براءة المريض، وجعلني مسرورًا مع نزول خيط رفيع من الألم إلى مَعِدَتِي.

رأيتُ فم جَدَّتِي الأدرم الشبيه بالْكَعْكَة على شكل هلال، يبتسم بحنان، وتلألأتْ عيناها ببريق ملؤه الفضول والحُبّ. هززتُ رأسي لأطمئنها بأنني بخير، جَسَّتْ رأسي وجبهتي:

«مير مير مير، مور مور مور، ابني المشاغب، جرو الذئب، ابني الذي يصعب تقويمه، أتوسل إليه، لكنه لا يتراجع».

طبعتْ قُبلة برائحة خميرة الزبادي الحامضة على خدي، ولفت حول رأسي ضمادة جديدة ملأتها بعَصِيدَة الذُّرَة، وعقدتها بعناية من الخَلْف، ثم حَلَبَتِ المَعْزَى العرجاء، التي ما انفكت تمأمئ في الشَّوْنَة.

ابتسمتْ ابتسامة عريضة، وقربتِ الحليب من أنفي، وفهمتُ أنها ستأذن لي بالخروج إذا شربته، ابتلعتُه بثلاث أو أربع جرعات، ارتديتُ ملابسي وأمسكتُ عصاي وسِرْتُ نحو المسجد متأرجحًا.

***

لم تستطع عيناي مقاومة أشعة الشمس، تقدمتُ متمايلًا مرتبكًا من سطوع النهار بعد انحباسي بسبب المرض لأيام، مررتُ بإسطبلات يتكدس فيها السَّمَاد ويحوم فيها الذُّبَاب الأسود.

انتصف النهار إلا أن المكان فارغ إلى حد ما، تجمع الدجاج ليستظل بالجدران في المساحات الصغيرة بين المنازل، وكانت رؤوس الدِّيَكَة مرفوعة مع أنها بدتْ مهمومة، تخطو ببطء كأنها تواجه معضلة أو خيارًا صعبًا بين أمرين، صِغار الكلاب الكنغالية نائمة بعد ذهاب كِبارها إلى الرعي، تاركة رؤوسها خارج بيوتها الحجرية الصغيرة، أما صُراخ الأطفال وأصوات النساء

فيصدح من فتحات أسطح الصفيح والفراغات بين نتوءاتها، ومع ذلك خيَّم صمتٌ غريبٌ على الْهَضْبَة.

هذا الوضع نعيشه في وقت المباراة مرة في الأسبوع.

* * *

اجتزتُ المنازل المتراصَّة مارًّا بالمجاري المحفورة الممتلئة بمياه الأسمدة التي تروي حدائق الْهَضْبَة، التفتُ خلفها إلى الطريق، فانشرح صدري حين رأيتُ الجامع من بعيد.

انفجر الضجيج فجأة، ثم سكن، ثم تتالتِ الصَّرَخات. وفي ظلال المسجد تجمع الحشد على الْعُشْب عند الجدار، بدا الناس كأنهم يتحركون فوق بعضهم بعضًا، الأطفال، والرعاة، وكبار السن، التحموا كلهم والتفُّوا حول راديو الْعَمّ سُلَيْمَان في إثارة وفرح وغضب، وما انفكُّوا يتشاجرون مع شيء خيالي متناسين بقية العالم.

* * *

مع اقترابي، بدأت أميز الأصوات الصادرة من الراديو. كان مثل حشرجة سقفنا تحت زخات البَرَد، وقاطعه صوت المذيع الذي ينقل للمستمعين وقائع المباراة بالدقائق، ويعلن النتائج أولًا بأول من استاد عوني آكر. إذا هُزم الفريق يكون على الحاضرين أن يجمعوا المال لشراء بطاريات للراديو من بقالة قبرص الرثّ، الموجود عند التِّلَال ويبعد قليلًا عن الْكُوخ المهجور، ويحتاج إلى ألف شاهد ليُصدق أنه بقال، وهكذا يدفعون مقابل مزاج الْعَمّ سُلَيْمَان المتقلب دائمًا، فلا حيلة لهم، وإلا لن يُحضر الراديو للأهالي في الأسبوع التالي، ذاك هو الاتفاق.

وماذا لو هُزِمْنَا؟ حينئذ يُسلم الأهالي نصيب الْعَمّ سُلَيْمَان المعنوي من النصر. ويتمثل ذلك في الإسهاب بالكلام المتملق للرجل الهَرِم العجيب، وهذا سيكفي الْعَمّ سُلَيْمَان كمكافأة، تلك حيل متبادلة، وهكذا يستمتع الْعَمّ سُلَيْمَان بتلك الخدمة على مدى الأسبوع. إن واقع رؤيته لأوروبا، يُستخدم بقدر مبالغ فيه يومًا بعد يوم، كأن فريقهم لن يفوز دون دعم من الراديو. قد يبدو الأمر غريبًا، لكننا اعتدنا على ذلك، على أية حال.

* * *

عبرتُ المنعطف الأخير لمجرى الماء ووصلتُ إلى السهل عند المسجد، سكنتْ موجة الضوضاء الجديدة المنبعثة من الراديو، والجماعة التي تحلَّقتْ حوله التزمتِ الصَّمت التام أَيْضًا، بالكاد أمكن سماع صوت المذيع الغارق في قلب الضجيج...

«الحكم هو صادق دادة أعزاءنا المستمعين...، إنه يشير إلى نقطة الجزاء... دقيقة...».

اختفى صوت المذيع في زحام الأصوات، وسُمع مرة أخرى...

«دقيقة... نعم، هناك... حارس المرمى... حوار يجري بين اثنين من لاعبي كُرَة القدم في المساحة الحرة للكرة... و... البطاقة الحمراء أعزائي المستمعين..!»

هذه المرة، صار الصوت سَمِجًا، اهتزتْ ثقوب المُشَمَّع الذي يغلف الراديو، لا أفهم ما يقال، بقيت الكلمة عالقة في ذهني؛ ما الحوار ولماذا يُعاقب اللاعب ببطاقة حمراء؟

انخفض الصوت وانقطع، أحد الرعاة واسمه عثمان الدخاخني، سحب عصاه العزيزة من شجرة التفاح، العصا المتعرِّقة الحمراء الجميلة التي تساوي

ثلاث قطع من النقود، أحدهم رفع الفرشة ونفضها على الحائط، والعَمّ عَلِيّ الطَّعَان أطلق السِّبَاب، وقد احمرَّ وجهه:

«لقد خسرنا الرجل! خسرنا طونجاي! ضاعتِ المباراة!»

لم أفهم ما يجري، هل مات؟ ما الحوار؟ تُرى هل هو الدُوغْمَائِيّ...! قفز قلبي من شدة القلق والآخرون صامتون، أما الْعَمّ سُلَيْمَان الساكن في مكانه، راح ينقر على الراديو لكن بلا جَدْوَى، التقطه وأخذ يهزه قرب أذنه، ويحرك أزراره... حين عاد الصوت، وضعه في مكانه بعناية، ثم غاب الصوت وعاد، وعاد المذيع من جديد...

«...بالبطاقة الحمراء، إنه خارج اللعبة ... الآن مع ركلات الترجيح... الكرة عند بخيت الدين ... يركل... و...».

انفجر الصوت مثل وابل البَرَد..! إنه انفجار صوت الراديو وسط الحشد، كأنه يقذف الناس عاليًا... إنهم يلفون ويدورون فوق بعضهم، يكسرون العصي على الحوائط، يقفزون فوق الأكتاف ويركضون، طلقات من الرَّصَاص تتدفق في الهواء، أما أنا فاستغللتُ تلك الجَلَبَة واندسستُ بينهم بعيدًا عن نظر الْعَمّ سُلَيْمَان.

ترى ما الحوار؟

* * *

«الدقيقة الثانية والسبعون...»

ثَبَّتَ الْعَمّ سُلَيْمَان نظره عَلَيّ! ارتعدتُ من تلاقي عيوننا، ولكنه كان ينظر إليَّ بلا تركيز فتركيزه انصبَّ على المتحدث، حَدَّقَ في عينيَّ بنظراته الشاردة، لقد هرب الحماس من عينيه نحو أذنيه، لم يعد بإمكانه إطالة النظر خشية أن يتشتت انتباهه، لكنني كنتُ أعلم أننا إذا انهزمنا فإن تلك العينين الفارغتين

ستتذكر كل شيء، وسيجعلني أدفع ثمن تعرضي لشرفه، أقصد تلك المسألة مع سَلْوَى، حتى أنه قد يُدفِّعني ثمن البطاريات، ولكن مهما يحدث لم يكن الابتعاد عن الراديو أمرًا واردًا، ترى ما الحوار؟

أطلقتُ الأدعية في سِرِّي متمنيًا الفوز.

«جونغور من الجانب الأيسر... طورغاي... طورغاي يُمرر... شينول الصغير... يأخذ الكرة، يأخذها، يأخذها، رأى الإسكندر، الكرة تمرر من الإسكندر إلى جونغور... إلى الإسكندر مجددًا... الإسكندر إلى منطقة الجزاء يتبختر... يصووووب، وتبقى الكُرَة عند حارس المرمى، أسعد!»

ثَبَّتَ الْعَمّ سُلَيْمَان عينيه عَلَيَّ وبدتا مثل عيني سمكة ميتة، ضحكتُ دون حَرَاك. الْعَمّ سُلَيْمَان كان مستاءً، ومع ذلك مد يده مع إيماءة استمتاع إلى عُلْبَة التَّبْغ التي رأت أوروبا دون أن يلتفت نحوها، وجدها بأصابعه دون أن يبعد عينيه المُحَدِّقَتَيْن عن الراديو، فتح العُلْبَة وسحب ورقة سيجارة، وسحق بعناية حَفْنَة تبغ دون أن ينظر، بل ظلت عيناه معلقتين على الراديو، وهَزَّ عُلْبَة التَّبْغ كأنه من الذين يهدرون النعمة، لحس بضع مرات طرف الورقة، ثم بصق بقايا التَّبْغ وأخرج القَدَّاحَة من جيب سترته باستمتاع وأشعل سيجارته ومجَّ منها نفسًا طويلًا، تدفقتْ أخاديد الدُّخَان الطويلة من فتحات أنفه... أعاد عُلْبَة التَّبْغ إلى حقيبته الجلدية دون أن ينظر، وبدا غارقًا في تفكيره كأن على أكتافه الْحِمْل كله، واستند على ساقه الخشبية التي وضعها في حجره، وأحنى رأسه حزنًا على مصير المباراة، وهدأتِ السبحة الصفراء الكبيرة المعلقة حول ذراعه، ولم ينتبه أن عقب السيجارة قد انطفأ.

* * *

«نعود مرة أخرى إلى عوني آكر ونستمع إلى المجريات بالدقائق والأهداف، أعزاءنا المستمعين...»،

تنفجر موجات الصوت الصاخبة، وَتُشَوِّش الذبذبات من ثقوب الراديو المغلفة بالمُشَمَّع، ويخرج الصوت مختنقًا أَحْيَانًا من وسط الضَّوْضَاء الصاخبة.

«... لم يركض بالسرعة الكافية... فاتح هناك ... يتدخل... «.

الناس ستقع على الراديو! العيون جاحظة، والأنفاس محبوسة، والأيادي منقبضة وتنتظر...

«إسكندر... بضربة محكمة أرسل الكرة إلى زاوية المرمى البعيدة... تدخل آسر لكن تدخله لم يكن وَفْقَ المطلوب... مع دخول الدقيقة السادسة والسبعين... والأهداف صفر للطرفين... فإن الوضع...».

ثَوَانٍ من الغموض القاتل اندلع مثل البركان تاركًا النباهة في مأزق! تبعثر الجميع ثم تَكَوَّمُوا فوق بعضهم بعضًا. أحد الرعاة الكهول جلس شارد الذهن كأنه جالس في المرحاض. الْعَمّ حمزة الأسود، واصل حياكة النعال وسط الضجيج، فقفز الحذاء من قدمه، وسقط الطَرْبُوش عن رأسه. أما الْعَمّ رزق فكان يَسُبُّ الشباب المتكتلين فوق رأسه عن عمد بانفعال، فأخذ يلهث وقد انقطع نفسه. الضَّجِيج أيقظ الكلاب من رُقادها، وخرجتِ النساء واحدة تِلْوَ الأخرى من المنازل والإسطبلات البعيدة، وكن يغطين أعينهن بأيديهن. وصَهَلَتِ الخيول في بساتين الْبِرْسِيم، واستمر أزيز الضَّجَّة الحماسية المنطلق من الراديو لدقائق، وأزَّتْ ثقوب الجهاز المغلَّفَة بالمُشَمَّع مثل الزُّبْدَة في مِقْلَاة.

من العادات والتقاليد، الإنفاق في مثل هذه اللَّحَظَات، بادر الْعَمّ عَلِيّ الأجنبي إلى استعمال مسدس الدُّخَان، صوَّب على صُنبور النَّلَة عند حَافَّة الجدول، فانفجر وصار أشلاءً، وهل يمكن لمهرجان ألا يجذب انتباه

الجميع؟ الْعَمّ سُلَيْمَان بادر إلى استعمال سلاحه الجديد، أفسح أولئك الذين كانوا بالقرب منه، هدأ الحماس قليلًا، وعبرت لحظات من الانتظار... قلَّتِ الضوضاء، ووضع أحدهم كوبًا أحمرَ من أكواب المسجد مكان الصُّنْبُور المكسور بطلب من الْعَمّ سُلَيْمَان... انصبَّ انفعال الجميع على ناحية أخرى، الكل ساكن كمن استلقى على سريره بعد عناء يوم طويل، وصَعِدَ الْعَمّ سُلَيْمَان على الرَّبْوَة وهو يعرج.

بدأ تحديد الهدية في حين كان الْعَمّ سُلَيْمَان يعبئ مخزن المسدس بخفة، الناس في أقصى الاستمتاع، إن لم يصب الهدف سيحضرون ثلاث مباريات مجانًا دون إحضار بطاريات للراديو ولا غير ذلك، وإن أصابه، سيشتري الأهالي ثلاثة كيلوغرامات من الحلاوة الطحينية من البقالة، اتفقوا على ذلك والعم سُلَيْمَان كان سعيدًا لاستيلائه على خيوط الحماس والإثارة.

بعد شحن خزان المسدس الجديد، وضعه في جَعْبَتِه إلى أن يحين استعماله، وصار يخرجه منها ويعيده إليها تِبَاعًا، ثم يدسُّ يده ويداعبه وهو داخل الْجَعْبَة بسرور واستمتاع، ذلك السلاح الذي يناديه الْعَمّ سُلَيْمَان «ولدي»، فبعد فقدان ابنه الحقيقي «بارابينلي»، تبنى هذا السلاح الجديد؛ ولأنه لم يحلّ محلّ «بارابينلي» تَمَامًا، فقد أبدى تجاهه اعتناءً زائدًا.

الكل في صمتٍ تامٍّ، كانت بعض الكلمات تُسمع بين الْفَيْنَة والأخرى لكن الْعَمّ سُلَيْمَان لم يكترث وظل مركزًا في مُهِمَّته، رقبته منسحبة إلى الداخل مثل سلحفاة، وطَرْبُوشه الأبيض والبني بتصميم قطع البقلاوة منكمش بين كتفيه، أما أنا فقد غرقتُ في تفكيري، وحسبت أنني سأخسر إن لم يُصِب الهدف، وحدثت نفسي: «اصْبِر لِنَرَى». لم يَنْبِسْ أحد ببنت شفة، أغلق الْعَمّ سُلَيْمَان عينه اليسرى ببطء، وحدد الهدف بعينه اليمنى، وانتظر متحجرًا، بدا مثل فزاعة نالت عقابها، ووقف متيبسًا بلا حَرَاك على قدم واحدة، والصمت

يصمُّ الآذان... ضغط بطرف إصبعه على الزِّنَاد إلى الخلف، فتحرك الكوز البعيد! ابتلع الْعَمّ سُلَيْمَان ريقه منتصرًا، أخرج رأسه المنتصر ببطء كالسلحفاة من بين كتفيه. تنفستُ الصُّعَدَاء!

ابتسامة الْعَمّ سُلَيْمَان لامستْ أذنيه، لمس بطرف إبهامه الزِّنَاد، فخرج مخزن الرَّصَاص من مكانه، سحب المزلقة، طراخ... طراخ، وأعاد الرَّصَاصة التي سقطتْ إلى المخزن بسرور، ثم اقترب من الراديو ومشى الآخرون خلفه، وهكذا تكدسنا حول الراديو، وتابعنا المباراة.

***

اندلع نقاش لم يُعرف سببه ولا كيف انتهى عن الحلاوة الطحينية... احتدم النقاش، وكان الْعَمّ سُلَيْمَان يُصِرُّ وآخرون يعترضون لعدم الاتفاق على توزيعها.

«ألم يتمزق الكوز؟ لقد أصبته!»

«لكنه لم يتمزق!»

ومع احتدام النقاش، ضغط أحد الرعاة على أعصاب الْعَمّ سُلَيْمَان:

«دعك من هذا وذاك أيها الأعرج، السلاح، البارابنلي القديم.. هذا هو الموضوع الأهم!»

لم أصدق عينيَّ! الْعَمّ سُلَيْمَان صمت! أحنى رقبته! شَعَرْتُ بأسف عميق تجاهه، وأدركتُ في هذه اللَّحْظَة أنه والْهَضْبَة يتداخلان دون أن يلمس أحدهما الآخر.

ومع أنه يبدو دائمًا الشخص الذي يهاجم ويحذر ويربي، إلا أن الأمر ليس كذلك في الحقيقة! ها هو الْعَمّ سُلَيْمَان الذي رأى أوروبا يتعرض لظلم بيِّن، الغريب في الأمر أنه يتقبله، لقد أخلَّ الحشد بالاتفاق، ثلاثة كيلوغرامات

من الحلاوة الطحينية قلبت الدُّنْيَا رأسًا على عقب، وكأن ذلك لم يكن كافيًا، فأقدم أحدهم على مضايقته ساخرًا من ساقه الخشبية، انعقد لساني! وتعمد آخر على تذكيره بحدث قديم مُتَّهِمًا إياه بأنه ادعى عليه بداعي الغش، وتحول الحوار إلى شجار... ومهما يحاول الْعَمّ سُلَيْمَان، فإنه قوته الغامضة وعيبه الجسدي يظهرانه بمظهر الكاذب.

* * *

قلت لنفسي: إن الفرصة قد حانت! عَلَيَّ أن أجد وسيلة لشراء تلك الحلاوة الطحينية من البقالة، وإن لم أجد المال، سأسرق البيض.

* * *

كبس الْعَمّ سُلَيْمَان بسبابته زر الراديو فأخرسه، علَّه يستعيد عافيته تَدْرِيجِيًّا، طرف سبابته مثل الختم الذي يوثق أن عرش سلطته غير المعترف به قد اهتز. ضغط على الزر، فصمتتِ المباراة، صمت ثقيل لا يطاق خيَّم على المكان، تفرق الناس، وتغلبتِ الكبرياء الفولاذية على الفضول القاتل، لم يتولَّ أحد مُهِمَّة طلب إعادة تشغيل الراديو، وعوضًا عن ذلك كان هناك من يربت على الكتف، ومن يتحسَّر ويُتَمْتِم: «لا حول ولا قوة إلا بالله»، لا أكثر.

* * *

اقتربتُ من أحد الرعاة، وسألتُه لماذا خسرنا طونجاي، وإن كان قد مات أم لا، اكتفى بالابتسام، وكـأن عقله في مكان آخر. أغلق الْعَمّ سُلَيْمَان الراديو، ولم يسحب كلامه، لله دَرُّه لقدرته على فهم ما يجري.

بعد برهة، نظرنا حولنا صامتين محاولين أن نستيقظ من شيء بين الحلم والكابوس كان قد انفجر فجأة.

حلَّ المساء، وأكلتِ الحيوانات الْعُشْب حتى انتفختْ، ونزل قطيع الخِرَاف والماعز من الجبال متجولًا في الْوِهَاد مثل الحبال المعلقة في الدُّرُوب، وكان بعضها قد وصل عند الْهَضْبَة بالفعل.

* * *

جلستُ عند جدار الجامع، أشاهد رحلة الْعَمّ سُلَيْمان المسائية المنكسرة، ذلك العدو الذي يصعب ملء مكانه... اجتاز الْهَضْبَة وهو يعرج، ورأسه للأمام، وبيده مذياعه الصامت، تابعتُه يسير قُدُمًا حتى غاب عن نظري مثل جرح يتلاشى تَدْرِيجِيًّا بين الزحمة المسائية وضَجَّة الْهَضَبَة وارتباك النساء عند استقبال الماشية وصُراخ الأطفال.

شَعَرْتُ بسرور واضح وقوي يكفي لمساعدة الجرح كي يطيب.

الفصل السادس عشر

قبل حلول المساء، وصلتُ إلى الْكُوخ المرمم حديثًا دون أن تشعر جَدَّتِي، وأنزلت الكيس المعلق، فيه ست بيضات، وضعتها في جيوبي بعناية دون أن يراني أحد، وتوجهتُ إلى البقالة سالكًا الطريق من فوق البيت. الحماس يغلبني، وإذا نجحتِ الخطة فسأغنم وسأرى سَلْوَى وسأكبر بنظر الْعَمّ سُلَيْمَان وسأنتصر بالحرب. إنه أمر يفوقني ولكن ليس لَدَيَّ خيار آخر، أو بالأحرى إن تلك الفرصة لن تتكرر.

سرتُ وأنا أركل القَتَاد الجافَّ الذي يحيط بدرب الماشية ويداي على جيوبي، وأخمِّن ردة الفعل التي سأتلقاها من ذلك الْعَمّ الكهل المجنون.

***

أمام البقالة كومتان عاليتان من الرَّوَث، والعم الكهل وضع لوحين من الخشب فوقهما وحوَّلهما إلى مقعد، ووضع عليه شِلَت محشوة بالصوف، وجلس يغزل الصوف مثلما يفعل عادة في وقت فراغه. كان يحدث نفسه لكنني لا أفهم شيئًا مما يقول. كان يدفع فَلْكة المِغْزل إلى الأمام ويلفها مرة بعد مرة، فيرق خيط الصوف ويطول كلما التف.

إن اللَّهو في وقت الفراغ علامة على المزاج الجيد، أعرف ذلك من عَمِّي، وفلكة الغَزْل باليد تعني الهدوء والغوص بالأحلام العميقة والتفكير بما مضى وإطلاق التنهدات.

***

تريثتُ وأنصتُ، فإن لم يكن في مزاج جَيِّد سيكون الأمر مستحيلًا، فهو ذاك المسنُّ المشاكس الذي أغلق البقالة في يوم العيد على الناس داخلها ورحل، حين غضب.

الصوف لم يهدئه كما توقعت، فقد كان يلتفت نحو الحائط ويسبُّ، كأنه يحاول أن يشرح لشخص غير موجود، وفي الوقت نفسه واصل غَزْل الصوف محاولًا أن يُسكت غضبه، لكنه لم يهدأ بل استشاط غضبًا، وأطلق أصواتًا مثل بكاء كلب الصيد. بدأ بالإحصاء بعد أن صمت قليلًا، ثم تناول مواضيع عن العمر الفائت والحياة التي مضتْ. جلستُ خلف الرَّبْوَة أنتظر نهاية معركته. وأخيرًا عاد الكهل عن بطشه وهدأ، لكن هبتِّ الريح وكادت تنزع طَرْبُوشه عن رأسه، عندها قذف فلكة المغْزَل من يده، وأمسك الطَرْبُوش وأخذ يضربه وينفضه ثم وضعه على رأسه، وكان يُعيد الكلام ويكرره ثم يَصْمُت.

تتحامل الرياح المسائية على حوافِّ السقيفة الخشبية، وتُحرك اللَّوح المكتوب عليه بقالة قبرص المطلي باللون الأَحْمَر البُني، فتئن مفصلاته بأصوات رتيبة؛ وتهزُّ الرياح السريعة كيس النايلون المثبت على النافذة الصغيرة فينتفخ ويهبط. وينهض البقال الكهل ويشمر عن مرفقيه، ويدخل حاملًا إبريق النحاس لأنه ينوي الوضوء.

من ناحيتي، أَرَدتُّ استغلال الفرصة واقتربتُ.

* * *

باشر البقال المسِنُّ بأداء صلاته قرب الميزان القديم الصغير ووجهه نحو الباب حيث وقفت. كان يغمض عينيه حين يلمحني، وشفاهه تُتَمْتِم ويتلو في صمت، ولما مددتُ يدي نحو الكعك رفع صوته لتنبيهي كي أتراجع.

جلستُ على واحد من أكياس السَّمَاد ورحتُ أعاين المكان، ونكزت بالونات معلقة بجواري يغطيها الْغُبَار، فتحولتْ تَمْتَمَاتُه إلى غَمْغَمَة فسحبتُ يدي.

انسابت أشعة المساء عبر النافذة الخشبية الصغيرة، وأضاءت زاوية من زوايا الدُّكَّان المعتِم. على الرُّفُوف وضع كيس مسامير، عبوات بسكويت من العصر الحجري، عُلْبَة سُكَّر، عبوة عِلْكَة، أربع بطيخات حجمها صغير وقد اسودَّ لونها، لفائف صوف ونايلون، كَوْمَة أكياس بلاستيك سوداء أضاءها الشعاع، عبوات سجائر، حُزْمَة مباسِم، قنينة كيروسين كبيرة مُتربة، ألعاب وكُرَات بلاستيكية غلفها التراب وكانت ملوَّنة في سالف العصر والأوان. وعلى منضدة صغيرة لاحظتُ كوب شاي بين لفائف خيوط الغَزْل وقد شرب نصفه، كما لمحت ذبابتين تطنان داخل الكوب، طارت إحداهما، ووقفت الأخرى على الملعقة، وهزت قرون استشعارها ولامست الشاي ورفعت رأسها، وبعد أن قرنتها ببعضهما عادت للاستزادة من الكوب. ورأيت بعض الكتب المكدسة فوق بعضها، وحاولتُ تمييز عناوينها: «الفرشاة»، «السيد الصغير»، «المتسكع الصغير»، «ياسين»، «الدعاء»، «السيدة بوفا...» لم يتضح لي العنوان بكامله.

تفحصتُ ما فوق الكتب.

«مقاطعة الرماح ...» اختفى العنوان تحت قصاصة قديمة مصفرَّة من صحيفة. شَعَرْتُ بملء الثقة أنني في يوم من الأيام سأقرأ كل تلك الكتب، بل وستكون ملكي، وسأذهب إلى الكلية مثل الأخ فاضل ابن هذا الْعَمّ المجنون، قطعتُ عهدًا على نفسي. قراءة الجرائد ستساعدني وتسرِّع تحسين قراءتي، وسأكتب أَيْضًا، وسيكون اسمي يومًا ما من بين الأسماء الموقَّعة على هذه الكتب، وسنرى حينها!

عَلَيَّ اجتياز محنتي أولًا، بانتظار أن يرفع الحظر عن قراءاتي؛ ما زلت أتابع القراءة بالسر كلما سنحتْ لي الفرصة، لكنني لست واثقًا ما إذا كان

ذلك يكفي لأصير كاتبًا، فأنا أقرأ بالطبع كل ما تقع عليه يدي من هنا أو هناك، ولكن «السوق في كساد حَالِيًّا!»

***

أزحتُ الموضوع عن بالي، وتقدمتُ خطوتين كي أدقق بالأشياء المعلقة على الحائط هنا وهناك. حولتُ نكْز الشوال المترب المليء بالْكُرَات لأحصل على واحدة، فَعَلَتْ غمغمتُه بنبرة مُهدِّدة هذه المرة، فقد نفد صبره على ما يبدو، وبذلك يكون قد أفسد صلاته على ما أظنّ. قررتُ أن أنتظره وما إن أنهى صلاته حتى رمقني بنظرة مراوغة.

حَدَّقَ بوجهي وجيوبي، وبعد أن سبَّح بدت نظراته أكثر هدوءًا، قلت له: «لقد أحضرتُ البيض، يا عم بخيت...».

تحولتْ همهماتُه إلى صوت مسموع:

«سبحان الله... سبحا... سب... س...».

هزَّ رأسه مرحبًا بي، لكن نظراته لم تكن حاضرة، وكانت لحيته شعثة كأنها متروكة منذ أسابيع، والتوى طَرْبُوشه جانبًا، ويداه النحيلتان كانتا منشغلتين بشُرَّابَة المسبحة الخضراء.

«ست بيضات...».

أومأ موافقًا وشفتاه تواصلان التَّمْتَمَة وقد أشرق وجهه. عَلَيَّ اغتنام الفرصة ومقاومة رغبتي في الثرثرة: «أريد بيع البيض، وآخذ في المقابل الحلاوة الطحينية..».

أومأ برأسه مرة أخرى.

«ولكني في حاجة إلى كيلو منها».

تَمْتَمَ وعقد حاجبيه وأرجح رأسه يمينًا وشمالًا تعبيرًا عن رفضه.

«عدد البيض ليس كافيًا؟».

تَمْتَمَ وهَزَّ رأسه في رفض قاطع، وبدت عيناه حزينتين تحت حاجبيه المنعقدين.

«هل يعني هذا أنه عَلَيَّ الانصراف؟»

نظر في ريبة دون توقفه عن التَّمْتَمَة، فسألتُ:

«هل آخذ البيض أم ماذا؟ سأنتظر عند الباب، فالأمر مُهِمّ أيها العم!»

عيناه المرتابتان واصلتا التحديق في وجهي، فنهضتُ بحرص كي لا يحتك معطفي بالحائط. خرجتُ وجلستُ على لوح الخشب.

أشعة الشمس الغاربة تضيء مساءنا.

***

«يا ولد!»

انتفضتُ من مكاني، كان يعلِّق بساطًا من جلد الغنم والمسبحة الطويلة على المسمار، ثم جلس خلف المنضدة بسطحها المغطى بالأشياء. لبس جواربه، والتقط أطراف كمي سُترته السميكة، وزرَّر قميصه البالي، وواصل التَّمْتَمَة والتلاوة همسًا، ثم قال:

«هاتِ البيض لِنَرَى!»

وضعتُها أمامه الواحدة تِلْوَ الأخرى بحذر، ست بيضات، اثنتان لونهما أبيض، وأربع لونهن بُني، أخرج القشدة الفلاحية مَن عبِّي. وضعها على الميزان ذي الكِفَّتَيْن، فوزنتْ كيلو وسبعمائة وخمسين غرامًا، فبدأت بصفقة المقايضة:

«كيلوغرامين من الأسمنت، وعبوة من رقائق البسكويت...»

بلغ إحباط الْعَمّ المجنون مبلغًا فبدأ بالعطس، مسح فمه بظهر يده، وعاد لاستكمال مقايضتنا بعيون يائسة. احتدم نقاشنا، تراجعتُ طالبًا كيلوغرامًا

واحدًا من الحلاوة الطحينية وكتابًا، هذا كل ما أريد. قبل على شرط أن أحضر له ست عشرة بيضة أخرى. أخرج دفتره الضخم ذا الغلاف الأسود بالي الأطراف، والذي أوشك أن يصير عجينًا، وألقاه على المنضدة. قلَّب صفحاته، ومرّ بِخِنْصِرِه على الأسماء من أعلى إلى أسفل إلى أن وجد اسم والدي في النهاية... وسجل بخط كبير واضح: 16 بيضة، وذقنه تهتز من شدة التركيز. أغلق الدفتر، وحمل قطعة الحلاوة الطحينية الكبيرة بين ذراعيه، واقترب من النافذة المضيئة، وأكل ما تناثر من فُتاتها وهو يقطعها، ابتلعتُ ريقي فناولني قطعة صغيرة بطرف سكينه الضخم.

قال لي وقد عدَّل مذاق الحلاوة مزاجه:

«خذ يا ولد... خذ جرب...».

«هل عندك أكياس ورقية؟»

لم يسمعني، فاقترب مني حاملًا صندوقًا من الورق المقوى المليء بِكُرَات البلي الزجاجية وقربه إلى أنفي، كُرَات بلي من كل الألوان: صفراء، وخضراء، وزرقاء، وحمراء، كل الشياطين التي تُغوي بالجنة دفعة واحدة، فاخترت الزرقاء ووضعتها في جيبي، ثم هزَّ الصندوق، فأخذت واحدة صفراء. تجرأتُ وكررتُ طلب الأكياس الورقية، فقال بعينيه الحزينتين:

«ما سر ولعك بهذه الأكياس الورقية، يا بُني؟ لا أفهم!»

لكنه مع ذلك ابتسم، وسحب مجموعة منها وناولني إياها، حينئذ تذكرتُ وسألته:

«ما الحوار؟ هل هو شيء سيئ أم لا؟»

استدار نحوي وحكَّ ذقنه ودفع طَرْبُوشه إلى الأمام وحكَّ رقبته، على الأغلب لم يستطع تخمين معنى الكلمة:

«لماذا تسأل؟»

أخبرته عما حدث في المباراة الأخيرة، وكيف خسرنا لاعبًا بسبب «الحوار» واستُبعِد بالبطاقة الحمراء؛ ما سبب الحزن للجميع. حكَّ ذقنه أكثر، ولم يعرف، إنه لا يهتم أصلًا بتلك الأمور ولا يَحْفِل بالمباريات، فقد انطفأ بريق عينيه:

«لا أعرف يا ولد ما الحوار... اسأل ولدي، فهو يدرس في الجامعة في أنقرة... إنه مولع بالكتب والدفاتر...».

ولده هو الأخ فاضل! كنت أتهيأ لأقول له: إنه لا داعي لسؤاله، فإذا به يدخل في هذه اللَّحْظَة.

***

بنطاله ليس مخمَليًّا، أطرافه واسعة مقارنة بما نلبسه، ملابسه جَيِّدَة طبعًا، إنه الشخص المثالي ويشار إليه بالبَنَان من القرية والْهَضْبَة وربما في الجبال كلها، إنه إنسان راقٍ، حتى أنني أخشى التحدث معه إلى حد ما. ابتسامته منحتني الشجاعة، سحب صندوقًا وجلس عليه، وفاح العطر من ياقته المدنية، مثل الْمُعَلِّم تَمَامًا.

لم أره ينزل من الشاحنة، إن الأخ فاضل لا يُرى كثيرًا، لا يختلط ولم يعد يلتقي بأحد منذ أن ذهب إلى الجامعة، الجميع يتحدث من وراء ظهره وإنما بفخر، حتى عَمِّي يقر بأنه سيصير مُعَلِّمًا، وبأنه يقرأ كتبًا ليس فيها بَسْمَلَة، وليكن، وهل هناك أصلًا طريقة أخرى؟ وعلى حد تعبير عَمِّي، إن الْبَسْمَلَة لا تعني الشيء الكثير لدى ذوي التعليم العالي، إنني أفهم ذلك بالضبط من الاحترام الذي يظهره عَمِّي للأخ فاضل في غيابه.

صار من النادر لأهل القرية أن يروا الأخ فاضل، وحين يأتي تنقلب الأحوال ويفرح الصِّغَار. أتذكر أنه أعطاني برتقالة كمكافأة حين كنت صغيرًا جِدًّا، فقد أضحكتْه طريقتي في قراءة الدعاء بسرعة وبأسلوب مضحك. كيف أنسى؟

لن أنسى أبدًا! نعم، إنه لا يُرى إلا نادرًا، يسمع أهل القرية الجميع بقدومه، ويتناقلون الخبر فيما بينهم كأنه سر، ولا يغادر بيته ولا يقصد الْهَضْبَة، أَحْيَانًا يتنزه هناك في مَوْسِم الصَّيْف ببنطاله الإسباني واسع الكوارع. وما إن يظهر على الملأ حتى تجد الفتيات الصغيرات والكبيرات الحجة للخروج، يتنادين ويتصايحن ويجدن أي شيء يكون مادة للضحك، ويمسكن بأطراف تنانيرهن ويركضن هنا وهناك؛ وحتى لا أطيل، إن له عالمه الخاص، ويصعب سبر أغوار ذلك العالم، فلا أحد يفهمه؛ لذلك يحظى بالاحترام المجبول بالمهابة دائمًا، مثل الطبيب تَمَامًا، حتى الْمُعَلِّم يستحي منه إذا التقاه وجهًا لوجه.

* * *

لم يعد للمباراة قيمة بالمقارنة مع هذه الكتب! كِدتُّ أنسى أن أسأله عن كلمة «الحوار»، بل بالكاد كلمته مبديًا اهتمامي بتلك الكتب بحرج، وما خشيتُه حلَّ بي، وما أن ابتسم لي حتى شَعَرْتُ بتنميل في مَعِدَتِي، خشِيتُ أن يسخر مني؛ لكن الأمر لم يكن كذلك، وقال بلغة تركية أفضل من لغة الْمُعَلِّم:

«ها؛ أي كتب تريد؟»

طريقة نطقه ومحادثته تتغيران من عام إلى عام؛ لأن الأخ فاضل يتلقى تعليمًا عاليًا، لقد صار مثل أبناء المدينة.

انشرح صدري وصِرْتُ قادرًا على الإجابة بلا خجل.

«حسنًا، ماذا تقرأ أنت؟ هل تقرأ عادة...؟»

«أقرأ كثيرًا يا أخ فاضل؛ لأنني سأصبح كاتبًا...».

اهتزَّ جسمه قليلًا من الضَّحِك دون أن يصدر صوتًا، وَكِدتُّ أغضب أمام تصرف كهذا، ولكني كنت واثقًا بأن نيته ليست سيئة، ولا بد أنه يضحك لأن إجابتي قد أعجبته.

«من يُعجبك من الكُتّاب أكثر من غيره؟ من هو كاتبك المفضل؟»

استقرتْ نبرة صوتي، وهدأتْ أنفاسي:

«قرأتُ كتب عمر سيف الدين، وبعض القصص المصورة... والجرائد...».

لم يُجب وأسرع إلى المنضدة وعاد بكتابين وجلس في مكانه. قرأتُ عنوان الكتاب الظاهر «المتسكع الصغير»، قبل أن يناولني إياهما! ابتلعتُ ريقي من الارتباك.

«أعلمني عندما تنهي قراءتهما»

انعقد لساني، واكتفيتُ بالقول:

«سأعيدهما لك أخ فاضل، لا تقلق...».

ابتسم:

«لا تكن سخيفًا! صارا مِلكك الآن، لا أقول ذلك لتعيدهما؛ بل لأنني سأعطيك كتبًا أخرى...!»

نظرتُ إلى الْعَمّ المجنون مدهوشًا فرأيتُه يبتسم موافقًا، كنتُ أودُّ التحقق إذا ما كنتُ أحلُم، من الدهشة جلستُ على أحد الصناديق، ودمعتْ عيناي.

***

حاول الأخ فاضل أن يهدئني؛ لأنني حين أدركتُ أن الكتب صارتْ لي، وأنه سيعطيني غيرها قفزتُ صائحًا:

«سأعطيك بيضًا في المقابل، يا أخ فاضل!»

قلتُ ذلك وعيناي لا تزالان تدمعان.

«... سأحضر ما تضعه فرختنا الحمراء من البيض للعم البخيت، وهو يعطيها لك...».

ابتسامته أوقفتْ لساني عن الثرثرة، الابتسامة العريضة التي تملأ وجهه تجعل الإنسان يحلق ويطير. ركع أمامي وعطره يفوح في المكان، وأمسك بذراعيَّ، وحَدَّقَ بي بجديَّة:

«انظر إليَّ أيها الفتى! اقرأ هذه الكتب، ولا تنشغل بغير ذلك! حسنًا؟»

أومأتُ برأسي وتجمدتْ تعابيري من الفرحة، كِدتُّ أبكي من جديد، لكنني تماسكتُ بصعوبة:

«وعد يا أخي...».

قلتُها همسًا، وعاد دمي المتجمد يسري في عروقي، وطويتُ الأكياس الورقية ولففتُها ووضعتُها تحت معطفي، وصِرْتُ ألتفتُ خلفي كلما ابتعدتُ عن البقالة. وباستثناء ذكرى البرتقالة، فلم أذكر أنني فَرِحْتُ بهذا القدر من قبل!

رفع يده ملوِّحًا من عند الباب، ولو لم أتعثر بحفرة قتاد وأسقط على الأرض، لظَلِلْتُ أنظر إلى هذا الرجل الغريب العجيب من بعيد.

***

حلَّ الظلام، وغرقتِ السماء بالنجوم، أعرف واحدة منها فقط، نجمة الراعي الكبيرة التي تطل كل ليلة بارزة فوق قمم القارابوغرا، وتبدو لي كل مرة بكامل حُلتها. استوقفني ثباتها ومنظرها الساحر وأنا في منتصف طريقي، راقبتُ أطراف الْهَضْبَة، والبيوت المصفوفة بصمت بين الجبلين، كأن الصمت الخامل قد سكن الدُّنْيَا، واستقر مثل ميزان الْعَمّ البخبت العتيق حين يتوازن.

***

انشغل عقلي بما تحت معطفي، كنتُ أَتَضَوَّر جوعًا، جلستُ على جانب الطريق وأخرجتُ اللَّفَّة، سال لُعابي وأنا أُبعد الورق المزيَّت، ظهرت سَلْوَى

في بالي فتلوَّتْ مَعِدَتِي... لا، لقد صارتِ الحلاوة الطحينية عندي بمثابة ثروة لا أستطيع لمسها!

دنوتُ من البيت مستمتعًا برياح المساء ومنصتًا لِأصوات الْهَضْبَة وفمي يُصَفِّر.

* * *

زدتُ لهب المصباح، كانت جَدَّتِي نائمة، فمها مفتوح، ويداها تَصْعَدَان وتهبطان فوق صدرها كأنها تتهادى على موجة غير مرئية؛ خفضتُ اللَّهَب، وعبرتُ من فوق شخيرها الصافر بحرص نحو الباب، وحملتُ معي لفة النايلون الصغيرة من الرَّف. أحبّ أن أتجول مع صورة أمي لتحميني في الأوقات الصعبة، وضعتُها في جيبي لأنها بالنسبة لي أقوى تميمة حقيقية. انتعلتُ حذائي المطاطي، ورفعت مَقْبِض الباب على مَهَل متوجسًا من الجزء الأصعب هو صوت مفصلاته اللَّعِينة، اجتهدتُ كي أعبر بأقل الخسائر، وفتحتُ الباب وأنا أسحب نَفَسًا طويلًا.

هاجم الهواء القوي رئتيَّ، فقاومته وأنا متجه نحو الْكُوخ. سرتُ متأبطًا لِفَافَة النايلون، اجتزتُ خرخرة المياه النائمة، وحدائق الْحِصْرِم، ووصلتُ إلى مِزْرَاب مياه الأغا، وشربتُ منه، فانتعشتُ وتابعتُ سيري. عبرتُ كل البيوت وحتى البيوت أُحادية النوافذ الخشبية. ما زال موعد المباراة بعيدًا، وقفتُ عند الدَّرَج الحجري كي أعيد النظر بكل شيء، وأقيمه من جديد، فلم أتوصل إلى حلّ نهائي لأن القادم غير مضمون النتائج. كأنني أقامر مع نفسي، كاد قلبي يقفز من مكانه وأنا أفكر، فتشتتَ ذهني أكثر.

استمددتُ شجاعتي من إدراكي في هذه المنطقة المظلمة.

* * *

إنني أمام باب عائلة الْعَمّ سُلَيْمَان الخشبي الجديد المبهرج والملون! سمعتُ أصواتًا خلفه، الْعَمّ يحكي ويسبُّ، أصوات ملاعق الشاي، صوت سَلْوَى. طرقتُ الباب وكاد نبض قلبي يسكت، ثم أدركتُ أن أحدًا لم يشعر بطرقي، لزمتني شجاعة أكبر لأطرقه مجددًا وأنصتُّ جَيِّدًا. ترى ما الحوار؟ وما الدُّوغْمَائِيَّة؟

غاب القمر لكن صوت النافورة البعيدة أضاء عَتَمَ الليل، صوت الماء يسري في الظلام، والظلام يسري في الليل.

هدأت الأصوات في الداخل، وسمعتُ دبيب قدمين تقتربان من الباب. ارتعشتْ قدماي، فتنحيتُ جانبًا وجلستُ على الحجارة. دار المفتاح في القُفْل، وضوء غامض أطلّ من الباب مثل كفن أبيض، وامتد عنقه الفضولي مستطلعًا، وبانتِ الْجَدَّة سَكِينَة بعد أن رفعت مصباحًا عاليًا. خيَّم الصمت خلف الباب، ثم سأل الصوت المختنق عن الطارق، وكررتِ الْجَدَّة السؤال، فتجرأتُ وأجبتُ:

«هذا أنا...».

واربتِ الْجَدَّة سَكِينَة الباب احتياطًا خشية التورط بجناية... والابتسامة التي رسمتها على وجهي ماتتْ لتوها، استدارتْ أكثر من مرة قبل أن تكسر صمتها المليء بالتساؤل والفضول.

ثم دخلنا.

* * *

«هل أرسلتك الأخت حواء، يا بُني؟ هل تحسنتَ الآن؟»

أومأتُ بأنني بخير:

«حسنًا؛ ما الذي جاء بك...؟»

قلتُ بصوت مختنق:

«... هناك مباراة...».

شقَّ الصوت حنجرتي بصعوبة، ووقفتُ كالصَّنَم منتظرًا، أحاول أن أستوعب البلاء الذي أوقعتُ نفسي فيه؛ هكذا أنا أوقع نفسي في أمور تفوق إمكاناتي! الباب ما زال مواربًا، صمت طويل، صوت النافورة، عقلي يحرضني على الهرب، ماذا سأقول للعم سُلَيْمَان؟ وكيف سيكون رده؟ ربما يقتلني! أذناي تحترقان وكأن اللَّهَب التهمهما، وجَفَّ رِيقِي.

كان الْعَمّ سُلَيْمَان يشرب الشاي الذي وُضع على كرسي صغير أمامه بدلًا من مِنْضَدَة، وقد مد ساقه بجوار التَّنُّور على طَرَفِ الدَّكَّة، سَعَلَ وجلَّى حنجرته بخشونة. وفي هذه الأثناء وصلتْ سَلْوَى وفي يديها حَطَب وصفيحة كيروسين كبيرة وفتيل ورَوْث يابس، وحادثت جَدَّها دون أن تُعِيرَني انتباهًا كأنني لستُ موجودًا فأجابها:

«نعم، بُنيتي... هناك مباراة... أَلْمَانْيَا تلعب... حسنًا يا ولد؟ هل فهمت؟»

التفتَ نحوي بحنان غير متوقع، لم أصدق! وبدا لي كأنه يغمز أَيْضًا؟ هل هذا الكهل ليس عقربًا في بيته مثلما يُشاع عنه؟ يا إلهي! اتضح سبب مجيئي المقبول نِسْبِيًّا، فاجتاحتني الإثارة التي يصعب وصفها.

«اذهبِي إلى غرفتك، وإذا أحرزتْ أَلْمَانْيَا هدفًا أو غيره، سأناديك، هيا هل فهمتِ؟»

لم أعد أهتم باستحقار سَلْوَى الضمني لي، فقد تحولتُ في تلك اللَّحْظَة إلى عِجْل أُضحية مُتَكَوِّم عند حَافَّة التَّنُّور وبالكاد أتنفس. إن وجودي في بيت الفتاة التي أحبها كارثة عرفية، كارثة تتطلب شجاعة، فجَدُّ الفتاة هو الْعَمّ سُلَيْمَان، وخِطاب الغرام الذي كتبته لها يعد جريمةَ شرفٍ، هل سأواجه خطر الموت؟ ومع أن جَدَّتِي حولت ذنب العشق إلى مرض، إلا أنني عدتُ مذنبًا في بيت الْعَمّ سُلَيْمَان!

***

أذهلني موقف سَلْوَى غير العدائي تجاهي وعدم مخاطبتي، إضافةً إلى موقف الْعَمّ سُلَيْمَان اللَّين، إن «عدم مخاطبتي» هي لامبالاة خانقة، وطريق ينبئ عن دلال شيطاني، فمثلًا حين أحضرتْ كتبها من القرية، وتركتْ كتب الرياضيات وعلوم الحياة بجانبي متعمدة كأنها نسيتها، وهذا حيَّرني فعلًا.

تُرى هل أنا شخص لا اعتبار له؟ هل بجرأتي هذا المساء أكَّدتُ ذلك؟ اضطرمتِ النيران في داخلي.

يوفرون لسَلْوَى هذه الكتب ليس للدراسة فقط، بل لجعلها ذات مكانة عالية في نظري، لتخوفي ربما. إنها كذلك بالفعل، لكن على أية حال، مع مرور الوقت تنسحب الفتيات من التعليم! حيوية سَلْوَى غير المتوقعة تندلع في الغرفة، إحدى علامات الثراء المؤكَّد بالنسبة للهَضْبَة. صوتها مسموع من خلف الستار الخشبي، وهمسات إخوتها الصغار وجَدَّتها سَكِينَة وقهقهاتهم أَيْضًا، صوت الْجَدَّة يوبخ حينًا، ثم الضَّحِك بعد الصمت والضَّجَّة والكلام... الأصوات كلها! كم هي حلوة! إن سكون هذا المساء يصيبني بنشوة الاستمتاع، أشعر بالدفء كأنني جَرْو ظهر له أصحاب بعد أن ضاع وتجول وحيدًا بين الجبال والتِّلَال لأعوام. تقبلت ولو للحظة أنني صرتُ جزءًا من هذا البيت، وتحول هذا الشعور المتدفق في أعماقي إلى خيال جميل رغم استحالة تحقيقه أو وصفه. شَعَرْتُ بالانقباض من الحماس؛ لأنني تحت سقف واحد مع تلك الفتاة، فوجودي معها تحت سماء واحدة يعصف بي عصفًا. أَرَدتُّ المغادرة لشعوري بضيق أنفاسي، فقبضتْ مخالبُ الْعَمّ سُلَيْمَان على ذراعي، غبَّشتْ عيناي وارتعشتُ وصُكَّتْ أَسْنَانِي من شدة اضْطِرَابي.

قال الْعَمّ سُلَيْمَان شيئًا، وأتت الْجَدَّة سَكِينَة وهدأتني بكلمات غريبة لم أفهمها تَمَامًا، لكن بنبرة عذبة، ثم أجلستني بالقوة أمام الْعَمّ سُلَيْمَان.

***

ضغط زر الراديو... خَشْخَشَة! تحريك الإبرة يصدر عنه خَشْخَشَة أخرى، أخبار باللغة الروسية تمر سريعًا وصرنا نعرفها، أنغام جورجية وأذرية، وموجات الصوت تخدش الأذن، إلى أن اتضح الصوت أخيرًا، لكن المباراة لم تبدأ بعد!

المذيع متحمس لحدث كبير وتاريخي على هذا المستوى، لكنه يتحدث على مَهَل، تبًّا! إن هذا الاعتدال التام وضبط الأعصاب يثير كلينا (كلينا؟ عجيب!). المذيع ينقل الأجواء قبل المباراة ويشير إلى عدد المشاهدين ويذكر أسماء الحُكام...

سَلْوَى صرختْ، لم تحرز أَلْمَانْيَا هدفًا بعد، يا لها من فتاة غبية، لا تباهٍ ولا دلال! كيف هو مرض الكبد؟

* * *

فتح الْعَمّ سُلَيْمَان عُلْبَة تبغه بمزاج، وكان على وَشْك أن يسحب سيجارة حين علا صوت رجل من الطريق خلف المنزل:

-«من أين يأتي هؤلاء البشر وإلى أين يذهبون في مثل هذه الساعة؟»

فيجيب بنفسه مسرورًا:

«لعلهم عادوا من الجبال والمراعي».

أُدرك في هذه اللَّحْظَة أنني نسيت شيئًا، وأحسستُ بالكُتْلَة التي التصقتْ باللِّفَافَة المتحجرة تحت إبطي، حللتُ الربطة بصعوبة ووضعتها على الكرسي أمامه، فنظر إليها بتعجب:

«ما هذا يا ولد؟»

ارتحتُ وتكلمتُ بشجاعة... وكلما حكيتُ أكثر رَقَّتْ سحنته مثل زجاج المصباح. بدا كأنه لا يعرف ماذا يفعل، شَعَرْتُ بتأثره لكنني كنتُ واثقًا بأنه

لن يُظهر ذلك. فتحنا موضوع المباراة الماضية، واكتفى بالتلميح للرُّعاة الذين يدعوهم «أهلنا» موجهًا لهم سِبابًا بذيئًا وكأنه يريد أن يطلق عليهم النار جميعًا. لوَّح بملعقة الشاي في الهواء كأنها عصا نبي سحرية ستكشف سِرًّا، وقال:

«إنهم همج عديمو الشرف... هل فهمت؟»

* * *

استشففت نبرة الانهزام في صوته، يعتاد الإنسان على انكسار كبريائه والركوع غير اللائق مرات؛ بيد أن صوته ما انفكَّ يحمل بعض المقاومة؛ أي حتى لو انحنتِ الرقاب، فهناك وقار ينبع من يقينه المبدئي بأنه أعلى شأنًا... سمعنا ضوضاءَ مثل دَرْدَشَات على سطح البيت، أرهفنا السمع، ولم يميز الْعَمّ سُلَيْمَان الأصوات أو ربما لم يُعِرْها اهتمامه، وعُدنا لسماع المباراة.

وضع الْعَمّ سُلَيْمَان لَفَّة الحلاوة الطحينية جانبًا، حينئذٍ شَعَرْتُ بأن الرابط بيننا اكتسب قوة لا بأس بها، ولكن بالطبع ما زالت الأمور غير واضحة بالنسبة لي؛ ألا يهتمون لأمري؟ هل يتجاهلونني؟ أم أن مسألة الشَّرَف نُسيتْ تَمَامًا؟ ما زلتُ لا أعرف...

* * *

أهملنا كل الهموم وركزنا على المباراة، أرادني أن أسكب لنفسي كوبًا من الشاي، إن لقاءنا بعد أن كان يمثل لي خطرًا، وبعد الاحتقان بيننا من دون تنفيس وفَضْفَضَة، يوحي بأننا وصلنا إلى منطقة صلح صغيرة.

أزال الْعَمّ سُلَيْمَان المُشمَّع عن الراديو مثلما تُحل البرادع عن الخيول، فيعلو الصوت.

* * *

سجلتِ الأرجنتين هدفًا في شِبَاك أَلْمَانْيَا الغربية في الدقيقة 23 من المباراة. مرت غيمة خفية في عينيْ الْعَمّ سُلَيْمَان، سحب سيجارة، وغيَّر جِلْسَتَه، وحرك شواربه، التَذَمُّر وحده لم يكن كافيًا، فسرح يقصُ حكايات عن شبابه تعويضًا للهزيمة، ومع ذلك لم يهدأ فانتقل للحديث عن الطقس:

«إذا مرت الأيام مشمسة، فالرابية تصير شديدة البرودة، وإن جفَّ الْعُشْب، ماذا ستأكل الماشية؟ إن الحرارة ستأتي على الأخضر واليابس، حتى المستنقعات ستجفّ، وكل ما هو أخضر سيموت في الْخَرِيف الأسود. وإذا ساد الجفاف، فلا أمل... إنهم الألمان... سيتفوقون، لا خيار آخر، هل فهمت؟»

قررتُ تصديق ما قاله. المباراة لا تهمني حَقًّا، ولكن على ما يبدو أن الفوز بسَلْوَى مرهون بنتيجة المباراة.

«سيغلبون حتمًا، هل تعرف ذلك؟»

نصحني بأن أدرس وأصير رجلًا، فعلى حدّ قوله، إني أملك الإمكانات لأكون «مُتَنَوِّرًا».

لم يعترف بالهدف في المرمى الْأَلْمَانِيّ. ومع ذلك تشجعتُ وأخبرته بأني سأصير كاتبًا. ضوء من السعادة الزائفة ظهر على وجهه، ثم عاد بائسًا إلى موضوعه: ماذا ستأكل الماشية عندما يحل الجفاف؟

يتكلم المذيع عن «بسالة الأرجنتين...».

«لم تعد الناس مثل السابق! ألا يشترون أحمال العلف للماشية؟»

الراديو يذيع: «مارادونا على الجناح الأيسر الآن».

«مرض الحمى القلاعية اللَّعِين... هل فهمت؟»

(...)

«أهالي الْهَضْبَة اللَّعِينون يعتمدون على الْهَضْبَة الأخرى حين يحلُّ الْخَرِيف الأسود. سنرى حينها...».

«ضربة جزاء محتمَلَة...».

«لا يدفعون ثلاثة قروش لتعمير السقف، ويضعون أيديهم على ملك الآخرين! الملك اللَّعِين..!»

***

صار وجهه صُلْبًا مثل صخرة، وانعكاس ضوء المصباح عليه لم يمنحه سوى عُنْجُهِيَّة مثيرة للسخرية. للمرة الأولى تراودني مشاعر شفقة بسيطة تجاهه، فكلما تذكر ما حدث أخيرًا، تنحني رقبته.

«واوو.... مارادونا... بطاقة صفراء... نعم، نال بطاقة صفراء أعزاءنا المستمعين! ... تغيير نتيجة الاعتراضات... أعزائي المستمعين... القرار حازم...».

الهتافات تحرك الراديو من مكانه... الْعَمّ سُلَيْمَان صامت تَمَامًا ويداعبه الأمل، وينتظر مسار الهتافات المتفجرة من مائة ألف وأربعة عشر مشجعًا الذين يكرر المذيع عددهم. أرهف سمعه، فسألته إذا كان ما يجري هو حوار أم لا، لم يسمع، أو بمعنى أدق لم يكترث، ظل منحنيًا ومتمسكًا بالأمل لفترة... لكنه أرجع ظهره إلى الخلف حين تضاءل أمله.

لم نَدْرِ ماذا حدث تحديدًا، نقر الراديو من الخلف نقرتين. ثم مد يده لعُلْبَة البافرا، كررتُ سؤالي ما إذا كان هناك حوار؟

«لم أفهم... هل فهمت؟ ما الحوار يا ولد؟»

سألتهما إذا كان هناك حوار في كل المباريات أم لا، لم يفهم، فاختصرت.

***

«هدف فالدانو في الدقيقة الخامسة والخمسين جعل الأرجنتين تتقدم بنتيجة اثنين صفر...».

غَمْغَمَ المشجعون وركل الْعَمّ سُلَيْمَان الراديو! فغاص في وعاء عند باب الغرفة، فاهتزت الرفوف وسقط ما عليها، علا صراخ امرأة، ذبذبة الراديو لم تسكن، فُتح باب غرفة النساء وخرجن منها، أخذتهن الدهشة وحاولن فهم ما يجري. تَذَمَّر الْعَمّ سُلَيْمَان وشتم وكاد يمزق الراديو، تقلصتُ في مكاني وكتمتُ أنفاسي، واستجمعتُ نفسي كي أهمَّ بالذَّهَاب، أوقفني الْعَمّ سُلَيْمَان عند الباب.

انتظرته هَلِعًا، ارتدى ساقه الخشبية على عَجَل وراح يتفحص الجرابات والحقائب المعلقة على الحائط، وكان غضبه يشتد كلما بحث عن شيء ولم يجده، أَحَطْنَ به وسط صراخ وجدال، وأخيرًا سحب إحدى الحقائب وقلبها رأسًا على عقب فسقط منها ما كان يبحث عنه.

أسرع نحو الباب حاملًا مخزن رصاص ومسدسًا عيار الأربعة عشر، وما إن لمحتُ ما بيديه حتى ساخت ركبتاي وغُشِي عَلَيَّ، شَعَرْتُ بيد الْعَمّ سُلَيْمَان كان يبلل وجهي ويمسحه بكفه، كان يلهث، أمسكني كي أقف على قدمي، كنتُ أرتجف كغصن فهدأني. في تلك الأثناء أفرغ غضبه ورجَّ السقف الصفيح مع قهقهاته، ترى هل سيصاب بالجنون؟ أتساءل أين عقلي؟ أين نحن؟

الضوء القادم من الباب المفتوح أتاح لي رؤيته وهو يملأ خزان المسدس بخفة وسرعة. أفرغ سلاحه غاضبًا من الأرجنتين، وكنت أنتظر على العتبة مبتلًا من المطر المصحوب بالبرق الخاطف. لهثتُ وشتمتُ، ثم انطلقتْ صرخة خلفي! الْعَمّ سُلَيْمَان لم يَحْفِل، وخطوط البرق ما تزال تطوف مدويةً.

***

ثم... تَأَوُّه بسيط!

هناك عند جدار المنزل المائل، سُمعت جَلَبَة مكتومة، وصوت دبيب خُطى ثم انقطع، الجميع تجمدوا مكانهم!

هناك شخص فوق السطح المائل، يطلق الصرخات! اقشعر بدني، وغَصَّتْ أحبالي الصوتية.

أُطلقتُ صرخة شديدة مدوية مُتُحَشْرِجَة:

«آآآآآآه.. يا للمصيبة!»

دوَّى الصوت الغريب المشؤوم في الأرجاء فجأة، وصدى الصرخة كأنه ينبئ بشُؤم الليلة على السُّفُوح المظلمة والتِّلَال البعيدة ووادي الْهَضْبَة. علا عواء الكلاب حيث ترقد المعز عند أطراف الجامع.

حمل الصمت لغطًا من المنازل، فُتحت الأبواب، بدأ الناس في الكلام، ثم علا صُراخ الصوت من فوق السطح مرة أخرى، ارتعد الْعَمّ سُلَيْمَان فاستلَّ المسدس، ووقع في مَغْطَس الصنوبر حيث كان جالسًا على حافّته.

نظرنا في الظلام بخوف نحو مصدر الصوت، بدأتِ الْجَدَّة سَكِينَة بالصُّرَاخ فجأة كما لو أن مسَّ أصابها، دفعتني جانبًا وركضتْ، المصباح في يدها، وبيدها الأخرى بدأت تتسلق صعودًا إلى السطح، الْعَمّ سُلَيْمَان واصل التحديق بلا حَرَاك، والْجَدَّة سَكِينَة غابتْ في الظلام.

هَجَعَتِ الأصوات، ثم تتابعتْ صرخات الْجَدَّة سَكِينَة، دَوَّى صوتها في الجبال، ضربت السطح بيديها وناحتْ، كأنها على وَشَك أن تفقد وعيها، وقد فقدته بالفعل... ثم سمعنا أصوات الرعاة المرعبة! مثل الأصوات التي نسمعها في عيد الأضحى، ونحن بقينا مختبئين خلف الستائر.

عاد الْعَمّ سُلَيْمَان إلى وعيه، وصَعِدْنا إلى السطح، فإذا بالراعي عَلِيّ الطَّعَان ملقى على الأرض ووجهه مغطى بالدماء، يتنفس بصعوبة وشخيره يتتابع بلا توقف، أخذ يحرك بطنه السمين ويتلوى مثل دودة وقعت صخرة على بطنها؛ سيخلف الْعَمّ عَلِيّ الطَّعَان العالم وراءه بما في ذلك مباراة الأرجنتين وأَلْمَانْيَا الغربية.

الدُّم الأسود وظل الموت، وشعر يخرج من تحت بطنه في هدوء مروع...

* * *

جلستُ عند حائط المدخنة، واصطكتْ أَسْنَانِي؛ ما زال بإمكاني رؤية ما حدث، الْجَدَّة سَكِينَة عند رأس الراعي تراقب حركاته المتثاقلة. شفتاها ترتعشان، إنها تتلو كلامًا ما. سمعنا أصواتًا من الجانب الآخر من الْهَضْبَة، ودَوِّي نُبَاح الكلاب التي تستشعر حدوث خطب ما، ورأينا أضواءً ضعيفة متقطعة تسبح في الظلام وتقترب، وسرعان ما ازدادت أعدادها تَدْرِيجِيًّا وصارتْ مثل نهر حوَّل الظلام إلى غَسَق. ولم تعد الرؤية ممكنة من وسط الزِّحَام، حاولتُ متابعة ما يجري عبر الأصوات. في تلك الأثناء سمعتُ صوت زوجته الْجَدَّة مؤمنة، لا ضوء في يدها، بل أمسكتْ ذراع ابنها حسن، من مكاني رأيت الْغُبَار المتجمع على رأس الراعي، جثتْ على ركبتيها، وأغمضتْ عينيها دون كلام، ثم رفعتْ يديها إلى صدرها وأخذتْ تضرب ركبتيها، وبعد برهة صرختْ بصوت مخنوق وشَهَقَتْ كأنها تتنفس للمرة الأولى:

«علييييييي!»

سرى صوتها في الليل، وارتدَّ عن الجبال البعيدة. ياقتها تبعثرتْ، وغطاء رأسها انزلق، وأنَّتْ بصوتها الذي أَوْشَكَ على الاختفاء:

«علييييي...»

صمتتْ، وتمكنتُ من معرفة ما تقول من حركة شفتيها المرتعشتين.

* * *

حين أمسك حسن أمه تشجعتُ واقتربتُ منهما، صار حسن يتيمًا الآن! يُحَدِّق بوجه يشبه لون حجر الجير، استجمعتُ شجاعتي ونظرتُ وسط

الزحام إلى وجه الْعَمّ عَلِيّ الطَّعَان الغارق بدمائه، لم أجد ملامحه فقد غطاها الدم.

أقارب آخرون ما زالوا يتوافدون إلى المكان، ثم وصل أصغر أولاده وأمه لاهثين، إحدى العجائز احتضنتِ الخالة مؤمنة وأبعدتها بالقوة، لكنها عادتْ وانحنتْ فوق وجه الْعَمّ عَلِيّ الغارق بالدماء، أغلقتْ عينيها فاستعاد وجهه ابتسامته الهادئة، ثم أغلقتْ ببطء فمها المتحجر. بعد ذلك ربطت فكه بقطعة قماش انتزعتها من ذيل تنورتها.

لُفَّتِ الجثَّة ببطانية، وصرختِ النساء دفعةً واحدة، سَرَتْ رعشة في جسمي كالرَّصَاصة، عقدوا طرفي البطانية جَيِّدًا، وجهزوا صاريتين طويلتين لحملها.

وضع الرجال الصاريتين على أكتافهم، فتأرجح جسد الراعي الملفوف بالبطانية مثل طفل صغير، الْعَمّ عَلِيّ محمول وسط القافلة المتوجهة بمصابيحها صوب التَّلَة عند أعلى الْهَضْبَة، وبين من يصرخ ومن يلقي بنفسه على الأرض... حُمل في البطانية إلى الْكُوخ وسط القيامة الحمراء.

* * *

تابعتُ قافلة المأتم العجيبة من مكاني، وهي تسلك طريقها في الظلام. ارتجفتُ حين رأيتُ وجه سَلْوَى بجانبي وقد مال رأسها بخفة على كتفي، وحين فرغ المنزل أصابها الخوف وتسللتْ إلى جواري، ولم أكن منتبهًا على الإطلاق.

كُتْلَة الضوء اجتازت الجدول وبدأتْ تشق طريقها نحو السفح المقابل، لم نعد نميِّز الأصوات التي هدأتْ تَمَامًا، وأرهفنا سمعنا علَّنا نسمع شيئًا، فوصلتنا بضع صرخات ونُبَاح كلاب. ثم صرنا نتابع

الأضواء، كُتَل الضوء التي تتلاشى وترتفع من السُّفُوح نحو التَّلَة، نتابعها وقد اختلطتْ بالنجوم.

وضعتُ يدي على صدري فوق صورة أمي، وسَرَتْ رعشة خفيفة غير ملحوظة من خد سَلْوَى إلى كتفي. ويدي فوق صورة والدتي، وخدّ مبلل مرتعش فوق كتفي، وأنتظر كاتمًا أنفاسي.

الفصل السابع عشر

بعد إمعان النظر، أدركنا أن البُقْعَة المتحركة عند الْأُفُق فوق التِّلَال البعيدة، والْغُبَار الزاعق حولها، ليست سوى سيارة. علت الصرخات عند أطراف الْهَضْبَة، وهاج الأطفال كأنهم أنهار من الإثارة المتدفقة، وتجمعنا في حشد وتوجهنا نحو الوادي عند مدخل الْهَضْبَة.

عبرتِ السَّيَّارَة المضائق بيننا وبين جبل الهانغا، وشقت طريقها المتعرج نزولًا إلى الوادي، ثم صَعِدَتْ متسلقة الجبل والتفتْ حول طرف الْهَضْبَة، ظهرتْ مقدمتها كأنها خارجة من فم النهر أسفل الْهَضْبَة، إنه المكان الذي نلتقي فيه بشاحنة البيدفورد من وقت إلى آخر.

بعد نصف ساعة، لاحظنا دوامة الْغُبَار ترتفع فوق الْمُرُوج على التِّلَال، ثم هلَّت البشائر، بالكاد عبر الْغُبَار المتطاير عند الممر الذي نسميه منحدر الكلب، ذلك الطريق المنحوت في الصخر وينتهي عند الهاوية. مَن يعبره يتعثر بالطريق المسدود، ولكنتا نبذل جهدنا لنعيش المغامرة أَحْيَانًا. لم تكن شاحنة البيدفورد هذه المرة، بل لم تكن شاحنة على الإطلاق، بل جسم متحرك غريب نصفه نايلون ونصفه حديد. اعترضتنا النظرات القاسية للجنود في داخلها، وحين أوشكتِ المركبة على الانعطاف، وقفتْ عند المرتفع فتوقفنا مثلها.

خرج الجنود وهم يصرخون بنا، ثم تحركتْ مركبتهم من جديد، لكننا سرنا في طريقنا خائبين صامتين عقب المفاجأة التي قلبتِ الدُّنْيَا رأسًا على عقب. المركبة فارغة من أية أحمال، ولا جَلَبَة فراخ على

متنها، ولا أطفال، ولا لفَّات، ولا أكياس للأمانات، ولا الخطابات، ولا قطع سكر، ولا كيروسين؛ لأنها ليست شاحنة، بل ضرب من المزاح! أثارتنا حالها كثيرًا؛ لأنها أشبه بالسيارات التي نصنعها من سِبَاخ الطين أو رَوْث البقر.

❋❋❋

وصلتُ على مَهَل إلى أمام بيت عائلة سَلْوَى، قرب الحظيرة، فعبقت في الهواء رائحة البنزين النفاذة، حتى تلك الرائحة كانت بمثابة ضرب من الترفيه بالنسبة لنا، لم نَرَ في هذه الأنحاء شيئًا من هذا القبيل. أحطنا بها، لونها أخضر داكن، ونوافذها مغطاة بمُشَمَّع بدل الزجاج، رمقنا الجنود بطرف أعيننا، وتفحصناها من هنا وهناك، لقد سحرت عقولنا بمقدمتها الطويلة والعَلَم المغروز فيها، ولكنه لم يكن عَلَمًا من الأعلام التي نعرفها. بدتْ عجلة قيادتها مثل عجلات قيادة سيارات اللعب التي نثبتها على العِصِيّ، وكانت عجلات قبيحة وأجزاؤها الحديدية بارزة، لمسناها، واقترب رومينغا وزج بيده في ماسورتها الخلفية، وأدخل ذراعه حتى الكوع الذي اصطبغ بالأسود، ثم راح يمسح السُّخَام على الوجوه فتنفجر الضَّحِكات، ويتلهَّى الجميع بالركض والمطاردة.

صرخ الجنود الثابتون كالأصنام أمام بابها المفتوح:

«يا ولد..! تعالَ إلى هنا!»

العم شُكْرِي الراعي كرر أمر الجندي:

تشاجر الجندي مع رومينغا:

«لماذا لا تبقى بعيدًا، ماذا قلتُ لك؟»

زاغت عينا رومينغا، وتجمد وجهه، وارتعشتْ ساقاه من الخوف.

ثم تدخَّل الْعَمّ شُكْرِي قائلًا:

ثم نظر إلى الجندي بطرف عينه.

الجندي لم يكترث، وصرخ بطفل آخر:

«قلتُ لك لا تلمس المرآة!»

العم شُكْرِي صَفَعَ الولد على أذنه:

«أيها الشقي!»

وأعاد النظر إلى الجندي بطرف عينه، وبدا كأنه مستعد لارتكاب جريمة بحق من يغضب الجندي. ثم أخذ يلفُّ التَّبْغ داخل معطفه، واستلقى جانبًا وأسند عصاه إلى وركه، ظلت عيناه تتفحصان الأطفال بلا توقف، وفي تلك الأثناء لاحظ الجندي أن شخصًا لمس مِصَدَّ السَّيَّارَة:

«يا ولد... لا تفعل!»

اعتدل الْعَمّ شُكْرِي ورفع عصاه، وقبل أن يتمكن الطِّفْل من الهرب نزلت العصا كالكرباج على صُدْغِه، فزلَّت قدم الصغير في الحفرة، لكنه تابع الهرب غير مكترث بالوسخ العالق بوجهه، ممسكًا سرواله من الخلف حتى لا يسقط. لعل الجندي قد أسِفَ لحاله، فأخذ يناديه، لكن الطِّفْل كان يسابق خوفه بسرعة فائقة. ثم نادى الجندي رومينغا:

«تعال أنت... اقترب!»

انقضَّ عليه الْعَمّ شُكْرِي هذه المرة:

«ولد، تعالَ أيها الْوَغْد!»

دون أن ينظر إلى الْعَمّ شُكْرِي، سار رومينغا بصمت واستسلام، ومسح يديه السوداوين من السُّخَام في سترته متوجهًا نحو الجندي بسرعة، عندئذ شغل السائق محرك السَّيَّارَة مُصدرًا صوتًا مفاجئًا يشبه التَذَمُّر أضحك الصغار. دفع الحارس بأَخْمَص سلاحه المحمول الأطفال الثلاثة الذين جلسوا على

المِصَدِّ يتضاحكون كي يبعدهم عن الخطر. تراجعت السَّيَّارَة إلى الخلف بهدوء، وترك الْعَمّ شُكْرِي عصاه جانبًا ولحق بالأطفال وناول كلًّا منهم صفعةً على أذنه، وصاح بهم وشتمهم.

* * *

في هذه الأثناء، دوَّت صرخة من داخل المنزل! كان صوت امرأة لكن صوت السَّيَّارَة طغى عليه، وحين أدركنا أننا لن نلحق بالسَّيَّارَة انشغلنا بمعاينة الجنود، حَدَّقْنَا بملابسهم الخضراء الغريبة وأسلحتهم ومعاطفهم، حتى السائق كان جُنديًّا، قفز من السَّيَّارَة دون أن يطفئ محركها. وقفوا متراصِّين على جانبي السَّيَّارَة مثل التماثيل بنظراتها الحَادَّة، والبنادق الطويلة في أيديهم، والسكاكين ذات الجرابات الطويلة معلقة على خواصرهم، وشرائط بيضاء وحمراء ملفوفة حول أذرعهم. ثم انتبهنا أن دردشة هادئة تدور عند عتبة المنزل، نظرنا إلى وجه الْعَمّ شُكْرِي محاولين أن نفهم ما يجري، لكنه بدا مندهشًا بدوره، وما لبثْ أن ارتفعت حِدَّة الدَّرْدَشَة، وتحولت إلى غَمْغَمَات صغيرة تبعها جدال وتدافع.

ألقى الْعَمّ شُكْرِي بعصاه ومعطفه، وركض مثل الريح وقد أصابه الذُّهول. تكدَّس الحشد في المكان، وسمعنا صرخة قصيرة وحَادَّة، إنه صوت الْجَدَّة سَكِينَة الذي صار غليظًا ويصعب تمييزه، وكأنها استهلكته من كثرة استعماله، صرخت بنبرة رجولية لم نسمعها من قبل، صوتها بدا مكتومًا كأنها تختنق، صَرَخَتْ صرخات متوالية بلا توقف، حينئذ صمتنا تَمَامًا، ولو سقطتْ إبرة في تلك اللَّحَظَات لسمعنا صوتها.

* * *

ظهر الْعَمّ سُلَيْمَان عند حَافَّة الهاوية! أو شخص آخر يشبهه إلى حد كبير؛ لدرجة أنني كَدتُّ أجزم أنه الْعَمّ سُلَيْمَان من ساقه.

في وسط الزحام، رأينا عسكريين اثنين والعم سُلَيْمَان بينهما... انزلق طَرْبُوشه جانبًا وسترته أَيْضًا، وكانت ياقته مفتوحة، ووجهه مبعثرًا مثل حجر الجير؛ تجمدنا من الخوف، ورأينا حين اقتربنا أكثر أن يديه مقيدتان وأن معصميْه مكبلان أمامه داخل حلقتين حديديتين لامعتين.

الجَدَّة سَكِينَة وسَلْوَى صارتا خلفه، الْجَدَّة بُح صوتها نِهَائِيًّا، وأخذتْ تضرب ركبتيها، وتلطم وجهها برتابة، وفي الوقت ذاته علا صراخ سَلْوَى وهي تلاحق جَدَّها بنظرها كأنها أدركت حجم المصيبة لتوِّهَا.

أمسك العساكر الْعَمّ سُلَيْمَان بقوة من تحت إبطيه، وكانوا يُسيِّرونه على قدميه، لم يدخل السَّيَّارَة بسهولة بل استند بمعصميه على بابها دافعًا جسمه إلى الخلف بصعوبة. قاوم الجنود بروح مُطفَأة كأنه يودُّ أن يقول شيئًا قبل أن يختنق، صرخ وتعلقتْ عيناه بسَلْوَى التي تبكي خلف العساكر. لم يحتضنها بذراعيه بل بعينيه، وأخذ صدره يرتفع ويهبط بسرعة، وصار وجهه وفكُّه يرتعشان وشفتاه ترتجفان، ثم بكى كالطِّفْل!

***

في هذه المرحلة، تعامل العساكر مع الْعَمّ سُلَيْمَان بأسلوب أكثر احترامًا، أحدهم أمسك برأسه، وأدخله إلى السَّيَّارَة، فابتلعه غطاؤها هو والجنود.

زَمْجَرَ المحرك، وتراجعت السَّيَّارَة إلى الخلف بتمهل، ثم انطلقتْ مسرعة وسط الدُّخَان والتُّراب، وأجرى السائق بعض المناورات على عَجَل عند المساحة الخالية عند آخر البيوت، فالتفتِّ السَّيَّارَة واختفتْ خلف سحابة من الْغُبَار، ركضنا خلفها، وتابعنا البُقْعَة السوداء على الطريق المتدلي من نهاية الْهَضْبَة والهابط إلى الوادي حتى اختفتْ عن البصر.

الفصل الثامن عشر

كيف يؤثر نجم الليل على الإنسان حين يَهْوِي في الفضاء كأنه حَفَرَ مكانًا له داخلنا؟ أفهم الأمر بدقة أكبر حين أمر بتَجْرِبَة مماثلة. أتحدث عن نجم تتعلق عليه الأحلام، ونشاهده من بعيد ويختفي عندما يَهْوِي في سمائنا! بعد كل المسافة التي يقطعها تدخل سَلْوَى حياتي بسرعة لدرجة أنني غَفَلَتُ عن النجوم.

لم أنم لأيام بعد الفراغ الغريب الذي خَلَّفَته في سمائي، لقد أصيبتْ إرادتي بالإعياء على الأغلب، وإلا لكان اعتيادي السريع أمرًا محتملًا. لم أعد أميز الليل من النهار، ربما فقدتُ عقلي بالفعل لا أدري، وحين أفكر بحالي جَيِّدًا فإن الدُّوغْمَائِيَّة تصير لا شيء مقارنةً به.

***

بعد فترة طويلة من النِّضال بدأت في التعافي على مَهَل، اعتدتُ رُوَيْدًا رُوَيْدًا على فكرة أنها صارت في البعد اللانهائي، بل على فكرة أنها إلى جانبي في الوقت نفسه.

***

صارتْ تسمح لي بصمت أن ألامس ذراعها ونحن سائران، ولكن في تلك اللَّحَظَات يزداد ثِقْل الأمر عَلَيَّ؛ ما يجبرني على بذل الجهد كي أصدق كل ما تراه عيناي، وكل ما أقوله أَيْضًا، صرتُ أفكر جَيِّدًا بكل ما أتحدث به لأدركه.

صارتْ تستمع لي وأنا أقرأ من دفتر كتاباتي أو مما جمعتُه من المجلات وأوراق الجرائد؛ وأكثر من ذلك صارتْ تأخذ دفتري أَحْيَانًا وتقلبه، ولم تمانع إذا نظرتُ مُطَوَّلًا إلى خُصَلَات شعرها الناعمة المتدلية من تحت أقراطها الصغيرة، وتسمح لي أن أنظر إلى عينيها... على أية حال.

لَانَتْ سَلْوَى مثل نبات انخلع من مكانه وصار هشيمًا، كأنها هبطتْ من السماء لأجلي، بل كأنها سقطتْ عندي مباشرة؛ وبعد ذلك التغيير صِرْتُ أشعر أن عدم استجابتي بمثابة إهانة، فهي لم تعد سَلْوَى القديمة، لم يعد هناك سَلْوَى بكبريائها وعينيها المتَّقِدَتَيْن والمتلاعبتين والمتدفقتين، لم تعد سَلْوَى التي تشمخ بأنفها والتي تترك خُصْلَة شَعْرِها الْكَسْتَنائيَّة تسقط عمدًا على جبهتها، لم تعد سَلْوَى التي تغلق ياقة سترتها على ثدييها الممتلئين، لم يعد هناك دم يجري في وجهها بعد الآن. لم تعد تَضِجُّ بالحياة حين تفترش الْعُشْب، وحين تحفر الأرض بعصاها، وتقلب أحد كتبها المدرسية، أو حتى عند اللَّعب، هناك غياب لهدف غريب في كل ما تفعله، فراغ مختبئ في نظراتها وعبث مظلم.

رأيت اسمي يرتسم على شفتيها بوتيرة أكبر، من دون النغمة الهازئة المعتادة، وأدركتُ أنها لا تفعل ذلك متعمدة، ولكن بعدم مبالاة؛ أي ليس بدافع الاحترام أو التقدير، وأعي ذلك جَيِّدًا.

لكنني أغضُّ الطرف عنه.

***

تركتِ الشمس بعضًا من ضوء المساء للجبال، وودعتِ الغيوم ورحلتْ، تجمعتِ السُّحُب فوق التِّلَال، مثل الإطارات السوداء التي تراكمتْ أمام بيت جَدِّها في ذلك اليوم حين جاءت قوات الدَّرَك وأخذته. صَفَّرَتِ الرياح صفيرًا

متتاليًا في البرج العالي، وحملتْ معها سِحْرَ وجودنا نحن الاثنين معًا عند قمة الهاوية.

شَعَرْتُ كأن الكهف مندهش لوجود سَلْوَى، جدران الحُبِّ العالية ارتعدتْ وتبادلتِ النظرات البلهاء، وكأنها لا تقوى على وجودها هنا فجأة.

سَلْوَى لا تدري عن أيٍّ من هذا، وقد فرشتْ تنورتها حولها ومدتْ رجليها. اتسعت تنورتها كأوراق الأقحوان الكبيرة المتناثرة، كأنها كَوْمَة لطيفة، وتركتْ ركبتيها متلاصقتين كالعادة، وكان ظهرها النحيل يرسم انحناءً غامضًا من عُنقها نزولًا، وقد جمعتْ منديل رأسها المطرَّز بالخرز خلف أذنيها، وبانت رقبتها عارية ويداها في حِضْنها.

استمعنا إلى صوت النبع النائم، وإلى صفير الرياح في البرج، أو للاشيء، لا أحد غيرنا يُمنح ذلك الشعور الغريب، كاد قلبي ينفجر، وعيناها الرَّطْبَتَانِ قد انكسر عودهما، فانهارت دفاعاتهما، ولم يعد عدم اكتراثهما يهاجمني بعد الآن.

***

دون أن أعْرِف ماذا سأفعل بحثتُ في جَعْبَتِي، وأخرجتُ برَوِيَّة دفتري الملفوف بالنايلون، ولأول مرة أنتبه أن رائحة العجين تنبعث منه، أدركتُ هذا لأن سَلْوَى كانت على مقربة مني لدرجة أن وجهينا كانا على وَشْك التلامس، وكانت تفوح منها رائحة التفاح الأخضر. فليكن، لن أستطيع أن أُعيده إلى مكانه، وفكرت في تقليب أوراقه لعلها تهتم، أو تسأل أو حتى تنظر إليه، لكنها غَمْغَمَتْ كأنها تتحدث إلى نفسها:

«لن يعود...».

«سيعود».

«لا، إن جَدَّتِي تقول: إنه لن يعود، وأننا لن نأتي إلى الْهَضْبَة مرة أخرى».

تشتعل النيران في مَعِدَتِي، ويتصبب منِّي عرقٌ بارد.

«تقول: إنه سيبقى في الحبس حتى الموت لأن الْعَمّ عَلِيّ قد مات».

شَهَقَتْ وشَعَرْتُ بها تحاول أن تتمالك نفسها كي لا تبكي:

- «وإذا لم يأتِ حتى العام المقبل، فلن يزوجوني..!»

تيقظت كأنني تلقيت ضربة على رأسي! أي أن... كل شيء بالنسبة لك يدور حول ثَرْوَت في هذا العالم! حمقاء! حمقاء! حمقاء! حمقاء!

أفلتتِ الكلمة الأخيرة من فمي بصوتٍ خافت، احمرَّت أذناي، وأوقفت بصعوبة رجفة ذقني، وصَعِدَ لهيب مَعِدَتِي إلى حلقي، إنها لم تسمعني، بل سَرَحَتْ عيناها نحو نقطة ثابتة وتجمَّدتا عندها، وابتلَّتْ أهدابها، وهي تَهْذِي كأنها محمُومَة:

«لن يزوجوني... ما أحبَّ ذلك إلى قلب ثَرْوَت... بالتأكيد... من دون جَدِّي، من سيتولى أمرنا...؟»

عقلي يزداد تَشَوُّشًا، وأتعرَّق.

أفهم من كلامها الجزء المتعلق بالعم سُلَيْمَان، أما الباقي فبدا مُبْهَمًا بالنسبة لي، وحاولتُ فهمه بمتابعة تعابير وجهها.

طَنَّتْ أذناي، وللمرة الأولى تبدَّى أمامي «ثَرْوَت» القابع في أعماقها. أزيز الرياح، حرارة الجو، تعرُّقي، مَعِدَتِي، وجْنَتَاي، يداي، العالم، كل شيء.

* * *

لم أراجعها ولم أسألها كي لا تكرر ما قالته، ولتبقَ الأمور عند هذا الحد، كأنها تحدثت دون انتباه، كأن الكلام سقط منها سَهْوًا؛ البعد عن الشر غنيمة، وليبقَ كلامها زلة لسان تنساهُ وأنساهُ: كأن شيئًا لم يحدث،

وليتوقف الوقت، بل يا ليته يعود إلى الوراء فتبتلع ما تلفظتْ به، وترجع أفكارها إلى عقلها، ونصير كأننا لم نأتِ إلى هنا، ولم نمشِ معًا، ولم تتلامس كتفانا، ولم تبادلني النظرات وتقهقه، ولم نضحك من العِجْل الراكض الذي رفع ذيله إلى ظهره مثل إطار، ولم نلتقِ كل صباح ونصل معًا إلى آخر الْهَضْبَة، ولم نستيقظ، بل فلنبقَ نائميْن طَوَالَ النهار بل حتى المساء.

«هكذا... لأنه ليس هناك من يرعانا».

قالت شاهقة، وهزت كتفيها:

«هذا ما تقوله جَدَّتِي؛ لأنه لَمْ يَبْقَ لنا من أحد... ثَرْوَت...».

حاولتُ ترطيب حلقي، واجتهدتُ كي أبقى صامتًا، أخيرًا قلتُ وأنا أبكي دمًا بدل الدموع:

«كيف ذلك؟ لماذا لَمْ يَبْقَ لديكم من داعم؟ هناك جَدَّتُك...».

«برحيل جَدِّي، لم يعد هناك رجل يهتم بشؤوننا... ثَرْوَت رحل أَيْضًا...».

تحدثتْ كامرأة تقدم بها العمر.. امرأة ناضجة، فقد أدهشني ذلك فعلًا:

«هكذا تقول جَدَّتِي...».

نظرتْ أمامها، فصمتُّ منتظرًا، وخِلْتُ أنها ستقفز وتحتضنني إذا لففتُ ثَرْوَت الْوَغْد بالنايلون كطرد ووضعته أمامها؛ رُوحي تختنق، إنني أختنق؛ كان لديها ما تضيفه لكنها تراجعتْ.

* * *

سعيتُ جاهدًا كي أُبعد ثَرْوَت عن تفكيري، فتحتُ دفتري، فالدفتر إلى حد بعيد هو الشيء الوحيد الذي يخصنا وحدنا، وقلتُ لها بأمل أخير:

«ظننتُ أنك تودين أن تصيري مهندسة...».

غرق الكلام عند شفتيها مثلما غَرِقَتْ دموعها قبل قليل، صارتْ وُجْنَتَاها مثل حجر الجير، وتسللتْ رعشة رقيقة إلى طرف ذقنها الصغير، ومرتْ سحابة عبر عينيها.

«حسنًا، وأنت ماذا ستفعل في المستقبل؟»

«دعكِ مني، فأنا سأصير كاتبًا».

«كاتب؟»

أومأتُ برأسي، فسألتْ:

«كيف؟»

«سأكتب، أنا بالفعل أكتب، وبعد أن أتمرس جَيِّدًا.. حينئذ سأكون أنا من يكتب الكلام هنا تحت الصور، ألقي نظرة، إن أَرَدتِ...».

عرضتُ الصور أمامها لعلها تنتعش، وضعتُ يدي اليسرى فوق ركبتها، فسمحتْ لي بذلك. تلوَّتْ مَعِدَتِي بعد سريان الدفء في يدي من حرارة ركبتها، وخَفَقَ رأسي، لا أعرف ما الذي يجري، لقد تجاهلتني عامين كاملين، والآن بدا لي كأنها تريد أن تجربني لترى إذا كنتُ مَيْتًا أم أنها تنوي اعتماد طريقة تعذيب جديدة، بعد عامين من محاولاتي الصامتة، تجازيني بهذا التساهل العجيب!

أبعدتُ يدي كأنني أسحبها من القذارة، لكن الأمر لم يُفلح، فأنا مريض بها، لَدَيَّ سلك شائك في حلقي؛ لذلك عدتُّ وألقيتُ يدي على ساقها، على تنورتها الناعمة الدافئة، وسمحتْ لي بذلك، فدار رأسي الثَّمِل من الفرحة المجبُولة بخيبة الأمل، وحين طال الصمت بيننا، واقتربنا من الخطر، شَعَرْتُ كأنني أختنق. رأيتها تبتلع ريقها، ارتعشتْ يدي أكثر فأكثر، لم أَقْوَ على الاستمرار، لم أَقْوَ.

* * *

قلَّبتُ الصفحات أمام ناظريها، لم تتَّقِد شعلة الحياة فيهما، ولم أُفلح في إثارة حماسها حيال بعض الصور والكلمات، بل كان ظني في غير محله! ظل وجهها خاليًا من أي تعابير، نظراتها السارحة فارغة مثل الهياكل التي نراها في كتب العلوم، وجامدة مثل أبي الهول، لا أثر للحياة فيهما، ولا أدنى تفاعل بينها وبين الصفحات، حتى مع أكثر الصُّور استثارة للحماس. جَمَدَتْ يداها المضمومتان في حجرها، كأنها تحمل رضيعًا داخل تنورتها المنسدلة بين ركبتيها؛ تلامست كتفانا فلم تكترث كأنها ليست على قيد الحياة، كنتُ أثبت إصبعي على الصفحات وأحكي، فلا تسمع.

أنتبه لقصاصة صغيرة من جريدة قد سقطتْ من الدفتر. راحت بأصابعها الممتلئة تطوي الورقة تِلْقَائِيًّا، وتواصل طيها بتكرار... عيون أبي الهول ما زالت فارغة، عندئذ حرَّكتُ يدي أمام عينيها.

«سَلْوَى... ماذا حدث؟»

لمحت مؤشرًا ضعيفًا للحياة، ولم تجب عن سؤالي.

«إذًا... ستصبح مؤلفًا!»

لم أقل شيئًا، فتَرَقْرَقَتْ قطرتان من عينيها وانهمرتا إلى ذقنها الفاتن، وانحدرتا حتى عنقها، ثم ابتسمتْ رغم انكسارها:

«إذا كتبتَ سيرة حياتي، ستكون رواية...».

«أكتبُها.. إذا أَرَدتِّ ذلك».

دبت فيها الحياة وانبعث ضوء من داخلها فشعَّتْ عيناها.

«كيف؟.. هل يمكنك أن تكتب سيرتي... تكتبها من أجلي...؟»

بدتْ كأنها غير مصدقة، فتسللتْ ابتسامة خافتة إلى شفتيها، كأنها تعود إلى الحياة.

«نعم، أكتبها، وما في ذلك؟ أنا أُتقن الكتابة الآن».

«حَقًّا؟»

«نعم، هذا صحيح...».

عيناها اللامعتان تُحَدِّقَان بي بثبات... لذلك تجرأتُ وأفصحتُ عن كل الرسائل التي كتبتها لها وأخفيتها في جدران الأبراج!

* * *

شَعَرْتُ كأنني سأفقد عقلي، أحسستُ بالنبض في صُدْغِيَّ وبالدم يضرب وجهي؛ لأنني ندمتُ على اعترافي لها من ناحية، ومن ناحية أخرى أسعدني التصريح بالأمر أخيرًا. ردة فعل سَلْوَى المتوازنة خذلتني؛ ردة فعلها الخامدة لم تتعدَّ قولها:

«آه، حَقًّا؟»

هذا كل ما في الأمر، فهناك ما يشغل ذهنها باستمرار ولم تستطع التركيز، عيناها متيقظتان لكنهما غائبتان في الوقت نفسه، أما عقلي فارتبك ولم يعد قادرًا على تمييز الأمور.

* * *

عادت للحديث عن الكتابة، تريدني أن أكتب قصة تجمع شتات حياتها.. حياتها المبعثرة. أن أتناول ما قد يكون هدف حياتها الوحيد، بل تريدني أن أعثر عليه وأخرجه إلى النور، تريدني أن أكون أول من يفتح الباب لما سيكون فاجعة كبيرة لاحقًا، حَدْسِي ينبئني به ولا أُدركه تَمَامًا، سيكون ذلك بالنسبة لي إما شُؤْمًا أو هدية كبيرة، أكبر مما أرغب به.

كأن غشاوة غطت عيني للحظة عند شعوري بأن ما تريده مني لا تريده لنفسها، لكنني صِرْتُ مرغمًا على الوثوق بالاحتمالات، وقررتُ أن أراقب وأرى:

«بالطبع سأكتب، وما في ذلك؟»
«نعم، بالطبع تكتب.. لكن... يا تُرى...»
قالت بابتسامة مجروحة.

* * *

اتخذتُ قراري، سأحاول أن أجد هدفًا لنا وطريقًا يخرجنا من هذا الفراغ المرعب الذي ندور فيه.
سأكتب.

الفصل التاسع عشر

كم هو لطيف لِينُ سَلْوَى المسْتَجدّ، لكنه يُفزعني أكثر مما يُفرحني! أحاول تحمَّلَه، مشاعري تتلاطم ما بين التمسك بالأحلام والنجاة منها، أحاول استجماع أفكاري. إن العشق، أو بمعنى أدق، ذلك الشيء المعلق في الهواء بالنسبة لكلينا يخيفني جِدًّا.

* * *

أستمر في الكتابة وسط مشاعر البؤس، وقد اتخذتُ قراري في أن أسير قُدُمًا في الدَّرْب الذي أعرفه، أكتب تحت الصُّور ما أجده مناسبًا لموضوعها، فالصُّور تزداد وتتنوع يومًا بعد يوم. إن كتاباتي وأشعاري تَنْبِض بالأمل. أسجل عصارة أفكاري في الليل أو في أوقات الفراغ نهارًا من الكلمات الجميلة التي لا تَنْضُب، أحاول أن أرسم اسمينا على مرآة المستقبل الضَّبَابِيَّة.

عَرَفْتُ من القصص المصورة التي قرأتها أن العشاق يحزنون عندما يفترقون، لكن أمرنا نحن مختلف بعض الشيء، فنفسي تضيق بِلِينِ سَلْوَى المفاجئ معي، وأتحول إلى مجنون يربط خِرَق التمني بقضبان الأضرحة المحبوسة، وأقصد بخرق التمني كل الرسائل التي كتبتها لها، وليس من الواضح لي متى ستستجيب الأضرحة.

أقفز برسائلي من موضوع إلى آخر، أن تكون نادمة أو رافضة تَمَامًا، أن تتنهد وتعطُس وتُقبل بشغف، ترى ما أراه، تقول الحقائق وترويها بحديثها العذب، تستخدم الكلمات بنطق جميل مثل أهل المدن تَمَامًا، وكم كانت محقة بما قالته من قبل بأنني أشاركها الرأي ذاته دائمًا.

* * *

كل شيء بخلاف سَلْوَى يتحول في ذهني إلى تفاصيل غير مُهِمَّة، سرعان ما تمتلئ ذاكرتي بكل ما يخصها وحدَها.

انتبهتُ أن سَلْوَى تجول على الأبراج وتجمع ما كتبتُه؛ لذلك تملكني حماس غريب حين رأيتها أكثر من مرة تقصد الأبراج؛ لذلك كنت أواصل الكتابة وأضع ما أكتبه في الثقوب بعد أن تأخذ محتوياتها؛ أقص وألصق، وأكتب أشعارًا وسطورًا، ألفُّها بالنايلون وأرصُّها في جَعْبَتِي ثم أوزعها على الأبراج، وأنتظر من عينيها جوابًا أو إشارة.

لكن بلا جَدْوَى.

* * *

فليكن، مع الوقت اعتدتُ على ذلك، استمررتُ في الكتابة بدلًا من إلقاء نفسي فوق صخور النبع النائم، كنتُ أكتب نهارًا في الجبال والمراعي، وفي الحظيرة فوق الْعُشْب ليلًا. صرتُ أكثر شغفًا بالعمل كي أضع قصاصاتي في الأبراج، وزادتْ شهيتي على الكتابة وقويتْ إرادتي كي يتضخم دفتري حتى لو أن ما أفعله سيبقى بلا نتيجة. لم تعد شَكَاوَى جَدَّتِي تُجْدِي نفعًا ولا تهديداتها، فتعود المِسْكِينَة إلى قراءة ما تعرفه من رُقَى وتَمْتَمَات؛ كي تمنحني الدواء لآلامي غير الموجودة، ودون أن تتطرق للموضوع تحضر عجينة دقيق الذُّرَة لعلاج دوار رأسي وآلام كتفيَّ. صرتُ أتجول في الشفق داخل تَلْفِيعَات العنق المليئة بعصيدة الذُّرَة وأنا شبه فاقد للوعي، أبتلع من وقت إلى آخر الحبوب المختلطة بالتمَّائِم، وكانت جَدَّتِي تقرأ وتنفخ عليها بالطبع، وتضرب ركبتيها بكفيها من حين إلى آخر... ويستمرُّ النزاع على مدار الليل والنهار.

* * *

في الحقيقة انتهى كل شيء بيني وبين سَلْوَى مع الوقت، فكلما كتبت كأن شيئًا غير مفهوم ينقطع بيننا. على أية حال، تحولت الأمور إلى محادثات لا تفصح عما يدور بيننا، ومن طَرَفٍ واحد، حتى الصمت بدأ في الاعتراف بتضحياتي القصوى، وهذه الحالة كانت تصيبني باليأس أَحْيَانًا، لكنني كنت أجد طريقة للتعامل معها.

إن اللين المفاجئ في سلوك سَلْوَى تجاهي تحول إلى اشتهاء مفاجئ للرسائل، صارتْ شَبَحًا نَهِمًا يسعى إلى ابتلاع الرسائل كي يعيش؛ لا بأس بذلك، فرسائلي تصلها في النهاية... وذلك ليس بالأمر الهين... أصابعها النحيلة الفاتنة تتجول مثل عينيها فوق كلماتي... نعم، كلماتي! قد تبتلُّ عيناها وهي تقرأ، من يدري؟ ربما تتأثر، وربما تفهمني رُوَيْدًا رُوَيْدًا، ربما تكنُّ لي بعض المشاعر، ولا تريد أن تلفت الانتباه...

لكن، يا له من صبر! كيف تحولت هذه الفتاة إلى موظف قراءة! يا لها من صمَّاء جامدة، ألا يتحرك القلب حيال ما يشعر به؟ ألا ينتعش ويَنْبِض؟

بالمختصر كل ما بيننا تحول إلى مقايضة غريبة، لكنه من ناحيتي صار عملًا إِلْزَامِيًّا دون متاعب، عملًا جافًّا، بل يمكن القول إنه بلا جَدْوَى.

ربما يمكنكم أن تسموه دُوغْمَائِيًّا إن أَرَدتُّم ذلك.

الفصل العشرون

جعلتْ جَدَّتِي من كفيها بُوقًا وصاحتْ أكثر من مرة، لكن الْجَدَّة سَكِينَة لم تُعِرْهَا انتباهها، ثم ما لَبِثَتْ أن وقفتْ على مِصْطَبَة أمام البيت وهي تلهث.

«ماذا حدث؟... ماذا هناك؟ لقد انخلع قلبي!»

واصلتِ الْجَدَّة سَكِينَة تجاهلها لنداءات جَدَّتِي، وكلما أمعنتْ في صمتها ازداد قلق جَدَّتِي التي تركتِ البقرة والعجل وانتظرت. الْجَدَّة سَكِينَة صمتتْ قبل أن تفرج عن الخبر الفظيع، كانت أنفاسها تتلاحق وتقف أمام بابها مُنحنية، كان ظهرها يعلو ويهبط كظهر سُلْحِفَاة مُنحنية، وقد ثبتت عينيها على نقطة ما على الأرض، ثم تَلَعْثَمَتْ وهي منقطعة النفس:

«لقد حلَّ بي المرض... آه... ضاعت صغيرتي يا أخت حواء... ضاعت...».

«أي مرض؟... ماذا حدث؟!»

بدل أن تجيب سحبتْ أنفاسها، وانتظرتْ حتى تمالكتْ نفسها، ثم اندَفعتْ إلى الداخل، لحقت بها جَدَّتِي وعلامات الدهشة بادية على مُحَيَّاهَا. أطلقتُ الأدعية بألا يقع ما أخشاه، وأسرعتُ لإدخال الأبقار إلى الحظيرة، لم يلحظ أحدهم وجودي، همستِ الْجَدَّة سَكِينَة باضْطِرَاب، وتلتِ الصَّلَوَات على الرسول، وظلت جَدَّتِي تنظر إليها كتمثال.

***

ما رددته الْجَدَّة سَكِينَة باضْطِرَاب وسط الأدعية واللعنات والسِّبَاب آلم قلبي، تواريتُ عند زاوية الجدار. في النهاية احتضنتها جَدَّتِي، وكانت المرأة

المِسْكِينَة تَتَكَوَّم بين ذراعيها مثل شوال فارغ. استمرتا على هذه الحال فترة، إلى أن أَجْهَشَتْ بالبكاء. أحضرتْ جَدَّتِي وعاءً ورشتْ وجهها بالماء البارد، ثم شممتْها ثومًا، لم يتوقف هذيانها وتلاوتها للصلوات، فلطمتها جَدَّتِي على وجهها، وكانت تغيب عن الوعي ثم تصحو.

وأخيرًا بدتِ الْجَدَّة سَكِينَة كأنها استعادتْ وعيها. خَلَعَتْ جَدَّتِي حذاءها المطاطي وجواربها، وفكَّتْ ياقتها.

* * *

حين باشرتِ الْجَدَّة سَكِينَة الكلام، انساق حديثها كطوفان من الاعترافات غير المتوقعة... اعترافات لم تُبْقِ من كِبْر تلك العائلة شيئًا، ذلك الكِبْر الذي طالما كرهتْه جَدَّتِي. كانت تتحدث، وجَدَّتِي تهز رأسها موافقة حينًا ومهتمة حينًا آخر. حاولتُ فهم المشهد الغريب من الزاوية التي اختبأتُ فيها، محاولًا أن أميز ما يخصني من الحوار.

لم تنتبها أن المساء قد حلَّ، ملأ أنين المرأتين العجوزين أرجاء المنزل، وأصوات وَلْوَلَاتِهِما التي يحاولن كتمها لدرء الفضيحة، وما إن تُظْهِر الْجَدَّة سَكِينَة نوبة من نوبات الودّ لمباغتة حتى أُصابَ بالقهر، من لا يقهره هذا؟

* * *

حين أخذنا طريقنا نحو بيت سَلْوَى مع حلول الظلام، مررنا قرب منزل الْجَدَّات الْمُشَعْوِذَات، كن يتحدثن داخل الشَّوْنَة عن أمر ما، أنصتُّ جَيِّدًا لكن كلامهن لم يكن مفهومًا، في النهاية خرجن من قلب الظلام، كانت جَدَّتِي تُكَتِّف ذراعيها، ثم سمعنا أزيز شاحنة بين بيت عائلة سَلْوَى وبيت عائلة ثَرْوَت المهجور، ولمع ضوء كبير وانتشر في المكان وحَلّ العَتَم.

الْجَدَّة سَكِينَة صرخت:

«الشاحنة... الشاحنة ترحل... إنها ترحل يا شيطان!»

جَدَّتِي لم تعلِّق.

***

صار وجه سَلْوَى أبيضَ بلا حياة، توقفتْ عن النُّوَاح منذ وقت لكنها ما زالت تتنهد، الْجَدَّة سَكِينَة حاولتْ تطييب خاطرها، والتحايل عليها ولكن دون جَدْوَى، لم تكن تسمع ما يقال، ولا تدبُّ الحياة بالفتاة.

انشغلتْ بخلط التمائم مع مُسكِّن الألم في الكوب، وفي تلك الأثناء اقتربتِ الْجَدَّة سَكِينَة من سَلْوَى رافعة ذراعيها وعانقتها، لكنها لو عانقت شجرة لكان أفضل، فنظرات سَلْوَى من فوق كتف جدتها كانت مثبتة عليَّ، لكنها نظرات غير مألوفة أبدًا، وبدت كأنها تودُّ أن تقتلعني من مكاني، هزَّتْ نظراتها كِيَاني فارتعبتُ وتراجعتُ تِلْقَائِيًّا إلى الوراء.

أحضرتْ لها جَدَّتِي كوبًا، لكن سَلْوَى لم تفتح فمها.

«افتحي فمك يا بُنيتي»

«لا».

«افتحِي».

«لا».

باشرت كلتاهما في التوسل إليها ومحايلتها دون جَدْوَى، بعدها أمسكتْ جَدَّتِي بذراعيها ونجحتِ الْجَدَّة سَكِينَة في دَسِّ إصبعيها في فمها، انفتح فمها ببطء، ثم أرجعت رأسها وأفرغت محتوى الكوب في فمها، تغرغرت وبدا كأنها ستختنق فتركتاها. همَّتِ الْجَدَّة سَكِينَة برفعها رأسها، لكن سَلْوَى انقلبتْ على جنبها وسرعان ما غَطَّتْ في النوم. وفي الوقت ذاته بدأ شقيقها الأصغر

بالبكاء، فسارعتِ الْجَدَّة سَكِينَة لتهدئته. بعد ذلك حَمَلت سَلْوَى بمساعدة جَدَّتِي لنقلها إلى غرفتها، ثم سقطتِ الْجَدَّة سَكِينَة في أحضان جَدَّتِي مرة أخرى وأَجْهَشَتْ بالبكاء، حاولتْ جَدَّتِي تهدئتها لكنَّ بكاءها كان يشتد، فقد وجدتْ في حِضْن جَدَّتِي مأوى تلوذ به، وكانت تنهض وتندفع للاطمئنان على سَلْوَى وشقيقها ثم تعود، إلى أن ارتاحت.

تَكَوَّمْتُ بجوار الموقد وأنصتُّ، وحين ارتاحتِ الْجَدَّة سَكِينَة أكثر، بدأتْ في شرح المزيد من التفاصيل، ووفقًا لما قالته، فقد ترك ثَرْوَت بعض الأغراض الملفوفة بالنايلون لسَلْوَى، بعد أن أتى بشاحنته، في البداية لم تكترث الْجَدَّة سَكِينَة، فأخذتِ البنت الحقيبة إلى الداخل ثم قامتِ القيامة! لحقت بها فإذا بالفتاة قد رمت نفسها أرضًا كأن الجن قد سكنها، وأزبد فمها، بالكاد أمسكت بها وسحبت لسانها من حلقها، وحارتِ الْجَدَّة بأمرها، وصرخت ولم يسمعها أحد. ثم أرسلتها إلى جَدَّتِي، لكنها خافت من الكلاب ورجعت، عندئذ جعلتها تشم الثوم والبصل وتسقيها ماءً باردًا حتى استعادتْ بالكاد وعيها وتحدثت قليلًا. لماذا يظهر عليها مرض لم يكن موجودًا أبدًا؟ ماذا يوجد في تلك الحقيبة؟ فتحتها الْجَدَّة سَكِينَة فلم تجد فيها غير الفواكه، وتاجًا للشعر، وبعض الأشياء التافهة، ولا شيء غير ذلك، لم تفهم ما الأمر.

التفتتْ نحو جَدَّتِي وسألتها متوسلة:

«بالله عليك يا حواء ما هذا المرض؟ ومن أين أتاها...؟ منذ متى تمكن منها ذاك الخبيث؟»

لم تُجب جَدَّتِي واكتفت بتلاوة الأدعية والأذكار، أخبرتها عن الفتيات الشابات اللاتي كن يمرضن في السابق، وحاولتْ تهدئتها ودعتها إلى تهوين الأمور على نفسها. الْجَدَّة سَكِينَة ما زالت مغمومة، لكنها غادرتْ قليلًا وعادت ومعها الحقيبة... انحنتْ بالقرب من جَدَّتِي وفتحتها، وتفحصتاها معًا

علَّهما تدركان ما الذي أصاب الفتاة بالجنون، لم يجدا أي شيء، فقط بعض الهدايا الصغيرة، وقليل من الفاكهة وهذا كل شيء.

* * *

وضعتا الحقيبة جانبًا، وأبعدتهما الدَّرْدَشَة والغوص في مواضيع أخرى عن قضية سَلْوَى والحقيبة، وحينئذ سحبتُ الحقيبة دون أن يشعرا بي، وفتحتُها تحت المصباح وأفرغتُ الفاكهة منها، ولاحظتُ وجود أوراق ملفوفة بالنايلون بين الفاكهة، أخرجتُها، إنها رسائل! فتحتها وحَدَّقْتُ بها!

* * *

كتمتُ نفسي، شَعَرْتُ كأني سأختنق، هَمَّتْ جَدَّتِي بالذَّهَاب، ووافقتها الْجَدَّة سَكِينَة لأن الوقت قد تأخر، فحشرتُ مجموعة الرسائل في عبيّ سريعًا.

«إن حدث أي طارئ، نادينا على الفور، ولا تقلقي فهذا المرض لن يلازمها طويلًا، إنه عارض يأتي مرة في العام».

اقتنعتِ الْجَدَّة سَكِينَة وتهلل وجهها، وكررتْ جَدَّتِي تنبيهها إلى ضرورة مناداتنا بالصُّرَاخ والصِّياح في حال وقوع أي عارض للفتاة. وطمأنتها بأنها ستلبي نداءها على الفور، وبأنه لا داعي للقلق. انشرح صدر الْجَدَّة سَكِينَة بعض الشيء، ومن فرحتها وضعتْ في يدي بعض الفاكهة.

سِرْتُ وجَدَّتِي نحو منزلنا، وحكتْ جَدَّتِي تِلْقَائِيًّا كأنها تحدث نفسها، لم أسمع ما كانت تقول، وما سمعته من بعض ما قالته لم أفهمه، شَعَرْتُ بِصُدْغيَّ يحترقان، ولما صِرْنَا على وَشْك اجتياز الجدول الصغير وسط الْهَضْبَة هاجتْ مَعِدَتِي فجأة، قَرْفَصْتُ في مكاني، أمسكتُ اللِّفَافَة في عِبِّي جَيِّدًا وتقيأتُ، رشتْ جَدَّتِي وجهي بالماء، لقد أصابها الذُّعْر وغاب صوتها وأذهلها ما أمرُّ به، ولم يسعها سوى تلاوة آيات من الْقُرْآن الكريم.

أخيرًا نهضنا، وتبرمتْ من ألم خاصرتيها، وأمسكتْ ساقيها الخدرتين وتابعنا طريقنا، شَكَتْ وسبَّتْ ولعنتْ، ثم عادتْ وسألتني في بعض الأمور، لكنَّ اللِّفافة في عِبِّي سَدَّتْ أذنَّي ولم أسمع.

***

بعد أن تأكدتُ أن جَدَّتِي نامت، تسللتُ ببطء من تحت اللِّحَاف قاصدًا الْكُوخ، وهناك أخرجتُ القَدَّاحَة بعد أن وضعتُ لفة الورق فوق خشبة محروقة، وكنتُ قد حررتها من الكيس، فتحتها، إنها كتابة سَلْوَى أعرف خطها من دفترها، وبدأتُ قراءتها.

إنها كلماتي، إنها كتاباتي التي استولتْ عليها، لكنها وجهتها إلى ثَرْوَت، لقد وصلتْ كلماتي إلى الشخص الخطأ، ولوثتها الأيادي السيئة، كل الرسائل. رحت أسحبها عَشْوَائِيًا من اللِّفَافَة، بدتْ مألوفة، لقد كتبتْها سَلْوَى بخط يدها من جديد، غيَّرتْ الاسم فقط وصار «ثَرْوَت» بدلًا من «سَلْوَى»، وأجرت بعض التغييرات الطفيفة وهذا كل شيء.

تقلصتْ مَعِدَتِي وتهيجتْ مرة أخرى، ولكن مَعِدَتِي فارغة وليس فيها ما يمكن استفراغه، مضغتُ بذور الخزامى لتهدئتها. خرجتُ من الْكُوخ لأتنشق الهواء النقي علَّه يُنعشني، وتابعتُ قراءة بعض الجمل، ازداد تشنج مَعِدَتِي. خاب أملي وأخذتُ أسحب الواحدة تِلْوَ الأخرى وأمزقها، ثم أشعلتُ فيها نار قَدَّاحَتِي بعد أن كَوَّمْتُها، التهم اللَّهَب الرسائلَ في قلب الظلام، ولَمْ يُبْقِ منها سوى كَوْمَة رماد. نفختُه فتناثر، وتحاملتُ على نفسي ووقفتُ، وهَجَعْتُ حتى هدأ رَوْعِي.

***

دخلتُ الْكُوخ مجددًا، وألقيتُ بنفسي فوق كَوْمَة الْبِرْسِيم الجافّ إلى جانب الفراخ، شَعَرْتُ بالدُّوار بسبب الرسائل، دفنتُ نفسي جَيِّدًا في الْعُشْب، وحاولتُ أن أستعيد شريط الأحداث التي مررتُ بها.

سَلْوَى لن تكون حاضرة بعد الآن... لا، لن تكون! قلتُ ذلك بصوت عالٍ حتى أثبت الفكرة في عقلي، شتمتُ نفسي ولعنتُها، وكررتُ ذلك بصوت عالٍ... أشتم وأكرر الشتم، أشتم وأكرر... إلى أن انفجرتُ باكيًا.

حين هدأتُ وَعَدتُّ نفسي بأن أُصَدِّق من صميمي أن ما حَلَّ بي مُقدر ومكتوب، إنه مكتوب على الجبين، فما عساي أن أقول؟ عاهدتُ نفسي بأن أصدق بأن كل ما كتبتُه مهما يستغرقني من وقت، كان بمثابة صرخات مِسْكِينَة أُرسلتُها من الأرض إلى السماء، صرخات مخزية وخسيسة ومثيرة للضحك والاشمئزاز، وعلاوة على ذلك ذهبتْ إلى العنوان الخطأ.

***

في هذه الأثناء، شَعَرْتُ كأن ضوءًا ينير عقلي، مثل ضوء صغير يراه من سقط في قعر بئر، وحين ينظر إلى أعلى لا يستطيع تحديد إذا كان يرى السماء أو حَافَّة البئر، لكنه يرى ضوءًا يمنحه أملًا، إنه ضوء مشابه تَمامًا للذي أنار عقلي للتوِّ.

فكَّرتُ مع نفسي، تنهدتُ وتنفستُ الصُّعَدَاء، مرتْ مواقف عدة في ذهني، وتوصلتُ إلى معناها مما حدث لرسائلي التي كتبتُها، ولا أقصد ما كُتب على الأكياس الورقية، بل ما كُتب في الأدب والشعر والقصص، أعني أن ما حَصَلَ معي لا بد أنه حَصَلَ على الأرجح مع الكُتَّاب الآخرين، أحاول أن أتذكر سير الأشخاص الذين كتبوا الكتب التي قرأتها، جميعهم مروا بمثل تلك المواقف، ليس ضيق اليد وحده، بل مشاعر العجْز وتباريح العشق

والأزمات. كلما فَكَّرْتُ بالأمور من هذه الوجهة، كلما قارنتُ حياتي بحياة الكُتَّاب أمثال عمر سيف الدين، وكمال الدين طوغجو، تجتاحني الفرحة، وأتحمس فجأة وأشعر بالفخر كما لو أنني شخص سيترك خلفه سيرة ذاتية. هذا هو الضوء المنير عند حَافَّة البئر أو في السماء!

* * *

قلتُ لنفسي: إن لم تكن رسائلي قد نفعتْ، فعلى الأقل عَلَيَّ أن أوجه كتاباتي لمنفعة الآخرين مثل غيري من الكُتَّاب، حتى إن لم تجد كتابتي نَفْعًا خلال فترة قصيرة. يمكن للرجل أن يتزوج فتاة مريضة أو مجنونة؟ حسنًا، هل أنا مشفى؟ سألتُ نفسي وأقنعتُها:

إذا تركت أمر سَلْوَى، فستصبح كاتبًا، اتركها!

تهربتُ من الموضوع دون أن أقول قولًا قاطعًا:

«حَسَنًا!»

* * *

فتحت المخبأ عند ألواح قنّ الدواجن، اخترتُ من بين رسائلي الخاصة تلك التي أعمل على نسخها وتتضمن بعض الأشعار، تركتُ البقية مكانها، ثم دَسَسْتُ يدي داخل القنّ، فوجدتُ بيضتين تحت ريش الدجاجة الناعم، بحثتُ أكثر فوجدتُ بيضة ثالثة؛ ثلاث بيضات، لا يهمّ، سأحل الأمور بشجاعتي، هل أقول ذلك من العجز أو من اليأس؟ لا يهمّ، لن أقصد الأخ فاضل وحده، بل سأصْعَد إلى القمر إن لزم الأمر، فشخصٌ قد مات بالفعل له الحق بأن يُجَنَّ جُنونُه في هذه الحياة، أليس كذلك؟

* * *

وضعتُ كتاباتي وأشعاري في حِضْني قرب صورة أمي، وتوجهتُ إلى دار الْعَمّ المجنون، فكَّرتُ بسَلْوَى في الطريق، وتَشَوَّشَ عقلي حين عبرتُ من أمام بيتهم، تَقَلَّصَتْ مَعِدَتِي لكنني لم أتوقف.

* * *

بكيتُ عندما انفتح الباب، بكيتُ بحُرقة، وكانت أسئلة الأخ فاضل والخالة ميساء تزيدني بكاءً، الْعَمّ بخيت المجنون صاح من الداخل، وحين لم يَتَلَقَّ أية إجابة أتى مسرعًا، جلستُ عند العتبة، والكل يسألني وأنا أبكي... وكلما ألحوا في السؤال كلما بكيتُ بحُرقة... وكلما بكيتُ انزاح الهمُّ عن صدري.

رفعني الأخ فاضل من تحت إبطي، وهدأتْ أسئلة الخالة ميساء والعم المجنون وخف قلقهما، ثم عاد يسألني، فأقسمتُ له بأنه لم يحدث مكروه لا لجَدَّتِي ولا للحيوانات، وأقسمتُ بأن أي مكروه لم يصبني أنا أَيْضًا. وحين هدأتُ قادني الأخ فاضل للسير خارجًا؛ ولأنني بكيت دون التفكير بتبعاته، اضْطُرِرْتُ أن أحكي له عما تضيق به نفسي، وأخبرته عن بعض الكتب التي قرأتها، وعن تأثري الشديد بما قرأتُ. كنا قد وصلنا أمام البقالة، فألقى الأخ فاضل بصندوقين على الأرض وجلسنا عليهما.

سألني مبتسمًا عن أكثر الكتب التي أثَّرت بي.

«المتشرد الصغير، ومدام بوفاري، ... القفطان ذو اللؤلؤ الوردي».

ابتسم ابتسامة فَخْر وسألني إن كنتُ أريد المزيد من كتب عمر سيف الدين، وكمال الدين طوغكو، تَجَمَّدتُّ مثل الصَّنَم! الأخ فاضل يُحب تقديم المعروف، الخدمات الصغيرة، لكن في الحقيقة عقلي لم يستوعب ذلك القدْر من الإحسان، في المقابل.. أُدرك أنني نسيتُ البيض بعد أن بلَّل جيبي وانساب حتى ساقي، فاحمرَّ وجهي خجلًا، ولكن إذا كنتُ سأنال كتابًا في النهاية فلماذا لا أعترف؟

«لقد أحضرتُ البيض».

ابتسم.

«ليس من أجل الْعَمّ بخيت».

اتسعتْ ابتسامته:

- «دعني أَرَ».

نهضت واقفًا، فلاحظ أن البيض تكسر وسال.

«لقد تكسر».

في هذه اللَّحْظَة، بين الخجل والاستحياء طلبت الطلب الأوقح، أو بتعبير أدق ألقيتُ بالطلب الذي أريده في حِمَى ابتسامة الأخ فاضل!

«أريد أن أكون كاتبًا، أريد أن أكون مثل عمر سيف الدين، أو كمال الدين طوغكو».

ومع أني توقعت غضبه أو سخريته، جاءت إذًا ردة فعله غريبة، نظر أمامه بجديَّة ومسح ابتسامته المضيئة بضوء القمر عن وجهه، وصمتَ لفترة طويلة، تجاذبتني الأفكار، وظننتُ أنني قد أكون جرحته بطريقة ما لا أعرفها، لكن حمدًا لله، لم يكن الأمر كذلك. أخيرًا رفع رأسه بابتسامة أكثر وُدًّا وصِدقًا، ونظر في عيني، وسألني بجديَّة إذا كنتُ قد كتبتُ شيئًا أم لا، لم أستطع الإجابة، فألح في سؤاله، عندئذ سحبت أوراقي الملفوفة بالنايلون وناولته إياها، فالتقطها متفاجئًا.

«هل يمكن أن أطلع عليها؟»

«نعم».

«هل هذا ما كتبتَه؟»

«...».

- «فهمت...».

هاجتْ عَاصِفَةٌ في أعماقي في هذه اللَّحْظَة لكنني تماسكت.

«هل نرسلها إلى المجلات؟»

لم أستطع أن أتماسك هذه المرة، حتى وإن كانت مُزْحَة، فإنها مُزْحَة يصعب التعامل معها!

***

غيَّر الأخ فاضل الحديث، ووضعها في جيبه دون أن يخرجها من غلافها النايلون أو يفتحها، وبادر بالحديث عن أمور من هنا وهناك؛ كانت أذناي مسدودتين، أو ربما فقدتُ عقلي تَمَامًا؛ لذلك لم أسمعه. لاحظ أنني لم أنتبه لكلامه فكرر حديثه، وقال: إن هناك بعض المجلات كان يمر من أمام مقارِّها عند ذهابه وإيابه إلى الجامعة التي درس فيها، وبأنه قد زارها شَخْصِيًّا برفقة بعض الْمُعَلِّمِين، عدَّد أسماءها، إنها المجلات التي يكتب فيها الكُتَّاب والأدباء، وتتضمن صفحات لكتابات القراء الصِّغار أو الشُّبَّان، وإن لم تكن بالصفحات الأولى الرئيسية.

«يمكن نشر كتاباتك فيها، ليس لَدَيَّ فكرة عن النثر والقِصَص، لكن أشعارك يمكن أن ننشرها».

«هل ينشرون سِيَر الكُتَّاب في تلك المجلات؟»

«ماذا تعني؟»

«أعني قصص حياتهم».

«لا، إنهم ينشرون أعمالهم فقط».

أعمال؟ سألته وأنا أحاول أن أتماسك إذا كان عَلَيَّ أن أُحْضِر بيضًا في الغد، فصدرتْ منه كلمة «لا» مع ابتسامته الفياضة.

***

سألني إذا كنتُ أخاف من الكلاب في طريق العودة إلى البيت، فنفيتُ خوفي.

«هل نسير معًا؟»

«معًا؟ تقصد معي؟»

قال مبتسمًا:

«نعم».

وكي أفهم بوضوح، كررت السؤال:

«معًا... معي؟»

أمسك ذراعي والابتسامة لا تفارقه:

«انهض».

طلب مني أن أنتظره قليلًا، نزل الدَّرَج نحو منزله، وعاد بمصباح في يده، فتح باب البقالة، ووضع المصباح على المِنْضَدَة القديمة التي اختفى سطحها تحت أشياء الْعَمّ بخيت، وقفتُ عند العتبة أراقبه، ملأ كيسًا بالكتب، وعاد مع قليل من رقائق البسكويت، وناولني الكيس ومشى، وتركني مَذْهُولًا.

* * *

سار الأخ فاضل أمامي، وسِرْتُ خلفه، ولاحقتُه بالأسئلة:

«كيف هي الكلية؟... هل رأيت أنقرة؟... هل رأيت كنان آفرين؟»

حكى، ثم سألني عن مدرستي وعن دروسي، فأخبرتُه عن معلمنا، وعن الضرب الذي نتلقاه منه، استاء قليلًا لكنه برر الأمر بأن الْمُعَلِّم يسعى من أجل مصلحتنا كي ندرسَ ونصيرَ رجالًا.

«لكن لندع أيديولوجيته جانبًا».

«أيديولوجيته؟ ماذا تعني الأيديولوجيا؟»

قال بأنني سأفهمها لاحقًا، حينئذٍ خَطَرَتْ مسألة الدُّوغْمَائِيَّة على بالي، فسألتُه عنها هي الأخرى، وقال بأنه لا يوافق على أسلوب الْمُعَلِّم وطريقة تفكيره.

«هل عَمِّي يعدُّ دُوغْمَائِيًّا أم لا؟»

قال: إن عَمِّي أكثر شخص يحبه في القرية، وأنني لن أفهم معنى الدُّوغْمَائِيَّة في الوقت الحالي؛ ولذا يجب أن أدعها جانبًا، وأن أركز على الأدب والكتب. وتجنُّب الحديث عن الكتب الخالية من الْبَسْمَلَة. ولما سألتُه عما إذا كان سيضرب الطلاب حين يصبح معلمًا، نفى بنبرة قاطعة مؤكدًا أنه لن يفعل، وضحك حين خُضْتُ بموضوع «الحوار» الذي دار في المباراة، وفي تلك الأثناء انتبه أننا اقتربنا من البيت، فحمَّلَنِي السَّلَام لجَدَّتِي حواء.

«لطالما أطعمتنا خبز الدار الشهي ونحن صغار، كنا نلعب على ذلك الْعُشْب -أشار إلى ساحة لَعِب الكرة عند الجامع- ونأكل خبزًا محشوًّا بالقشدة أو الجبن، ليتك تصير كاتبًا حَقًّا عندما تكبر وتكتب عن تلك الشطائر».

«هل سيكون لي قصة حياة عندما أكبر؟ أي هل سيكون لَدَيَّ اسم وقصة حياة إلى جانب كتاباتي؟»

ضَحِك:

«بالطبع، كل كاتب لديه قصة حياة».

وصلنا عند الباب، أمسك بي من كتفيَّ، وطلب مني أن أُعيد إليه الكتب بعد أن أُنْهِي قراءتها.

«لقد كتبتُ لك عنواني، ووضعتُه بين صفحات أحد الكتب».

وَعَدَنِي بأنه سيُلقي نظرة على كتاباتي عندما يصل إلى أنقرة، وَوَعَدَنِي بأنه سيكتب لي إن حَصَلَ أي جديد بخصوص النشر في إحدى المجلات، وطمأنني بأنه سيرسل لي المجلة عبر البريد إلى بقالة والده، ألقى ذراعه على

كتفي بعض الوقت، ثم استدار ومشى، بَقِيتُ مكاني وعقلي مُشَوَّشٌ أحاول أن أستوعب ما إذا كنتُ أَحْلُم أم لا. سِرْتُ نحو الْكُوخ وراقبتُ الأخ فاضل وهو يبتعد تحت ضوء القمر محاولًا إقناع نفسي بأنه حقيقي، لكن كنتُ أفقد قناعتي حين يختفي عن عينيَّ أَحْيَانًا بين المنازل، لكنني سرعان ما أستعيدها حين يظهر من جديد. اجتاز الجدول الصغير عند منتصف الْهَضْبَة، صَفَّرَ ومشى على الضِّفَّة الأخرى، تابعتُ صفيره وظِلَّه حتى اجتاز بيت عائلة سَلْوَى وغاب عن بصري.

استلقيتُ على الْعُشْب أمام الْكُوخ أراقب السماء والقمر، وأراجع ما حدث لي، ومثلما تعرفون إذا حدث أخيرًا ما يُفرح الإنسان فإنه يتعامل معه بتريث، وعلى سبيل المثال، إذا سمع الإنسان بأن أمه عائدة من المستشفى وستكون على ما يرام، فإنه يمتنع عن دخول المنزل في المساء بعد إنهاء اللعب في الحي، أو ربما يتلهى قليلًا عند الباب... لا أدري.

على أية حال، أنا أتلهى راغبًا ومتعمدًا بالتفاصيل في استمتاع، وأضل طريقي بكل ممنونيَّة، أفكر في الذكريات على مَهَل وتمعنٍ، ومن بين الذكريات تلك التي أتخطى فيها سَلْوَى وأستعيد محادثاتي مع الأخ فاضل، فأشعر بالغُصَّة وأتراجع على الفور.

الشيء العالق في حنجرتي كأنَّ له يدًا يخنق بها، أو كأنه يعصر خرقة مبتلة، ثم يسحبها صعودًا من حلقي إلى عيني، تركته يفعل ذلك وليحدث ما يحدث، تنهدتُّ وارتعش جسدي، وعانيتُ قليلًا حتى هَمَدَ ألم مَعِدَتِي.

عيناي لا تطلبان مني شيئًا كي تمتلآ بالدموع.

الفصل الحادي والعشرون

أربعة أَحْصِنَة تقدمتْ ببطء كأنها تدري بما يحدث، توقفتْ وأشاحتْ جانبًا، وضربتِ الأرض بقوائمها، كأنها تقرأ أفكاري! لقد زينوها بالخرز الأزرق، وبأزهار الدفلة، والبنطسية.

اندَفعتْ في قلب الحشد نافرة ورافعة رؤوسها عاليًا، دفعها الحشد في اتجاه الجسر الحجري وبُقْعَة حمراء قد استقرت كثؤلول ناتئ على ظهورها، وكلما سارتِ الخيول، تمايلتْ إلى الأمام والخلف باستمرار. لم أستطع رؤية وجه العروس، لكن لا بد أنها شاختْ أو تَعِبَتْ، أعني أنه وَفْقًا للحشد المتجمع من أجلها فإما أن تكون قد هَرِمَتْ أو وافتها المنيَّة؛ فليرحمها الله. منديل رأسها الأَحْمَر المطرَّز بالأبيض يُغطي عنقها وصدرها ومستقبلها وخجلها وهَوَسَهَا، فليبتلها الله أو يرحمها.

* * *

حين عبروا الجسر، كانت أصوات القافلة وموكب الزِّفَاف يطغيان على صوت الجدول، يتبادلون كلمات الإطراء والمباركات، والثؤلول المغطى بالكامل يهتزُّ بلا توقف على وقع خُطى الخيل. انتهتْ مراسم تسليمها كقلعةٍ تم فتحها بعد سقوطها وإخضاعها، ووصلتْ إلى مُناها أخيرًا لكنها بدت تعيسة.

تسللتُ إلى جوار عَمِّي حتى لا أَسْقُط، في يديه نايه المغلَّف بالنايلون، لديه مُهِمَّته المحددة، لقد أعد نفسه وارتدى حُلَّتَه القديمة التي نادرًا ما أراه

يرتديها، وانتعل الحذاء الذي اقتناه منذ خدمته في الجيش وما زال ينتعله لسنوات، بالكاد عَرَفْتُه، تشبثتُ بذراعه، وشممتُ رائحة سترته وتنشقتها ملء رئتيَّ، سيكون عَمِّي شخصًا مُهِمًّا اليوم، سيكون مُهِمًّا حتى بالنسبة للعم هَارُون «الْأَلْمَانِيّ»، ولثَرْوَت ابن الخبيثة.

***

لقد توقف المطر.

إنه يحادث الشيوخ عن الأيام والذكريات، كانوا ينظرون إلى الآفاق عند طرف الْهَضْبَة والجبال التي ضاعت قممها في السُّحُب السوداء، وتحدثوا عن السيول والفيضانات ووفرة الرحمة، وعن الأراضي وحَفْنَة الْحُقُول التي يجرفها السيل أمامه من سُفُوح الجبال إلى الوديان، وعن انقطاع الطرق، وعن هجرة بعض البيوت عند أنهار قيسرو.

قال أحدهم دون اكتراث، وعيناه على القافلة المقتربة:

«إن العَاصِفَة تضرب أول ما تضرب هذه النواحي...».

وقال آخر:

«انظر إلى هَارُون الإفرنجي، لقد نظم عديم الشرف عُرْسًا على أعلى مستوى...».

ردَّ عمي:

«الله هو العاطي... الله يحفظ...».

غَمْغَمَ بذلك واضعًا لنَّاي تحت إبطه وهو يلفُّ سيجارته. انتهى مُوسَى إلينا ووقف أمامنا، ركبتاه منتفختان، مرتديًا ملابسه الداخلية الصوفية الْمُتَكَوِّمة وسُتْرَتَه البالية من الصُّوف، وضع يده على فمه، فناوله عَمِّي السيجارة التي لَفَّهَا:

«خذ يا ولد يا مُوسَى، أنت مصمم اليوم... ههههه».

انتشر الضَّحِك بين الجميع وابتهجوا، في حين نظر إليَّ مُوسَى بشدقيه الباليين بالفعل المنحسرين إلى الداخل، كان ينفث دخان السيجارة من أنفه فيغلق عينيه وهو يَسْعُل، ثم يعتدل ويطلب سيجارة أخرى، مشيرًا إلى أنه يريد أن يضعها خلف أذنه، فيلفّها عَمِّي له بصبر:

«أنظُر... خذ هذه يا مُوسَى... لكن اليوم لا تسبّ ولا ترتكب خطأ، عِذْنِي ... ها... اتفقنا يا ولد...».

أتى صوت من خلفنا:

«لا... لا... لا يفعل مُوسَى شيئًا كهذا...!»

عَرَفْتُ ذلك الصوت الشافي، وقبل أن ألتفتَ نحوه، شَعَرْتُ بمرفقيْ الأخ فاضل على كتفي! استدرتُ لأعانقه دون أن أتمكن من السيطرة على نفسي، عانقني ثم خرج صوتٌ من خلفنا:

«زاد الله محبتكما...».

رأيتُ وجه عَمِّي، وابتسامته التي تشي بمزيج واضح من الفخر والقلق، برقتْ عينا مُوسَى من الفرح وغَمْغَمَ بأصواتٍ غير مفهومة، وأومأ برأسه، ثم تَغَلْغَلَ وسط الْحَشْد أمام المدرسة وقد تَكَوَّمَتْ ملابسه الداخلية عند مؤخرتِه.

سحبني الأخ فاضل جانبًا وطلب منِّي هامسًا أن أمرَّ على البقالة بعد انتهاء الْعُرْس، قال ذلك وكأنه يشاركني سِرَّه، أخبرتُه بأنني لستُ جائعًا، فأمسك بي من كتفيَّ بإحكام، وحَدَّقَ بعينيَّ وكرر طلبه.

«يجب أن تمرَّ».

لم أُجِبْ، وأومأتُ برأسي فقط.

***

تركتُ الجمع وسِرْتُ حتى حَافَّة الجدول، غُصْتُ في الماء، لاحظتُ أن الماء قد تعكر وارتفع منسوبه ضعفين أو ثلاثًا وهاج وأزبد، من يدري

من أي جبل انتزعت أغصان الأشجار وجذوعها ومَنْ أحضرها إلى هنا؟ حين أنصتُّ بدقة، سمعت أصوات حجارة في الأعماق، أصابتني ضوضاء الأصوات المختنقة للصخور الضخمة المتصادمة بالارتجاف، أَمْسَكَ الماءُ بالأشجار المائلة من سُفُوح لجبال من جدائلِها وهزَّها، هاجمها كالمجنون مثل الثيران الهائجة التي تهاجم المنحدرات وصخور الشاطئ، انحسر ثم فَرَّ وهجم من جديد.

* * *

لقد نصبوا كوشة الْعُرْس المصنوعة من أخشاب جديدة أمام المدرسة مباشرةً بين سَارِيَة الْعَلَم والبوابة الكبيرة. بنوها على شكل كُوخ مُغَطًى بالجذوع وصُمم للعروس خصيصًا، أطرافها مزينة بالشرائط وأزهار الدفلة والبنطسية، إنه شكل نراه للمرة الأولى في القرية. إن رؤية الجمع لهذا البناء الصغير الغريب، مَثَّلَتْ لهم تهديدًا يوحي للجميع بأنه من الأفضل أن ينتبهوا لكلماتهم وأوضاعهم وحركاتهم، فما بدا لهم لا يشبه الْعُرْس ولا الجنازة، بل مثل حفل ضيافة مفتوح لرجل دولة.

بعض الفضوليين من الأهالي أخذوا يركضون هنا وهناك ويتممون النواقص، وجدوا أعمالًا من تِلْقَاء أنفسهم، وكانوا يجوبون المكان بخفَّة وسعادة. ارتدى الْمُعَلِّمون والعم هَارُون أجمل ملابسهم، ووضعوا ربطات العُنق، ولَبِسَ ذلك الْوَغْد قميصًا أبيضَ ذا ياقة طويلة بنهايات مثلَّثة مع ربطة عنق حمراء غطتْ عقدتها عنقه، وكان عابسَ الوجه وعابقًا باحمرار، يا له من كلب! وارتدى سُتْرَةً وسروالًا إسبانيَّ الكوارع، فمن يراه يظن أنه مُعَلِّم، على أية حال.

* * *

وسط الحشد، تواجهتُ مع معلمنا للحظة وجهًا لوجه، رمقني بنظرة وهو يتحدث مع أحدهم، رَمَشَتْ عيناه كأنهما تبحثان عن أي حُجَّة تستدعي الضرب، لم يَعُدْ لي صلة بالمدرسة، ولكن هل تُضمن أفعاله؟ أخطأتُ في ظني، وما إن خرجتُ من وسط الحشد حتى نكزني حسن من ذراعي، كان يضع إحدى يديه على خاصرته والأخرى في جيب سرواله الواسع الذي تدلى رباطه تَمَامًا، وعلى وجهه ابتسامة عريضة، انشرحتُ عندما رأيتُه، فقال والضّحكة ملء فمه: «لقد أحضرتُ بعض البِذر».

اقتربَ منِّي وهو يقفز، كما لو أنه يمشي بعَرَج، فقلتُ له بأنني لستُ جائعًا، لكنه لم يَحْفِل بما أقول.

«هل أخذتْك أمك إلى بيتها؟»

راوغني وفتح موضوعًا آخرَ، وواصل حديثه، وحكي لي كيف تخلَّصوا من دروس الرياضيات، ومن الْمُعَلِّم وأذيَّته، ومن دروس ثمارنا ومواسمنا. لا أحد في هذه الدُّنْيَا لديه دُوغْمَائِيَّة أكبر من حسن، أنا الآن أفهم ذلك تَمَامًا.

بالكاد استطعتُ اختيار الكلمات، خَفَقَ رأسي كأن ماء المِزْرَاب نزل عليه، شَعَرْتُ بحُرْقَة خلف أذني لكن رغم كل شيء وجوده بجواري منحني الشجاعة، لم أكن أريده أن يبتعد عني، لقد أرسله الله لي اليوم كي نسير معًا باتجاه بقالة الْعَمّ بخيت، نجري إلى فرن الْعَمّ بخيت، حيث المكان الذي لطالما جلسنا فيه أيام المدرسة.

سمعتُ شخصًا يصرُخ من حيث نجلس، إنه معلمنا يُعد نفسَه ليُلقي خطابًا.

* * *

انتهى الْعُرْس أخيرًا، وانتهى اليوم الغريب، عن ماذا أحكي! يا لحُسن حظكم أنكم لم تحضروا مراسم عرسٍ كهذا.

عَمِّي أثار حماس الجميع ببعض الأغاني التراثيَّة، هذا ما أتذكره، عَزَفَ معزوفة لم أسمعها من قبل، وإن كنتُ قد سمعتُها في مكان ما، فلم أكن لأصدق أن عَمِّي مَن يعزفها، ولن أنسى أَيْضًا ما رأيته عندما نظرتُ إلى سَلْوَى بين الحشد لأراها للمرة الأخيرة، لن أنسى وجهها الغريب الذي يُشْبِه توأمَها، وجه شاحبٌ ومليء بالفرح.

ذهبتْ رسائلي وقصائدي سُدًى، ربما اكتفوا بإضافة خُصْلَة بيضاء إلى شَعْرِي، وتجعيدة إلى رُوحِي وأنا بهذا العُمر.

فليكن.

* * *

بعد أن تفرق الجمع سار عَمِّي مع الكبار صعودًا إلى الطريق وهم يتجاذبون أطراف الحديث، أما أنا فقد حِدْتُّ عنهم كي أذهبَ نحو ذكرياتي القديمة، أعني طريق الماعز الهابط من المنحدرات، وحين صَعِدْتُ إلى أول صخرة عند التَّلَة المُطِلَّة على الحوانيت، تذكرتُ الأخ فاضل! لقد أخبرني أمرًا، استدرتُ هابطًا المنحدر بسرعة بلا حِمْل على ظهري ولا بَيْض في جيبي، ولكن مع غَثَيَان في مَعِدَتِي نتيجة شُعوري بأنني غريب ومُغترب.

هبطتُ الطريق مسرعًا، ولحقتُ بالعم بخيت، وقد كان على وَشْك إغلاق البقالة، وقلت له ما قاله لي الأخ فاضل، وقف ساندًا إحدى يديه على الباب، والأخرى تحكُّ الجزء الخلفي من رأسه.

«لقد ذهب فاضل».

«أعلم أنه ذهب، لقد قال لي أَنْ أمرَّ عليك».

«هل أنت جائع؟»

«لا، لستُ جائعًا».

حكَّ رأسه أكثر، ثم اندَفع إلى الداخل وكأنه قد تذكر شيئًا، وعاد ومعه لِفَافَة بيده.

«آآآه... هذا ما أخبرني عنه على الأغلب، هذا...».

أخذتُ اللِّفَافَة الصغيرة من يده وقد تملكتْني الدهشة.

«هل هذه لي؟»

«نعم، هذا ما تركه لك. لقد اشتراها من السُّوق».

«اشتراها لي؟ لقد اشتراها لي!»

«لقد صَعِدَ إلى البيت؛ لأنه سيذهب غدًا إلى الجامعة، إلى أنقرة...».

***

مزَّقتُ غلاف النايلون المكتوب عليه «فاضل القاضي»، إنه شيء أصغر من الكتاب وأعرض منه.

«مجلة!»

«أهذا جَيِّد؟»

أخيرًا أعود إلى رُشْدِي، وأُجِيب الْعَمّ بخيت مُغَمْغِمًا:

«طبعًا جَيِّد».

صوت إنزال باب الصفيح سد آذاني، بدأ الْعَمّ بخيت على الفور في تسلُّق طريق الماعز المؤدي إلى بيته وهو يترنح، وأنا أنظر إليه تارَّة، وأمعن النظر بما بين يَدَيَّ تَارَّة أخرى، ثم توجهتُ إلى الجِسْر الحجري حتى لا يراني أحد.

نزلتُ بحذر من فوق الصُّخُور الكبيرة تحت الجسر، وجلستُ بين صخرتين كبيرتين عند حَافَّة الماء، وبدأتُ في تصفح المجلة متجاهلًا ضجيج التيار الذي يصمّ أذنيَّ.

مقالات وصور عن مواضيع لم أعهدها من قبل ولم أفهمها... قلَّبتُ الصفحات، إلى أن وصلتُ إلى الصفحة الأخيرة، رأيتُ اسمي وتجمَّدت!

شيء تحرك داخلي ودفع بي إلى الأمام فجأة، لم تكن مَعِدَتِي بل روحي كأنها ستخرج مني، أَعْتَمَتْ عيناي، ورأسي دار، سَحَبْتُ أنفاسي وأغلقتُ المجلة وانتظرت.

سرحتُ بتدفق ماء الجدول حتى عُدتُّ إلى رُشْدِي، راقبتُ المياه الموحلة التي تتابع سيرها مع خرير وقَعْقَعَة تصمّ الآذان. مياه مُرعبة! ما زالت تجرف معها كل ما يعترض طريقها. جُلْتُ بنظري في المكان مرة أخرى، وحين أيقنتُ من خُلوِّه انحنيت على المجلة، وحين وصلتُ إلى تلك الصفحة أصابتني الأعراض ذاتُها، انحبس نَفَسِي، وشَعَرْتُ كما لو أن أحدهم طعن قلبي بسكين، ارتعشتُ كأن رُوحي ستخرج من فمي.

***

بأحرف كبيرة في رأس الصفحة كُتب عنوان: «من رسائلكم»، وتحته مباشرة نُشر الشعر الذي كتبته تحت عنوان «أمي».

أخرجتُ صورة أمي وحَدَّقْتُ فيها، تقبَّلت غيابها للمرة الأولى، وبأنها لم تَعُدْ على قيد الحياة. اسْتَيْقَظَتْ داخلي شجاعةٌ مُسْتَجدة، فنظرتُ إليها مُطَوَّلًا بقليل من الحزن، ثم وضعتُها إلى جانبي، وعُدتُّ إلى أبيات شِعْرِي:

«رأيتك في منامي يا أمي...».

هذه هي الكلمات التي كتبتها!

هذه هي قصيدتي!

وصلتُ إلى منتصف الصفحة... أغلقتُ المجلة وفتحتُها على الفور عند الصفحة مباشرة، وأَعدتُّ قراءتها حتى النهاية فصار موتها طَبِيعِيًّا أكثر، وكلما

قرأتُ كلما انمحى الحزن من ذاكرتي، شعورٌ غامضٌ يجتاحني كَلَيْلٍ غريب كأنه سيخرج من حَلْقِي، عَاوَدتُّ الكَرَّةَ من البداية، انمحتْ ذاكرتي مجددًا، وقرأتُ المرَّةَ تِلْوَ المرَّة، فاسترحت.

حينها لَمْ يَبْقَ في ذاكرتي سوى القصيدة، وكل شيء دونها تحول إلى طَنِينٍ ورحل بعيدًا.

***

في تلك الأثناء سمعتُ صوتًا حَادًّا من خلفي فارتعدتُّ، خبأتُ صورة أمي بسرعة في صفحة القصيدة وأغلقتُ المجلة، استدرتُ فإذ بمُوسَى المجنون هنا! كان جالسًا على تلك الصخرة منذ فترة، واضعًا يده في فمه، أذهلني منظره، ثم انحنى وهبط متشبثًا بالصخور وجلس قُربي، عملاقٌ بشعٌ يرتدي ملابسه الداخلية، دُوغْمَائِيَّة تسير على قدمين!

شتمتُه في سِرِّي؛ لأنه جاء في وقت غير مناسب!

صَرَخْتُ:

«لا».

وهززتُ رأسي نافيًا:

«ليس معي سجائر».

توقف ونظر ببلاهة.

«ليس معي».

ذهني منشغل بالمجلة، تحرَّك مُوسَى وجلس عند قَدَمي، دَسَّ يده في عِبِّه وأخرج بأصابعه الطويلة سجائرَ، قدم لي واحدة مصحوبة بابتسامة عَريضة ملأتْ وجهَه...

«مُوسَى يُقدِّم السجائر الآن؟»

نظرتُ حولي لأتأكد إن كنتُ قد فقدتُ عقلي أم لا.

«لا... لا أريد».

بدا مُوسَى جَادًّا وأَصَرَّ، نظرتُ حولي لأفهم ما إذا كنتُ أَحْلُم.

أخذتُ واحدة من السجائر، فسألني بالإشارة إن كان في حَوْزَتي كِبْرِيت، هززتُ رأسي نافيًا:

«لا يوجد».

صَرَخْتُ كي يطْغَى صوتي على صوت التيار الصاخب.

«لا يوجد!»

هَمْهَمَ ثم دَسَّ يده في عِبِّه، وأخرج شُعلة صغيرة بين أصابعه التي تُشبه جذور الأشجار العملاقة، أشعلتُ سيجارتي، ثم أشعل سيجارته، واستند إلى الصَّخْرَة، وأسندتُّ ظهري بالقرب منه، وشرعنا ننظر إلى الجَدْوَل، وبعد بُرْهَة تبادلنا النظرات، وكأننا قد تذكرنا شيئًا في الوقتِ نفسِه، ابتسم! وغَمَرَتْ وجهَهُ النحيلَ ابتسامةُ مَنْ يَعْرِف كل شيء... كل شيء.

وهنا تنتهي حكايتي لكم.